정신건강 관련
종사자를 위한 필독서

처음 만나는 정신과

카스가 타케히코
(春日武彦)

KOONJA

처음 만나는 정신과

첫째판 1쇄 인쇄 2022년 01월 19일
첫째판 1쇄 발행 2022년 01월 28일

지 은 이 카스가 타케히코(春日武彦)
발 행 인 장주연
출 판 기 획 한인수
책 임 편 집 임유리
디 자 인 양란희
발 행 처 군자출판사(주)
　　　　　등록 제4-139호(1991. 6. 24)
　　　　　(10881) 파주출판단지 경기도 파주시 회동길 338(서패동 474-1)
　　　　　전화 (031) 943-1888 팩스 (031) 943-0209
　　　　　www.koonja.co.kr

Authorized translation from the Japanese language edition, entitled
援助者必携 はじめての精神科 第2版
ISBN: 978-4-260-01490-8
著: 春日 武彦
published by IGAKU-SHOIN LTD., TOKYO Copyright ⓒ 2011

All Rights Reserved. No part of this book may by reproduced or transmitted in any form or
by any means, electronic or mechanical, including photocopying, recording or
by any information sotrage retrieval system, without permission from IGAKU-SHOIN LTD.
Korean language edition published by KOONJA PUBLISHING INC., Copyright ⓒ2022

ISBN 979-11-5955-809-2
정가 20,000원

처음 만나는 정신과

정신건강 관련 종사자를 위한 필독서

이 책의 1판이 나온 지 7년이 흘렀다. 그 사이에 치매는 인지증이라는 호칭으로 바뀌었고, 인격장애는 성격장애personality disorder라고 불리게 되었다. 건강보험제도가 다양한 문제를 포괄하게 되면서 신형 우울증이 외래환자의 다수를 차지하게 되었고, 새로운 항정신성의약품이 대거 출시되면서 제II형 양극성장애와 같은 개념이 알려지게 되었다.

인지장애 중에서도 레비 소체형Lewy body이라는 환시를 동반한 유형이 주목받게 되었고, 전기경련요법(전기 쇼크)은 마취하 전기자극치료인 m-ECT로 거듭났으며, 정신과에도 전문의 제도를 도입하게 되었다.

하지만 아직 조현병의 원인을 파악하지 못하고 있으며, 인지장애 영역에서 획기적인 약물은 등장하지 않고 있다. 우울상태인지 적응장애인지 '이기적(제멋대로)'인 건지 알 수 없는 어중간한 사례가 격증하면서, 성격장애자의 경우 권리의식이나 고객 의식이나 개인정보보호법 등을 '연료'삼아 점점 독기가 강해지고 있다. 원조자로서의 일은 조금도 수월해지지 않고, 오히려 더 귀찮고 당황스러운 사례가 늘고 있다.

1판 출간 이후 시간이 흐르면서 추가하거나 수정 보완해야 할 부분이 눈에 들어왔다. 새로운 지식과 정보뿐만 아니라 강연이나 연수에서의 질의응답과 사례(케이스) 검토회 참여를 통해 새롭게 드러난 문제점도 있다.

이런 이유로 개정을 진행하게 되었다. 절판되지 않고 2판으로 개정할 수 있었던 것은 수많은 독자들 덕분이다. 사실 생각지도 못한 곳에서 적절하게 사용된 본서를 보며 감격스러웠던 적도 많다. 이 책은 현장에서 일하는 독자와 함께 만들어지고 완성도가 높아져가는 책이라는 것을 새삼 실감한다.

이 책은 판에 박힌 매뉴얼이 아니다. 그렇다고 해서 실무에 도움이 되지 않는다는 의미는 아니다.

나는 종종 사례 검토회에 초대받기도 한다. 사례 검토회에서 발표자의 이야기를 듣다 보면 대응방침이 결정적으로 잘못되었거나 대책이 전혀 예상 밖이었거나 한 적은 거의 없다.

그래서 약간의 지적은 해도, 기본적으로 "그 방침이 좋을 것 같습니다"라고 보증해주는 역할을 맡는 경우가 대부분이다. 멋진 해법을 보여주거나, 날카롭게 맹점을 찍어 보이거나, 잘난 척 비판을 해 보인 적은 없다. 그럴 필요도 없다. 그렇다면 어떤 점에서 내가 초대받을 필요가 있었던 걸까?

단적으로 말하면 원조자들이 스스로에게 자신감이 없기 때문일 것이다. '혹시 더 좋은 방법이 있는 게 아닐까', '정신과 의사 입장에서 보면 다른 방법이 있는 건 아닐까', '다른 기관에서는 전혀 다른 발상을 하고 있는 것은 아닐까' 등 불안과 의혹을 가진다. 그리고 그런 동안에는 사례에 당당히 맞설 수 없을 것이다. 담대하지 않으면 사실은 옳은 일일지라도 뭔가 기합이 들어가지 않고, 제대로 해내지 못해 점점 자신감을 잃을 수 있다.

본서는 독자가 망설임 없이, 두려움 없이 사례를 다룰 수 있게 되는 것을 목표로 하고 있다. 그러기 위해서는 어느 정도의 지식과 사고방식을 익힐 필요가 있다. 그것도 현장에 맞는 실제적이어야 한다. 지나치게 단순화하거나 추상화시키면 의미가 없어진다.

그런 점에서, 어쨌든 '읽고 마음이 편해지는 책'을 목표로 방법론이나 기술론뿐만 아니라, 우리 자신의 분노나 불안, 불쾌감, 스스로도 주체할 수 없는 위화감 같은 것에도 초점을 맞출 수 있도록 유의하였다.

독자의 '가려운 곳을 긁어줄 수 있는' 책이 되기를 바란다.

!

손을 내밀기 전에 생각할 것

1
기본의 기본을 검토하다

1) 타인을 이해하기 위한 몇 가지 보조선

● 인간에 대한 관점

정상인이든 정신 장애인이든, 그 인물의 성품은 쉽게 알 수 있는 게 아니다. 원조자로서 우리는 다양한 사례를 만날 때마다 성선설의 신봉자가 되거나 반대로 성악설 지상주의가 된다. 또한 성장 역사나 환경이 미치는 영향의 크기를 실감하는가 하면, 반대로 그런 결정을 부정하며 인간에 대한 관점이 크게 흔들리는 경험을 하게 된다.

"인간은 믿을 수 없어!"하고 화를 내다가도, 세상이 버리지 않았을 것이라는 생각에 마음을 추스르기도 한다. 이런 점이 인간을 상대로 하는 일의 재미와 괴로움이겠지만, 일방적으로 농락당하면 정말 지칠 수밖에 없을 것이다.

그래서 타인을 이해하기 위해 알아 두면 편리할 몇 가지 보조선을 적어보았다. 이 보조선들을 머릿속에 정리해 두면, 이론이나 상식으로는 이해하기 어려워 고개를 갸웃거리거나 화가 날 수도 있는 상황을 받아들이기 위한 힌트가 될 수도 있기 때문이다.

원조자가 '~여야 한다', '~가 아니라니 이상해'라는 경직된 사고에 사로잡혀 있어서는 세상을 마주했을 때 당혹스러울 수밖에 없다.

● **인간의 마음 근저에 있는 것은 '무력감'이다**(보조선, 1)

'모든 것을 뜻대로 할 수는 없다', '소망은 오히려 실현되는 경우가 드물다', '혼자서는 살아갈 수 없다'— 이와 같이, 우리는 아기 때부터 무력감을 사무치게 느끼면서 성장해 왔다. 그렇다면 사람은 어떻게 생각하고 행동하게 되는 것인가? 거기에 각자의 생활 방식이나 사고방식이 침전되어 나타난다.

어떤 사람은 무력감을 극복하기 위해 노력하고 분발하여 성공했어도, 여전히 무력감을 없애지 못한 채 억눌린 기분으로 나날을 보내고 있을지 모른다. 또, 어떤 사람은 무력감 때문에 노력도 인내도 포기하고 그 자리에서 견디며 무기력하고 나태한 나날을 보내고 있을지 모른다.

또 다른 사람은 무력감을 속이고 잊어버리려고 허세를 부리거나, 남을 유린하는 것에 애를 쓸지도 모른다. 그리고 또 다른 사람은, 무력감이 두려운 나머지 남들에게 호감을 사거나 상냥하게 대해주도록 자신을 속이고 살아갈지도 모른다. 동료와 집단을 만들어 개인으로서의 무력감을 상쇄하려는 발상도 있을 수 있다.

'무력감'이라는 안타까운 것에서 출발하고 있음에도, 성장해 가는 동안 어떻게 무력감을 회유(포섭)하고 길들이는가에 따라 경향이 전혀 다른 인품이 만들어진다.

우리는 그런 다양성과 불가사의함을 염두에 두어야 한다.

● **인간의 행동원리는 '귀찮음(귀차니즘)'에 끌려가기 쉽다**(보조선, 2)

사람들은 종종 손익계산에 따라 움직이고, 자기애를 만족시키기 위해 움직인다. 또는 정의감이나 미학을 관철하기 위해 움직이기도 한다. 허나, 애초에 '움직이지 않는' 쪽이 많은 게 인간이다. 아니, 사소한 일이나 쓸데없는 일에는 움직이면서 정작 중요한 일에는 움직이려 하지 않는다. 왜일까? 귀찮기 때문이다.

꼭 필요하고 중요한 일을 성취하거나 실현시키기 위해서는 그에 맞는 각오가 필요하다. 기합이 필요하고 순발력과 지속력도 요구된다. 하지만 그 결과가 반드시 성공한다고는 할 수 없다. 다양한 경우를 보면 알 수 있지만, 인간은 불행에 '익숙'해진다. 불평하거나 고통스럽다고 소리 지르다가도, 그 상황에 순응(보다도 오히려 마비)하거나 혹은 묘하게 익숙해지는 경향이 있다. 하지만 언제까지고 불행에 목까지 잠겨 있을 수는 없다. 그런데 빠져나가기 위해 안간힘을 쓰는 것은 마음 내켜 하지 않는다. 귀찮다. 싫음에도 불구하고 익숙해진 현재의 처지를 버릴 만큼 각오가 서지 않는다.

그러니 아무리 원조자가 손을 내밀거나 격려해 줘도, 꼼짝도 하지 않는 사람들이 얼마나 많은가. 그러면서 도움의 손을 주춤하면 아무것도 해 주지 않는다고 불평을 늘어놓는다. 불평불만으로 '귀찮음'에 패배한 자신을 뒤로 밀어 두는 것이다. 뭐, 그런 것이다. 본인 역시 귀찮다고는 입 밖으로 낼 수 없어 마음속으로 부인할 것이다. 하지만 실제로는 귀찮으니까, 현재의 불행을 감수한 채 불평만 중얼거린다. 그것이 인간의 나약함이며, 또 어떤 종류의 정신 안정장치일 것이다. 모두가 손익계산만으로 움직이는 세계가 있었다면, 그곳은 그야말로 살벌하고 어지러운 세계였을 것이다.

● 자신의 존재가치를 누구에게도 인정받지 못한 것만큼 괴로운 것은 없다
(보조선, 3)

누군가 자신을 필요로 하고, 칭찬하거나 감탄해 주고, 경의를 표하고, 동료로서 인정해 주고, 무시하지 않는다. 이런 감정이 따르지 않는다면 살아가기란 참으로 어려운 일일 것이다. 자신의 존재가치를 전혀 인정받지 못한다면, 그것은 궁극적인 고독감과 공허감으로 직결된다. 자기애가 충족되지 않는 인생이란 얼마나 삭막할까?

사람들은 단순히 도움을 받는다고 해서 기뻐하는 것이 아니다. 자신이 도움을 받을 만한 충분한 가치가 있는 사람으로 여겨졌다는 것, 소중하고 사랑받아야 할 사람으로 인식되었다는 것을 실감했기에 도움을 받는 쪽은 몸도 마음도 치유될 수 있다.

그럼에도 불구하고 사람들은 자신의 존재가치를 부각시키기 위해 때로는 터무니없는 행동을 하기도 한다. 예를 들어, 어머니가 아이의 성장을 막고 성인으로서 한 사람의 몫을 하지 못하게 만든 후에 "역시 나 없이는 아무것도 할 수 없지 않니"라며 기뻐하는 경우가 결코 드물지 않다는 것이다. 무능하고 무기력한 인간이나 쓸모 없는 인간과 함께 살고 그들을 돌봄으로써, 상대적으로 자신의 존재가치를 부각시키고자 필사적인 전법을 펼치는 이들도 더러 목격된다. 남에게는 불행해 보여도 자신의 존재가치 확인이라는 보조선을 그어 봄으로써, 이해 가능해지는 인간관계는 예상외로 많다.

● 사람은 상반된 두 가지 감정을 동시에 가질 수 있다(보조선, 4)

분명 이해할 수 없는 일이기는 하다. 상대에 대한 호감과 증오, 호기심과 혐오, 동정과 분노, '역시'라는 예상대로의 감각과 경탄, 즐거움과 허전함, 불쾌감과 꺼림칙함과 같이 원래는 열거할 수 없는 감정을 한 번에 가질 수 있는 것은 (아마도) 인간의 특징이다. 그럼에도 우리는 무의식 중에 이야기를 단순화하고 싶어 한다. 그리고 막다른 골목으로 헤매며 들어간다.

상반된 감정을 동시에 가질 수 있다는 사실은, 아마도 인간을 신용하거나 긍정하기 위한 기본 개념일 것이다. 그것을 인정해야 불가능한 일이 가능해질 수 있다고 믿을 수 있는 것이 아닐까? 도를 넘는 인간찬가 등에 가담할 생각은 털끝만큼도 없지만, 4번째 보조선을 통해 어떤 인간에게도 접근의 여지는 있다고 생각해 보는 것은 어떨까?

● **사람은 논리적으로 생각한 끝에 실수한다**(보조선, 5)

귀찮은 경우란, 객관적으로는 어리석고 무분별하며 상식 밖의 일만 반복하지만 당사자는 그것이 옳다고 생각하거나, 심사숙고 끝에 필연으로 믿고 있는 것이다.

그들이 지리멸렬하거나 엉터리 짓을 할 경우는 오히려 적다. 나름 논리적으로 생각하고 그 나름의 사리나 절차는 분명하다. 하지만 균형이 잡혀 있지 않아 사회에 맞지 않는다. 확신이나 집착, 자신은 당연하다고 생각하는 몰상식, 애써 무시하는 현실의 냉엄함, 근거 없는 자존심과 능력, 그런 것들을 통합해 조립한 논리이므로 현실 앞에서는 쉽게 무너진다. 그런데도 '논리적'이라는 측면에서 자신은 틀리지 않는다고 강변하고, 자기 긍정을 하며 오히려 남들이 나쁘다고 한다. 조언을 해도 완고하게 귀를 막는다. 일찍이 나카이히사오中井久夫 선생이 지적했지만, "A이기 때문에 B이다"와 "A이기 때문에 B가 아니다(B일 필요는 없다)"라는 두 가지 표현을 구사하면 어떤 결론도 도출할 수 있다.

올바른 논리성이란 거의 없는 법이다. 논리적 풍미를 풍기며 자신에게 유리한 생각을 '진실'이라고 내세우는 것이 고작일 것이다. 하지만 설득력만 있으면 모두가 납득해 주기 때문에 OK인 것이다. 논리적이라는 말을 자기 변호에 사용하면, 엉뚱한 결론에 도달할 위험은 항상 존재한다. 혼자 하는 싸움은 위험하다. 서로 다른 직종의 사람들에 의한 사례 검토회의 중요성은 이런 점에서도 지적되는 부분이다(307p Q25도 참조).

이상, 생각나는 대로 다섯 가지 보조선을 열거해 보았다. 이것이 전부는 아니며, 찬성하기 어렵다고 눈살을 찌푸리는 사람도 있을 것이다. 경험을 쌓으며 나름대로 '남을 이해하기 위한 보조선'을 늘려가다 보면, 원조자로서 정신적 부담이 점차 줄어들고 인간 자체에 대한 흥미도 깊어진다. 그런 의미에서 일단 보조선에 대해 적어 보았다.

2) 마음가짐에 대해서

● 나름의 판단 기준을 설정한다

정신장애인을 접한 적이 거의 없어 정신과 지식에 대해서 교과서를 통독해 보았지만, 아직까지도 막연한 이미지밖에 없다. "정신이 아픈 사람들은 마음이 순수해서 지금 이 세상에서는 정신이 아플 수밖에 없다"라는 말을 들어도 내심 '모두 그런 경우만은 아닐 텐데?'하고 고개를 갸웃하게 된다.

그런데 병든 마음의 소유자에게 나는 도대체 어떻게 비춰질까 전혀 짐작이 가지 않는다. 아군으로 생각할까, 적으로 간주할까? 혹시 오해를 받을 경우에 과연 변명이나 설득이 통용될까?

원조자로서 정신장애인을 처음 만나게 된 사람들은 다양한 불안과 당혹감에 고민될 것이다. 최선을 다하고 성실하게 행동하려 해도 현장에서는 무슨 일이 벌어질지 알 수가 없다. "이럴 때는 이렇게 하세요"라는 실천적 매뉴얼이 없으며, 선배에게 방문 첫 경험 때는 어땠느냐고 물어도 "글쎄, 별로 기억나지 않아. 정신도 없었고"와 같이 답할 뿐 전혀 의지할 수 없었다.

이런 상황 속에서 방문 업무 시작에 곤혹스러워하는 사람들에게 "이런 마음가짐으로 임하면 잘 될 거예요"라는 조언을 해 줄 수 있을까?

홈 헬퍼home・helper나 간호사・보건사 등 다양한 원조직을 대상으로 한 강연이나 강의에 초대되는 경우가 많은데, 추상적인 겉치레가 아닌

현장주의에 입각한 '마음가짐'에 대해 질문받는 경우가 많다. 그럴 때 나는 어떻게 대답할 수 있을까?

"거짓말도 방편이라고 하는데, 어디까지 상대를 속여도 되는지 그 근처에 대해 나름의 판단기준을 설정하지 않으면 언제까지나 자신감을 갖지 못할 것 같습니다"

— 이것이 답이다.

● '초超정공법'도 '세치 혀'도 아닌 입장

인권을 짓밟거나 악의적인 의도가 아니라면, 상황이나 흐름에 따라 사실상 거짓말을 할 수도 있는 일이라는 자각이 필요하다. 단, 이는 거짓말을 하라는 권유가 아니다.

거짓이나 속임수 같은 짓을 하지 않고 넘어가면 그보다 더 좋은 일은 없다. 허위는 일절 입에 담지 않고 오해받을 수 있는 애매한 말도 결코 입에 담지 않는 솔직담백함이야 말로 정신장애인에 대한 접근의 기본이라고 주장하는 사람이 있다면, 그건 정론이기 때문에 '옳다'고 생각한다. 그런 '초超정공법'으로 원활하게 진행되지 않을 때는 어쩔 수 없다고 포기하는 것도 하나의 입장이다. 개인적으로는 찬성하지 않지만.

그러나 단순히 수고를 덜어주거나, "될 대로 돼라"라는 임기응변식 말재간을 연발하여 '일시모면'하는 것은 어떨까? 정당(페어fair)과 부당(언페어unfair) 사이에 명확한 선 긋기가 가능하다고 생각하지 않지만, 내 나름대로 '구분'할 수 있는 판단 기준은 필요하다고 생각한다. 결코 간단하지 않지만.

다만 이런 주제는 거침없는 '정의로운 사람'으로부터 불성실하다고 지탄받거나 '윤리적으로 문제가 있다'라고 비난 받는다면 설 자리가 없어져 버린다. 대화가 통하는 사람, 유연성 있는 사람, 융통성 있는 사람이 아니면 통하지 않을 주제이다. 그래서 지금까지 서슴없이 논해진 경우는 적었지만, 피해갈 수 있는 이야기는 아니다.

사실 독자가 동료들과 한 번쯤은 터놓고 이야기를 나누었으면 하는 주제지만, 일단 내 경험에 따라 이야기를 진행해가고 싶다.

3) 퍼스트 컨택트First contact I — 나의 방법

● 이런 질문부터 시작해 본다

정신과 외래에 환자가 방문한다. 초진이다. 진찰할 때 상대에게 먼저 어떤 말을 할 것인가? 인사는 당연하다. 그런 다음에는 뭐, '케이스 바이 케이스'지만 이런 질문을 던지는 것부터 시작하는 경우가 많다.

"오늘 여기 오신 것은 솔직히, 본인의 '이대로는 힘들다'는 심정에서 비롯된 것인가요? 아니면 가족이나 주변으로부터 이런 저런 말을 듣고 그저 그들의 체면을 세워 주기 위해 '마지못해' 오신 건가요? 어떤 것이 본심인가요?"

이런 질문으로 상담을 시작하는 것이 적절한지 카운슬러에게 의견을 구한 적이 없어서 솔직히 모르겠다. 다만 실제 경험을 통해, 또 내 캐릭터나 이미지를 감안하면, 적어도 나에게 있어서는 반드시 빗나간 '첫 마디'는 아닌 것 같다.

즉, 다른 사람들에게(실제로는 그렇지 않지만) 나는 비교적 별 도움도 되지 않는 무해한 인간으로 비치는 것 같다. 그런 인상에 맞게 상대가 의료기관에 '의지해(기대고)' 온 것인지, 혹은 불만을 품고 '어쩔 수 없이' 온 것인지를 먼저 질문함으로써 '이 의사는 그렇게 강압적이거나, 내 의향을 무시하지는 않을 것 같다'고 경계심을 풀어주려는 것이다.

어떤 환자는 이런 접근 방식에 호감을 갖는가 하면, 반대로 일일이 의도를 확인하며 왠지 미덥지 못한 의사라고 느끼는 사람도 있다. 하지만

"나에게 맡겨!"라거나 "당신이 어떤 심정으로 내원했는지 알고 있습니다"라는 이미지는 나에게 어울리지 않는다고 생각하고 있기 때문에 일부러 부자연스러운 일은 하지 않는다.

● 먼저 '위로한다'

환자가 자신의 의지로 왔다고 대답한다면, 다음은 치료 계약이 성립되기 때문에 사태는 원활하게 진행될 것이다. 문제는 '마지못해' 온 경우이다.

우선, 찾아와 준 것을 칭찬한다. 어쨌든 주위 사람들을 안심시키기 위해 의료기관에 온 그 배려에 감사를 표한다. 그런 다음, 왜 가족들은 당신이 진료를 받아야 한다고 생각했는지 환자의 생각과 주변의 의도 사이의 격차에 관해 함께 이야기해 가는 것이다.

사실 마지못해 본인이 온 것은 어딘가 스스로도 좋지 않은 부분이 있다고 내심 생각하고 있는 것이다. 달리 표현하면, '병식病識은 없어도 병감病感은 있다'(29p 참조). 그렇지 않으면 진료실에 들어오지 않을 것이다. 그러므로 앞의 질문(자신의 의사로 내원했는지의 여부)을 상대에게 제시할 때는, 속내를 묻겠다는 의미로 가족이나 관계자를 진료실에서 나가게 하고 반드시 1대 1로 대면한다.

● 목소리를 낮춘다

이러한 첫 진료에서는, 특히 상대의 표정이 굳을 때는 목소리를 낮춘다. 진료실 문은 닫혀 있고 1대 1이니 사실 목소리를 낮출 필요는 없지만, 소곤대는 대화 분위기로 만들면 상대도 속마음을 털어놓기 쉽다. 일종의 친밀감이 형성되는 것이다. 나는 외동이었기 때문인지 어렸을 때부터 말을 느리게 하는 편이었다. 말을 천천히 하기 때문에 어릴 적에는 굼뜨다고 생각했지만, 지금 생각해 보면 느린 어조가 상대에게 안도감을 줄 수 있는 것 같다.

그러나 경계성 성격장애(145p 참조) 여성인 경우에는, 나 나름대로 온화한 표정을 짓는 셈인데 "왜 웃는 거죠? 상대는 힘들어하는데 그렇게 실실 웃기나 하고, 장난하시는 건가요? 사람 우습게 보지 마세요!"라는 식으로 그것을 나쁘게 해석한다.

그럴 때, 내 어조는 순간적으로 무뚝뚝해지며(그것도 전략의 일부다), "당신을 비웃을 리가 있나요. 당신이 힘들어하는 모습을 보며 내가 즐거워한다고 생각하다니 의외군요. 이 표정은 저 나름의 우호적인 표현이에요. 좀 더 남을 믿어 봐요"라는 식으로 응대한다.

● **속마음을 드러내 진심으로 부탁한다**

초진 환자를 만나보면 병식病識이 별로 없고, 최소한의 복약도 거부할 수 있다. 약을 복용하는 것이 필요하다고 판단되고, 또 다음 주에 다시 내원해주기를 원한다면 더 열심히 설득할 수밖에 없다.

의사로서 복약이 필요하다고 생각하며, 가능하면 입원 없이 끝내고 싶으니 협조해 달라고 내 나름의 진단(견해)을 솔직하게 전하고 속마음은 가능한 한 드러낸다. 혹은 드러낸 '척' 한다.

그리고 처방 내용은 종이에 적어 일일이 설명하고 상대에게 건넨다. "혹시 복용하고 상태가 좋지 않으면 연락주세요"라고 덧붙이고 병원 전화번호도 적는다. 진찰권에도 번호는 적어 놓았지만, 볼펜을 쥐고 일부러 종이에 적어 건네주는 '수고'를 하여 진지한 마음을 더 보여주는 것이다.

한사코 복약을 거부한다면, "그럼 어쩔 수 없으니, 그 대신 다음 주에 얼굴을 보여 주세요"라고 부탁한다. 그렇지 않으면 걱정되어 마음이 편치 않을 것이라고, 당신은 가족들 체면을 생각해 여기까지 왔으니 내친 김에 의사로서의 나를 안심시켜 주었으면 좋겠다고 말이다.

부탁할 때는 진심으로 그렇게 생각하고 부탁한다.

● 안 되면 가족에게 접근한다

그런데, 그렇게 부탁해도 안 되는 일은 있다. 두 번 다시 오지 않을 수도 있다. 그럴 때는 어떻게 해야 할까?

끈덕지게 쫓아도 소용없다. 그럼 포기하고 방치할 것인가?

방침은 2가지다. 하나는 어떤 기회에(본인 마음이 갑자기 바뀔 수도 있고, 문제라도 일으켜 경찰에 끌려올 수도 있고, 평소 존경하던 친척의 설득이 효과가 있었을 수도 있고, 상상도 할 수 없는 기회가 생길 수도 있다) 본인이 진료받으러 올 가능성은 있으므로, 그것에 대비해 기록을 잘 정리하고 기회에 대비한다.

다른 하나는 가족과의 유대(관계)를 유지하는 것이다. 자칫 가족은 쉽게 포기하고 한숨을 쉴 수도 있지만, 가족에게 정신과적 지식을 주고 현재 상황에서 최선의 대응법을 가르쳐 주며, 가족 구성원이 마음의 여유를 갖도록 정기적으로 '가족'을 찾아간다. 어쩌면 언제까지나 환자는 등장하지 않은 채, 가족이 푸념과 세상 이야기를 하러 오기만 하는 패턴이 될지도 모르지만, 그래도 좋지 않을까?

집안에 환자가 존재한다는 사실 때문에 온 가족이 비일상적인 상황에 휘말리게 된다. 적어도 환자 이외의 가족만이라도 마음의 평화를 되찾을 수 있도록 작용된다면 훌륭한 일이지 않을까? 우리가 지향하는 것은 세상에서 한 명이라도 많은 사람이 마음에 여유를 가지고 안심하며 살아가는 것이기 때문이다.

가족에게 안정감을 보장해준다는 점에서, 경우에 따라서는 가족모임이나 가족교실로 연결해 볼 수 있다. 또한 참고서를 소개해 보거나 지역 보건소와 연락을 취해보기도 한다.

물론 가족이 그런 것을 일절 거부하는 일도 비일비재하다. 환자도 아닌 우리 가족이 왜 귀찮아져야 하느냐고 불평하기도 한다. 그런 경우에는 그것이 그들의 생활 방식이라 결론짓고 내버려 둔다.

다른 사람의 조언을 거부함으로써 소소한 자의식을 확인해보거나 불행을 안고 고립되어 구원받을 데가 없다고 느낄 수 있다. 아니면 가족 간의 유대를 실감하지 못하거나 의료나 복지가 도움이 되지 않는다고 화를 냄으로써 자기 처지의 필요성을 납득하고자 하는 스스로에게 가학적인 가족도 의외로 많다. 그러나 그들 나름의 왜곡된 자기 긍정에 찬물을 끼얹고 있을 틈이 있다. 그러므로 오픈 엔드open-end 해둔다.

● 의외로 신체 진찰은 순순히 한다

외래 수준의 진료는 앞서 말한 것과 같이 진행해 가지만, 입원이 필요하다고 판단된 경우는 어떨까? 당장 입원이 필요해 보이는 환자는 증상이 상당히 나쁘다. 설득은 좀처럼 통하지 않는다. 아니, 설득 같은 것을 하면 괜히 더 화를 낼지도 모른다. 자리에서 일어나 나가려고 하면, 힘을 다해 억지로 눌러야 할지도 모른다. 말썽은 피하고 싶다. 앞으로 오래 사귀어야 할 테니까.

이런 상황에서는 종종 정당(페어)과 부당(언페어)의 줄타기 게임이 필요하다.

"당신은 입원이 필요할 것 같습니다" 정도만 말해도 골치 아파질 것 같은 경우가 있다. 금세 표정이 굳어지며, "당신도 날 모함하려 하는가"라며 위압적인 태도를 보이는 환자가 있다. 이런 경우, 어느 정도 대화를 나누며(전혀 상대가 말을 듣지 않는 경우도 있지만), 적어도 내가 적이 아니라는 것을 암시한다.

그리고 "어쨌든 병원에 오셨으니 대충 진료는 받아보세요. 우선 혈압을 재겠습니다"라며 눕게 한다. 신체를 진찰하는 것이다. 맥박을 측정하거나, 건반사를 진찰하기도 한다.

이런 진찰에 대해 환자는 의외로 순진하다. 정신의료는 믿을 수 없지만 내과나 외과 같은 '신체를 진찰하는 의사'가 루틴routine으로 하는 것이라면, 그런 진찰은 주저하지 않는다는 의미이다.

● 수면유도제(수면제)의 시비

다음은 "하는 김에 채혈도 할게요"라고 말하며 신체검사의 일환으로 혈액을 채취한다. 건강에 대해 코멘트하면서 이런저런 채혈 단계까지 끌고 가는 것이다. 채혈을 마치면 다음 단계로 주사기를 바꿔, 수면유도제를 소량씩 주사해 간다. 물론 필요한 법적 절차는 입원할 때 미리 완료해 둔 상황이다.

여기에서 문제는 나쁘게 말하면 '혼란한 틈을 타' 수면유도제를 사용한 것에 대한 시비일 것이다. 인권 차원에서 용납될 수 있는 일인가? 불의의 일이며 비열하기 그지없는 일이라고 생각할 수도 있을 것 같다.

그러나 이 주사를 맞았다고 해서 갑자기 잠이 드는 것은 아니다. 소량 투여는 불안과 흥분을 가라앉혀 진정시키는 효과가 있다. 오히려 냉정하게 현실을 음미할 수 있게 된다. 따라서 그 시점에서 나는 "당신은 입원하여 차분히 치료를 받아야 합니다"라고 말하며 지금은 폐쇄병동에서 휴식하실 예정이라고 했다.

눕기 전부터 '입원'이라는 말을 공공연히 꺼내지 않아도 '치료를 받는 것이 당신에게 득이 된다'라는 의미는 전달하고 있다. 그 복선을 이어서 다시 입원이 필요하다고 말하는 것이다. 여기에서 "까불지 마! 날 속였어"라며 벌떡 일어나는 경우는 드물다. 오히려 내심 '이대로는 힘들다'고 망설이던 상태였기에, 드디어 결심이 섰다고 본인이 안도의 표정을 짓는 편이 많다. 그리고 잠에 빠지면 병동으로 옮긴다.

● '병감病感'에 대한 접근이 포인트

이 주변의 타이밍이나 분위기는 좀처럼 미묘해서, 문장으로 전하기는 쉽지 않다. 수면유도제를 주사한 뒤 입원 사실을 알리다니, 그 방식 자체가 속임수이며 부당하다는 의견도 있을 것이다. 인권침해도 심각하다고 말이다.

그럼 형식주의적으로 "당신은 폐쇄병동에서 치료받을 필요가 있다고 판단됩니다. 자, 준비하고 갑시다"라고 하면 올바른 것일까? 그러면 환자 쪽도 내심 입원하는 게 좋을지 모른다고 느끼고 있을지언정, 그야말로 형식주의적으로 "싫어! 정신병원 따위 질색이다"라고 당황해하며 소란을 피우게 될 것이다. 어느 정도 예상된 말썽일 테지만 위험하고, 서로에게 도움이 되지 않는다.

결국, 이것은 병식과 병감의 문제일 것이다.

'병식病識'이란, 자신이 아프다는 사실을 정확히 이해하고 받아들이는 것이다. '병감病感'이란, 막연히 "내가 어딘가 문제를 안고 있는 것인지도 몰라", "잘 모르겠지만, 어쩌면 아픈 데가 있어서 치료가 필요할지도 몰라", "아무래도 세상이 이상해. 역시 나는 어딘가 위험한가 보다"라고 느끼는 것이다. 특히 환각이나 망상에 사로잡혀 있다면, 병식을 갖지 않는다. 하지만 병감은 나름의 위화감이나 주위와의 트러블, 일상으로부터 일탈해 버린 것에 대한 희미한 당혹감 등을 통해 느껴지는 것이 보통이다.

따라서, 어떻게 병감에 접근하여 '치료받고 싶지만 받고 싶지 않다'는 양가적인ambivalent 마음을 접게 하느냐가 중요하다. 그 때는 어느 정도 주변이 레일을 깔고 그곳에 태워버리는 편이 오히려 본인에게 있어서는 마음이 편할 것 같다.

● 이분법으로는 해결되지 않는다!

그런 맥락에서 보면, 현장에서는 속이지 않는다/속인다, 페어/언페어, 공명정대/허위, 인권 존중/인권 무시 같은 이분법으로는 해결할 수 없는 미묘하고도 섬세한 영역에서의 대응이 중요하다는 얘기가 된다.

'교과서적인 인권 존중'과, '인권 존중의 정신을 전제로 어떻게 병감으로 접근해 갈 것인가'라는 것은 표면적으로는 정반대의 대응으로 비치기도 한다. 다만 그런 표층을 계속 문제 삼고 있어서는, 현장에서의 일은 이루어질 수 없다.

4) 퍼스트 컨택트 II — 지역사회라면 어떻게 할까?

● '건강 조사'라는 명목을 사용할 수 있다

'어디까지 상대를 속여도 될까'라는 주제와 관련하여 내 외래진료에서의 이야기를 잠깐 언급해 보았는데, 독자 여러분의 업무에서는 어떨까?

예를 들어 헬퍼(도우미)로서 상대가 원하는 업무를 그대로 수행하기 위해 방문한다면 큰 문제는 없을 것이다. 하지만 보건간호사로서 집에 틀어박힌 채 문제를 일으키는 정신장애인을 상대로 상태 확인과 정보 수집 차원에서 방문한다면, 어떤 말을 건네며 면담을 요청하면 좋을까?

당신이 머리가 이상하고 민폐를 끼치고 있다고 이웃 사람들이 보건소에 불만을 제기하고 있어서 제가 상황을 보러 왔습니다. 저와 잠깐 대화해주세요 — 이렇게 솔직하게 운을 뗀다면? 시비 걸러 왔느냐고 상대가 화를 내도 무리는 아닐 것이다.

내가 알고 있는 보건사들 중 상당수는 '건강조사나 방문에 의한 건강 체크'라는 이유로 핑계를 대고 있다.

일부러 혈압계나 클립보드를 꺼내 들고(일종의 연출이다), 적어도 정신의료와는 무관하다는 분위기를 어필한다. 그리고 문을 열면, 신체건강에 대한 얘기를 하면서 은근히 망상에 관한 화제로 돌리기도 한다. 앞서 내 진찰실 장면에서 언급했듯이, 다소 목소리를 낮추는 것이 효과적일 수 있다.

"역시 스트레스는 혈압을 높일 수도 있으니까요. 신경 쓰이는 일은 없나요?"

이런 동작(사전 예고)을 취하며 본인이 품고 있는 엉뚱한 피해망상에 대해 서서히 화제의 초점을 옮겨 간다. 부당(언페어)하지는 않더라도, 100% 정당(페어)하다고도 할 수 없는 작전이다.

● 안 되더라도 사태는 급변한다

그럼 상대가 문을 열어주지 않으면 어떻게 할 것인가? 명함이나 메모지에 '건강 조사차 방문했습니다. 다시 방문할 테니 그 때는 꼭 만나 뵀었으면 좋겠습니다'라고 적어서 우편함에 넣어 둔다. 그렇게 기회가 있을 때마다 반복한다. 그러나 몇 번 방문하면 문을 열어줄 수도 있겠지만, 역시 안 되는 쪽이 더 많다.

그렇다면 이런 방법은 헛된 것일까? 그렇지 않다. 자칫 사태는 의외로 전개되기도 한다.

어떤 이유에서 인지 잉꼬가 들어있는 새장을 매단 채, 보건소까지 직접 찾아와 다짜고짜 신경통이라고 생활보호 상담을 청한 노부인이 있었다. 수시로 명함에 메시지 같은 걸 써 놓고 가는 것은 짜증나니 그만두라고 항의 전화를 해 왔기에 "알겠습니다. 그만 둘 테니 한번 만나주세요"라고 했더니, 맥 빠질 정도로 순순히 응해주며 이런저런 고민을 혼자 늘어놓기 시작한 중년 남성이 있었다.

어느 날은 숙부라고 일컫는 남성이 갑자기 찾아와 본인에 대한 상담을 청해왔다. 사정을 물어보니, 이전부터 걱정은 하고 있었는데 얼마 전에 상황을 보러 갔더니 메모가 적힌 명함 몇 장이 테이블에 쌓여 있어서 (본인은 일일이 버리지 않고 챙겨둔 것 같다), 마침 혹시나 해서 상담하러 온 것이었다.

망상에 사로잡혀 집(독거 중인 임대주택)에 있는 수도꼭지를 모두 틀어 놓은 채 두 달이 지나 수도요금이 총 40톤, 합계 30만엔이 청구되어 놀란 수도국이 이를 조사하면서 연계로 이어져 보건간호사 개입이 가능하게 된 예 등도 있다.

● 이 '특권'이 있기 때문에 그만둘 수 없다

물론 모든 것이 원활하게 진행되는 것은 아니다. 노력에 비례하여 사태가 순조롭게 진행된다는 식의 카타르시스를 찾는다면, 답답함이 앞서는 경우가 더 많을 것이다.

하지만 사실 대부분의 사례는, 연年 단위로 진행되고 있다. 원조자가 약간 관여했기 때문에 금세 문제가 해결될 것이라고 생각하는 것이 비정상이다. 착실하고 끈기 있게 필요한 일을 하고 '기다리는' 것이 중요하다(자세한 것은 43p 참조).

그리고 앞서 말했듯이, '사태가 의외의 전개를 할' 때야 말로 이 직업의 묘미를 절실히 느낄 수 있다. 독자 여러분도 마찬가지일 것이다. 우리는 뜻밖의 계기, 예상치 못한 마음의 움직임, 눈치채지 못한 본심 — 그런 것을 리얼하게 체감할 수 있는 일에 종사하고 있다. 우리는 이 지루하고 매너리즘이 가득한 세상에 상식과 이론을 벗어난 전개가 있을 수 있다는 것을 경험한다. 이것이야말로 특권이다. 고생한 자만이 맛볼 수 있는 감흥이 여기에는 있다.

5) '경험을 쌓다'라는 것은 무엇인가

● 어느 순간 '연계(유대)'가 보이기 시작하다

"기다리는 것이 중요하다"고 하면 "꽤 느긋한 말씀을 하시는군요"라며 싫은 기색을 보이는 사람이 있다.

사실 담당하고 있는 사례가 1건뿐이라면 차를 마시거나 메모 용지로

학을 접으며 시간을 보내는 경우도 있을 수 있지만, 우리는 몇 가지 사례를 동시에 안고 있다. 순차적으로 관리maintenance해 가는 것만으로도 힘들다. '기다리는' 것과 '한가롭다'는 것은 결코 같지 않다.

몇 가지 미해결 사례를 안고 있는 것은 지긋지긋한 기분으로 이어지기도 한다. 그러나 사례를 어느 정도 소화하면 갑자기 보이기 시작하는 것이 있다. 유사성이라고 할까?

그때까지는 전혀 별개의 이야기라고 생각했던 사례 A와 사례 B가, 가령 가족관계성이나 본인의 태도 등에서 의외로 구도가 서로 비슷하다는 것을 깨닫는다. 그래서 더 비슷한 경우는 없는지 찾아보고 그 결과, 나름대로 하나의 패턴을 실감하게 된다. 지금까지는 미해결 사례가 산더미처럼 쌓여 있었을 뿐인데, 그 안에는 패턴이 숨어있다는 것을 알게 된다. 두서없이 헤매던 기분이 갑자기 정리되어 간다. 여러 사례 중 하나가 성공적으로 해결되었다면, 비슷한 경우의 패턴은 동시에 모두 해결될 가능성이 나타날 것이다. 최소한 예측하기 쉬워진다.

이것이 곧 '경험을 쌓는' 것이다. 막연히 일을 하는 것만으로는 익숙해지지 않는다.

● 어려움은 많은 편이 좋다. 그 이유는?

어려운 사례를 하나만 안고 있다면 괴롭다. 그럼 비슷한 구도를 가진 사례가 하나 더 있다면 어떨까?

고통이 두 배로 늘어났다고 피해적으로 생각한다면, 일을 바꾸는 것이 좋을 것 같다. 구도에 공통점이 있다는 것에 흥미를 갖고, 그것을 마음 한구석에 간직해 둘 수 있는 감성이 필요하다고 생각한다.

마치 과자 경품으로 여러 가지 동물 모형들이 모였고 그 중 모양은 같지만 색이 다른 닭이 있다면, 문득 그 두 마리의 닭을 나란히 세워놓고 싶어지는 것 같은, 그런 센스에 가까울지도 모른다. 즉, 어떻게 했다는 것이 아니라, 일단 재미를 느끼고 늘어놓는다는 마음의 상태가 중요하다고 생각한다.

그리고 우연히 유사한 구도의 또 다른 사례와 조우했다고 하자. 사물 3개가 겹치면 이것은 보편성으로 이어지고, 공통점을 살피는 것은 다양한 응용을 가능하게 할 것이다. 시야가 넓어져 패턴 변화나 정반대의 패턴 같은 것도 깨닫게 될 것이다. 경험에 기초한 '지知'가 우리의 수준을 끌어올린다.

그런 '지知'는, 어쩌면 논문으로 발표할 수 있는 엄밀함은 결여되어 있을지 모른다. 어부가 물고기 떼가 어디에 있는지 짐작하거나, 야채가게에서 맛있는 야채를 구별하는 요령에 가까운 것일지도 모른다. 하지만 거기에는 아마 확실한 증거가 있을 것이고, 이론만 먼저 꺼내도 결코 감이 오지 않을 그런 종류의 감각일 것이다. 때문에 경험으로 말을 하고 그곳에 즐거움이 있는 것이다.

6) 우리는 누구인가

● 그들의 이야기에 응해 본다

이쯤에서 환자의 시점으로 생각해 보자. 그들에게 우리 원조자는 어떤 존재로 나타나게 될까?

마음이 병들어 힘들어하는데, 때마침 구조선이 출현했다고 순순히 기뻐할 가능성은 낮다. 오히려 의심에 사로잡혀 우리에게 의구심을 품지 않을까?

다만, 그들에게도 망설임은 있다. 생활이 조화롭지 못하고 대인관계가 원활하지 않은 것은 자신에게 문제가 있을지도 모른다고 희미하게 느끼고 있다. 즉, 병식은 없더라도 병감은 있다.

그러나 그런 사실을 솔직하게 인정하면, 자신은 '단순한 환자, 더군다나 정신과'가 되어 버리기 때문에 그런 사실을 인정하는 데 불만이 있다. 자기 나름의 이야기가 성립하지 않게 되는 것이다.

그러므로 우리는 그들의 이야기(집착이나 망상에 기반한 피해적이고 비현실적인 이야기) 내용에 대해 코멘트해서는 안 된다. 내용이 아니라 '환자는 그렇게 믿고 있다'라는 사실만을 일단 받아들이고, 그 결과로 불안해하거나 화를 내거나 초조해하는 것에 공감해야 한다.

환자의 감정은 부자연스럽게 흔들리고 있기 때문에 자율신경도 실조되고 몸 상태도 나빠질 것이다. 인생이 원활하지 않고 막막해졌으니 위화감이나 '의지할 대상이 없다'라는 것에도 짜증이 날 것이다. 그래서 그들은 고통스러워한다.

환자들이 매달리고 있는 이야기(이는 병적인 감정의 요동에 대한 자기 변호적인 설명을 해주기 위해 스스로 생각해 낸 줄거리일 뿐이다)를 부정하지 않고 귀 기울이는 태도가 우선 필요하다.

● **거짓말이나 속임수는 왜 중요한가**

가령 동료 중에 이유 없이 당신을 싫어하는 인물이 있다고 가정하자. 아주 사소한 일로 일일이 심술궂은 짓을 한다. 에피소드 하나하나를 다루면 대수롭지 않을지라도, 그것들이 합해지면 악의가 분명히 전해져서 당신의 스트레스도 몹시 커지게 된다.

그런 고민을 지인에게 털어놓았을 때 "그건 지나친 생각이다"라거나 "왜 심술궂게 구는지 이유를 알 수 없다니 이상하네"라고 하면 진절머리 나지 않을까? 지나친 생각인지 아닌지를 논의하고 싶은 게 아니고 이제 와서 제3자에게 그 이유를 듣고 싶은 것도 아니다.

어쨌든 우선은 나의 평온하지 못한 감정이나 불편한 심기를 헤아려 주기를 바라는 것이 아닐까? 마음을 이해하고 현실적인 조언이나 행동

방침을 제시한다면, 거기에 솔직하게 따르지 않겠는가.

때로는 "그렇기는 한데, 역시 지나친 생각이에요. 지금은 그런 식으로 믿을 수 없을지 모르지만, 일단 치료를 받고 판단력에 여유를 갖는 것이 더 중요해요"라고 하면 의외로 고집부리지 않고 받아들여질 것 같지 않은가? 상대는 나의 체면을 세워 주고 있고, 나로서도 지나친 생각이었기를 바라는 마음이 있으니까.

그런 망설임과 본심과 고집이 서로 뒤섞여 있는 부분에서는, 적당한 거짓이나 속임수가 중요해지는 것이 아닐까?

거짓말이나 속임수라 해도 그것은 정신문제를 신체 문제로 살짝 바꿔서 화제로 삼는 것과 같은 종류의 이야기지만, 정신과 신체는 반드시 별개의 것이 아니라 서로 영향을 끼치는 요소이므로 반드시 '새빨간 거짓말'이나 '마치 엉터리 같은' 것은 아니다. 그런 애매한 경우야말로, 사실은 우리와 환자 사이에 '암묵적 양해'에 가까운 커뮤니케이션이 성립되는 것은 아닐까.

● '본질에 어긋나지 않는 대화'를 계속 이어갈 수 있는 존재가 되고 싶다

정면으로 부딪쳐서는 망상과 정론의 격돌에 불과하겠지만, 초점을 일부러 돌림으로써 반대로 커뮤니케이션이 성립될 수 있다는 것은 놀라운 일인지도 모른다. 하지만 그런 점에서야말로 광기를 다루는 재미와 안쪽의 깊이를 느낄 수 있다고도 할 수 있지 않을까?

환자에게 우리는 어떤 사람이어야 하는가?

그 대답은 '서로 납득하고, 굳이 본질에 닿지 않는 대화를 이어갈 수 있는 존재'라고 나는 생각한다. 서로 친해지기 쉬운 관계일지라도 마음의 고통을 알고, 굳이 멋없는 말은 하지 않는다. 거기에 거짓이나 속임수로 해석할 수 있는 민감한 뉘앙스가 얽혀 있다. 무감각한 선의나 여유가 결여된 한결같음은 유해할 뿐이다.

2

가족과 지역사회에 관한 몇 가지 사항

1) 종잡을 수 없다

● 비슷한 패턴은 많다

오가타 아키라의 저서 『성인 아이adult children와 공동의존アダルトチルドレンと共依存』(誠信書房, 1996)에 의하면, 사티아는 미국인의 95%가 기능부전 가족으로 자라고 있다고 보고했고, 또 『Wegscheider-Cruse』에 따르면 '전체 인구의 96%는 공동의존co-dependency이라고 보고하였다'라는 구절이 있다.

나는 머리가 어지러웠다. 거의 모든 국민이 기능부전 가족이나 공동의존이라고 단언하는 그들의 생각은 도대체 무엇일까? 그러니까 '이 세상은 별것 아니다'라는 의미인가? 별것도 아니라는 것에 대해서는 동의하지만, 겨우 몇 퍼센트밖에 되지 않는 '정상적인 사람'이 세상을 지탱하고 있다고 말하고 싶은 걸까? 보통 압도적인 소수자 쪽이 비정상으로 간주되는 것이 일반적이지 않았던가. 참 이상한 이야기다.

수상한 통계는 차치하고 실제로 현장에서 다양한 가족의 모습을 보게 되면 일종의 '흔한 패턴'이 분명히 드러난다.

예를 들어, 매우 불건전한 관계성을 내포한 가족에서는 정신건강도가 높거나 에너지가 있는 사람부터 차례대로 집에서 도망쳐 나간다는 사실이다.

이것은 종종 지적되는 부분인데, '정직하고 성실한' 사람부터 차례대로 진학이나 취직, 결혼 등을 핑계 삼아 집에서 빠져나간다. 약한 자, 병든 자가 남겨지고, 그로 인해 가족의 병리성은 더욱 농축되어 간다. 바짝 졸아드는 것이다. 병리성이 두드러진 채 남겨진 자들이 서로 의지하는 식으로 생활을 영위하다 보니, 어설픈 개입 등은 받아들여질 여지가 없어져 간다.

가족 구성이 부모님과 누나, 남동생이고(즉, 맏딸과 남동생 형태), 남동생이 정신병을 앓고 있다는 구도도 종종 눈에 띈다. 편파적인 성격의 누나는 독신으로 집에서 군림하며, 환자인 남동생을 극도로 싫어한다. 저런 남동생이 있어서 자신은 결혼도 할 수 없고, 그 남동생이야 말로 '집안의 수치', '일가의 족쇄'라고 누나는 주장한다. 남동생은 자활 능력이 없기 때문에 가족에게 의지할 수밖에 없고, 그것이 누나를 더욱 짜증나게 한다. 아버지는 완전히 그림자다. 어머니는 난감해 하면서도 누나가 하라는 대로 따른다. 남동생에 대해서 타박하긴 하지만 아무것도 할 수 없어, 결국은 의료와 복지에 책임을 떠넘기려고 한다.

인지증 노인을 둔 가정의 경우, 그 노인에 대한 대응법이나 처우 방침에 대해 가족 각각의 보조가 맞지 않는 경우도 많다. 요컨대 평소 가지고 있던 가족 관계에 대한 불만을 구성원 각각이 인지증에 대한 관련 방법 안에서 표현하고 있는 것이다.

예를 들면, 노인의 아들(일가의 남편)은 헬퍼 도입을 주장하지만 그 기저에는 '아내가 가정을 제대로 지키지 않고 사회 활동에 열중하는 것이 곤란하다'는 불만이 깔려 있는 것이다. 아내 또한 남편에 대해 시설에 맡기려는 결단조차 할 수 없는 주제에, 헬퍼 도입 같은 '타력본원(他力本願,

남의 힘을 빌려 일을 처리하려 함)'으로 현실 직시를 회피하고 헬퍼를 통해 자신을 겨냥하고 있다고 불쾌해 한다. 자식 중 한 명은 부모가 할아버지에게 지나치게 냉담하다고 분노하며, 자신과 할아버지를 동일시하고 있다. 다른 한 명은 서로 협력할 수 없는 부모의 모습에 허무감을 느낀다.

이처럼 가족 구성원 모두가 석연치 않은 감정을 품고 있지만, 서로 충돌은 피하고 있다. 그러한 불평불만이 헬퍼를 향해 음성 감정으로 대치되기 때문에 아무리 헬퍼가 성실하게 처신해도 가족으로부터의 클레임은 끊이지 않는다.

● 그러나 전례는 도움이 되지 않는다

그런 식으로 우리는 어딘가 낯익은 구도를 반복적으로 만난다. 그러나 '거기에서 본질을 파악하면 가족 문제를 해결할 근본책이 자연스럽게 확립되는가'하면, 좀처럼 간단하지 않다. 왜일까? 무의식 중에 디테일에만 시선이 향하게 되어 본질을 파악하는 게 결코 용이하지 않기 때문이다.

좀 더 구체적으로 말해 보자.

인지증 노인과 정신장애인(주로 조현병) 가족의 조합은 상당히 많다. 전형적인 예는 2인 생활로, 조현병을 앓고 있는 중년 딸과 인지증을 앓고 있는 아버지가 생활보호를 받으며 살고 있고, 의지할 만한 친척은 없는 사례를 들 수 있다.

사실상 딸은 아버지를 돌볼 수 없다(딸은 훌륭하게 보살필 작정이라고 하지만). 오히려 인지증 아버지를 향해 생트집을 잡으며 학대에 가까운 행동까지 하고 있다. 게다가 그 딸은 과거, 정신과 병원에 강제 입원한 경험이 있어서 복지나 행정, 의료에 강한 불신감을 갖고 있으며, 딸의 통원 복약은 끊긴 상태이다.

이런 사례에 헬퍼가 관여하여(운 나쁘게 관여하게 되었다고 해야 할지도) 어떻게든 집안까지는 들어갈 수 있겠지만, 큰 도움은 실현되지 못한다. 핵심 인물도 없다. 한 마디로 딸과 인지증 아버지를 함께 두면 아버지는 충분한 케어를 받는 건 고사하고, 학대까지 받게 된다. 헬퍼가 딸을 부드럽게 타이르면 딸은 발끈해서 센터에 "그 헬퍼, 다시는 못 오게 해 주세요"라는 등의 전화를 하므로, 함부로 말하지도 못한다. 악취가 진동하고 몹시 황폐해진 집은 병든 부녀의 비참한 미래를 암시하는 듯하다.

이런 사례에는 어떻게 대처해야 할까?

과거에 비슷한 패턴의 사례가 없었는지 조사해 보면 유사한 사례는 분명히 나온다. 그러나 전말은 딸의 상태가 나빠져서 '44조 통보'*로 정신과에 입원하게 되거나 혹은 인지증 아버지가 어느 날 갑자기 싸늘하게 식어 있었다거나 하는 경우들이다. 이를 과연 '해결'로 봐야 할지 아니면 실패로 봐야 하는지 그것조차 분명하지 않다. 그러니 표본으로 삼을 수가 없다.

● 문제를 명확하게 할 수 없기 때문에 매뉴얼도 사용할 수 없다

이런 상황에 처했을 때 원조자 입장에서는 이미 무엇이 문제이고, 무엇부터 손대야 할지 알 수 없게 된다.

한 강연의 질의응답 시간에서, 앞서 말한 사례를 겪은 헬퍼로부터 질문을 받은 적이 있다. 그녀가 손을 들어 먼저 질문한 것은 "정신장애인을 잘 설득하려면 어떻게 해야 할까요?"라는 것이었다.

---

* 정신보건복지법 제44조(특별자치시장·특별자치도지사·시장·군수·구청장에 의한 입원)
② 경찰관(「국가공무원법」 제2조제2항제2호에 따른 경찰공무원과 「지방공무원법」 제2조제2항제2호에 따른 자치경찰공무원을 말한다. 이하 같다)은 정신질환으로 자신의 건강 또는 안전이나 다른 사람에게 해를 끼칠 위험이 있다고 의심되는 사람을 발견한 경우 정신건강의학과전문의 또는 정신건강전문요원에게 그 사람에 대한 진단과 보호의 신청을 요청할 수 있다.

너무나 막연한 질문에 순간 당황했다. 그런 질문을 하게 된 배경을 차분히 들어보니, 헬퍼 입장에서는 어쨌든 아버지와 딸을 분리해야 한다고 생각하고 있었던 것이다. 인지증 아버지를 시설에 수용하거나, 딸을 정신과 병원으로 보내거나, 적어도 어느 한 쪽을 데이케어(주간보호소)로 연결해 서로 얼굴을 마주치지 않는 시간대를 만들거나. 하지만 그런 계획을 세워도 딸을 설득하지 못하면 전혀 소용없기 때문에 아까와 같은 질문을 던진 것이었다.

헬퍼로서는 곤란해하고 있지만 배경 설명이랍시고 사례의 세부 사정을 장황하게 설명할 수도 없어, 질문하고 싶은 것을 간략하게, 즉 '능숙한 설득법'을 느닷없이 물을 수밖에 없었던 것이다.

지역사회에서 가족을 보면서 독자들이 곤란하다고 느끼는 것은 '곤란해하는데, 무엇이 힘든 것인지 명확하게 할 수 없다'거나 '단순한 형태로 문제를 좁힐 수 없다'는 것이 아닐까?

그렇기 때문에 매뉴얼 같은 도서를 참조해도 아무런 도움이 되지 않는다. 베테랑에게 조언을 청하려 해도, 자신이 곤란해하는 점을 제대로 설명할 수 없다. 그런 답답함에 시달려 본 경험이 없는 독자는 없을 것이다.

● 결론은 알고 있지만

많은 원조자들이 머리 한쪽에서는 처우에 대한 확실한 결말을 알고 있는 것 같다. 즉, 이 사례의 경우 이론상으로는 딸과 아버지를 분리하는 것이 바람직하다. 그러나 그 일을 곧바로 실행하기는 어렵고 말썽 없이 떼어 놓기도 쉽지 않을 것이다. 만약 강경한 수단을 이용하면 딸은 발끈할 것이고, 인권 측면에서도 골치 아플 것 같다.

게다가 현재의 정신상태에서는 딸을 강제 입원시킬 정도로 병세가 나쁘다고 할 수 없다. 더불어 아무리 지지적이며 수용적으로 헬퍼가 행동한다 하더라도, 그리 쉽게 딸이 마음을 열거나 순순히 조언을 따라 줄리도 없다. 그것이 가능했다면 부녀의 분리는 벌써 실현되었을 것이다.

따라서 결론적으로는 과거의 유사 사례처럼 딸의 정신 상태가 악화되어 강제입원으로 이어지거나, 부친의 신체 상태가 악화되어 구급차(그렇지 않으면 영구차)를 부르게 되거나, 둘 중 하나만 전개될 수 있을 것이다 (사실 좀 더 다른 전개는 얼마든지 있다. 집에 불이 나 불가피하게 두 사람을 분리시킬 수밖에 없게 되었다거나, 옆집에서 살인사건이 일어나 탐문 차 경찰이 출입한 결과 개입 가능성이 생겼다거나, 딸이 교통사고를 당해 병원에 입원하는 바람에 사실상 분리가 되었다거나, 인근 공사장에서 태평양 전쟁 당시의 불발탄이 발견되어 그 처리를 위해 임시 대피 권고가 내려진 덕분에 '혼란을 틈타' 진찰로 연결된다거나. 농담 같은 말이지만, 모든 일은 훗날 돌이켜보면 이런 식으로 때마침 진행 '된 것처럼' 보이는 것이다. 운명을 관장하는 신이라는 개념도, 어쩌면 이런 착각에서 도출된 것인지도 모르겠다). 바꿔 말하면, 적극적인 움직임으로 이쪽의 생각대로 일을 진행시키는 것은 (당장은) 무리라는 것이다.

그렇다면, 이제는 자연스럽게 기회가 찾아오기를 기다리는 것뿐이다. 다만 그것은 방치하는 것과는 다르다. 딸에 대한 회유 작전은 계속해야 하며, 부친의 신체 상태 모니터링도 필요하다. 앞의 내용처럼 돌발적이지 않더라도 예상외의 전개도 있을 수 있기 때문에(아버지가 넘어져 골절된다거나, 딸이 어떤 이상을 호소해 항정신병약을 복용해야 한다거나), 그런 기회를 놓치지 않도록 해야 한다. 혈연자를 찾아 연락을 취하는 작업(혹은 혈연자가 더 이상 없다는 사실 확인)도 재차 필요할 것이다.

그러나 그런 식으로 '기다리는' 것은 여간 마음 아픈 일이 아니다. 보다 적극적인 일을 해야 할 것 같은 기분이다. 그렇기 때문에 지푸라기라도 잡는 심정으로 "정신장애인을 잘 설득하려면 어떻게 해야 좋을까요?"라고 묻고 싶은 것이다.

2) '기다리는' 것

● '움직이는' 사례와 '기다리는' 사례

이 사례에서 문제의 본질은 '정신질환을 앓는 딸을 설득하는 요령'에 있는 것이 아니다. 허를 찌른 해법이 있는 것도 아니다. 현재는 교착상태이자 분명히 상황이 '좋지 않은' 상태지만, 그 '좋지 않은' 정도가 아직 미지근하다는 것이다. 아쉽지만 지금은 손을 댈 수가 없다. 그러니 자연스럽게 전개를 기다릴 수밖에 없다.

일반적으로 원조 사례는 불행한 결말을 초래하지 않도록 빨리 손을 써야 하는 경우와, 다소나마 실제로 불행이 닥쳐야 손을 댈 수 있는 경우, 두 가지가 있다.[*]

그렇기 때문에 '기다리는' 것이 필요하지만, 객관적으로 보면 기다리는 것인지 방치하고 있는 것인지 구별하기 어렵기 때문에 거북하고 불안해진다. "아무것도 하지 않는다, 무책임하다"라고 비난받을까 봐 걱정이 된다.

● '기다리는' 것에는 배짱이 필요하다

가끔 사례 검토회에 불려가곤 한다. 모처럼 초대되었으니 뭔가 재치 있는 지적을 하거나, 누구나 깊이 공감할 수 있을 만한 방책을 전수하고 싶지만 실제로는 그러지 못한다. 이미 선택지는 좁혀져 있고, 결론도 거

---

[*] 이 두 가지를 어떻게 구분할 것인가가 중요하고도 어려운 것이 아닐까?라는 지적을 받았다. 과연 지당한 의견이다. 하지만 나는 판별이 그리 어렵지 않다고 생각한다. 빨리 손을 쓰려고 했을 때 그것이 가능하면 전자이고, 현실 문제로 손을 댈 수가 없다면 당연히 후자에 해당된다. 즉, 이 분류는 탁상 문제가 아니라 현장에 따라 자연스럽게 결정되는 사항일 뿐이다. 인정(人情)적인 면으로도, 또 책임 문제 관점에서도 전자에 준해 생각하고 싶지만, 그렇게 할 수만은 없는 것이 현실이다. 후자야말로 이 경우에 해당한다.

의 보이는 상황이다.

그렇다면 나는 무엇을 할 것인가? 결국 "그것으로 충분합니다"라고 보증하고 선언하는 역할인 것이다. 정신과 의사라서 관점도, 입장도 다르지만, 그런 사람이 봐도 착각이나 맹점이 없다는 것을 보증하기 위해서이다. 만약 "원조자들은 팔짱만 끼고 있었다"는 비난의 소리가 제기된다 하더라도 의사를 포함해 다양한 직종이 협의했다고 하면 반론도 쉬워질 것이다.

기다릴 수밖에 없는, 조금이라도 실제 불행(트러블)이 일어나지 않으면 손댈 수 없는 경우가 있다 ― 그런 사례가 적잖이 존재하며, 그때는 어떻게 각오하고 사태를 지켜볼 것인가.

원조자의 실력은 아마 그럴 때 문제될 것이다. 왜냐하면 기다리기 위해서는 배짱이 필요하며, 이것은 상응한 경험이나 지금까지의 반응에 근거한 자신감이기 때문이다(단지 뻔뻔함과는 다르다). 또 다른 사람으로부터 힐문 받거나 책망을 들었을 때도, 자신의 방침을 제대로 설명할 수 있을 만큼 머릿속에 정리가 되어 있다는 것이다. 터프하지 않으면 해 나갈 수 없다.

● 자신이 접근해야 할지도 모른다

지금까지의 경험에 비추어 볼 때, 순조롭게 관계자들의 의견이 정리되어 '기다림' 태세로 들어갔을 경우, 생각보다 빨리 어떤 전개가 일어나 결말이 나는 경우가 많았다.

생각해 보면 당연한 얘기다. "정신장애인을 잘 설득하려면 어떻게 해야 할까요?"라는 질문을 던진 단계에서는, 원조자의 자신감 부족과 표리일체가 된 통제 욕구가 전면에 나와 있다. 불안이나 조바심을 반영한 통제 욕구에는 정신장애인에게 압박감이나 불신감을 주는 요소가 느껴지는 것이다. 그래서 때로는 원조자와 환자 측에서 무익한 파워게임에 빠져 버리는 경우도 있다. 그러나 주위가 마음을 다잡고 '기다림' 태세에 들어갔을 때, 관계자들의 정신적 여유가 플러스 형태로 환자 측에도 전달될 것이다.

환자에게 직접 손을 댈 수 없을 때의 철칙이 있다. 억지로 손을 내미는 일이어도 역효과가 날 때 해야 할 것은 '그 환자와 직접 관련되어 있는 사람들에게 접근하라'는 것이다.

왜냐하면 환자의 문제행동에 따라 직접적으로 관계가 생긴 사람들(보통 가족에 해당하지만 복지 담당자, 보건사, 돌봄제공자나 보건공무원 혹은 아파트 관리인일 수도 있다)은 혼란스러워하며 환자에게 통제 욕구를 터트려, 결국에는 증오와 원망마저 불러오기 때문이다. 그 때문에 환자는 자극을 받아 더욱 문제행동을 반복하는 등 악순환을 나타낸다. 그런 연쇄를 끊으려면, 지식이나 수용, 공감을 통해 '직접 관련된 사람들'의 마음에 여유를 되찾아주는 것이 가장 효율적이다. 그리고 그 후에 '기다림' 태세로 돌아간다.

적어도 그들이 단순한 피해자로서의 입장에서 벗어날 수 있는 것만으로도 '구원받은 자'가 나타났다는 얘기가 되지 않을까?

그리고 지금 여기에서 논하고 있는 조현병 딸과 인지증 노인의 사례에 관해서 '직접 관련된 사람들'이란, 헬퍼를 비롯한 원조자들이 해당한다. 원조자란 결코 외부인이 아니다. 얼마든지 연관될 수 있다. 혼란스러울 수도 있고 가해자가 될 수도 있다. 때로는 사업소나 보건소, 아니 지역 자체가 '연루된 가족'이나 다를 바 없는 경우도 있다.

그러므로 앞서 말한 철칙을 잊지 말았으면 한다. 어쩌면, 접근해야 할 대상은 자신들일지도 모른다. 대수롭지 않은 통제 욕구 등에 집착하고 있으면 그 위험성이 높다.

그리고 객관성을 높이고 시야를 넓히는 의미에서 다른 직종이 섞인 사례 검토회가 가장 중요하다.

3) 공동의존co-dependency이라는 교착

● 통제 욕구에 기인한 자기희생

여기에서는 공동의존에 대해 다뤄보자.

요즘 사례 검토회 등에서 '공동의존'이라는 말이 활발하게 사용된다. 어렴풋이 의미는 알지만, 막상 제대로 정의해 보려고 하면 의외로 어려운 말이 아닐까 싶다. 나 자신도 솔직히 정확한 정의를 모르지만, 나름대로 이해하고 있는 부분을 써 본다.

(1) 자신의 감정이 특정한 타인의 언동이나 모습으로 결정된다.

(2) 따라서, 특정한 타인을 통제하거나 자신이 원하는 삶을 영위하게 함으로써 자신의 마음의 평화를 얻으려고 한다(그런 행동은 때로는 헌신적이고 자기희생으로 채워진 것처럼 보이지만, 실제로는 자신의 통제 욕구에 기인한 자기중심적인 것에 불과하다).

(3) 그러나 그런 관계성이 언제까지나 평온하게 지속될 리 없다. 그럼에도 관계성을 끊지 못하고 상대방 또한 그 관계성에서 벗어나지 못한다.

이러한 교착상태가 곧 '공동의존'이라는 것이 아닐까? 표현을 약간 바꿔보면 "곤란해지거나 미워하거나 '지긋지긋'하면서도 그 상대와의 밀접한 관계성을 끊지 못한 채, 끝없이 현상 유지라는 성과 없는 인생을 영위하고 있는 상태"라는 것이다.

본서의 첫 머리에서 타인을 이해하기 위한 보조선을 소개했다. 이 다섯 가지가 모두 공동의존에 해당한다는 점에 주목하기 바란다. 공동의존은 사람 마음의 약점을 쥐어짜고 졸여서 만든 듯한 영위인 것이다.

실례로 가정폭력이나 '은둔형 외톨이'로 보이는 고등학생 아들과 어머니의 관계를 생각해 보자.

● 따라다니는 어머니, 도망치지 않는(못하는) 아들

어머니는 외톨이 아들의 언동에 일희일비하며, 아들이 빨리 예전과 같은 솔직함을 되찾고 학생 생활을 재개하여 수험생으로 복귀해 주기를 간절히 바라고 있다. 그녀에게 아들은 '삶의 보람'이다. 아들이 입시 전쟁의 승자가 되어 최고의 직업을 갖게 된다면 본인의 행복은 물론, 자기 콧대도 높아질 것이다. 그러니 어떻게든 예전의 우등생이었던 아들로 돌아와 주기를 바라며 다양한 접근을 반복하지만, 그것이 아들은 '짜증스러워' 더욱 폭력을 휘두른다.

이런 경우, 어머니가 아들에게 너무 간섭하지 않으면 좋겠지만, 어머니에게는 자기 인생이 없다. 남편과의 사이는 냉랭하고, 자기 나름의 즐거움이나 꿈은 없다. 남편의 출세를 바랄 수 없는 지금, 이제 아들이 뛰어난 인물로 성장하는 것만이 자기 존재의 증거가 된다. 그래서 쉼 없이 아들을 따라다닌다.

반면 아들은 그런 어머니가 답답해 견딜 수 없다. 기대에는 부응할 수 없을 것 같고, 자신에게 특별히 목표나 야망이 있는 것도 아니다. 어떻게 해야 할지 모르겠다. 학교에서는 성적이 떨어지기만 하고, 자신의 왜소함을 느끼게 할 뿐이다. 누구와도 만나고 싶지 않다. 자기 방에 틀어박혀, 일단 숨죽이고 있을 수밖에 없다. 그런데도 어머니는 이것저것 자신에게 관여하려 한다. 자신에게 기대를 걸고, 상냥하게 대하고, 배려해 주는 것이야말로 부담스러운데, 일부러 그렇게 대한다. 그만해 달라고 부탁하는 것 자체가 패배를 떠올리게 하는 기분이다. 그렇다고 자신에게는 집을 나와 자활해 갈 만한 근성은 없고, 수험에 대한 미련은 있다. 인생의 패배자가 되어 모친을 실망시켰다면, 그로 인해 생길 죄책감을 견딜 수 없다.

"아아, 처음부터 그냥 내버려 두었더라면 이런 고통을 겪지 않았을 텐데!" 이런 식으로 어머니와 아들은 서로 꼼짝도 하지 못하고, 결국 "낳아

달라고 한 적 없어!"라는 어처구니없는 말까지 쏟아내며 아들의 폭력은
점점 심해지는 것이다.

● 시간이 가져온 위안(치유)

이런 상황에는 더 이상 평화가 찾아오지 않는 것일까?

은둔형 외톨이의 전말과 관련해 흥미로운 문장이 있다. 2001년 9월 28
일자 아사히 신문 투서란에 '은둔형 외톨이를 그만두게 한 힘'이라는 제
목으로 실렸던 글이다. 10년 이상 틀어박혀 있던 여성이 마침내 재기할
수 있었던 계기를 투서자가 당사자에게서 듣고 엮은 문장이었다. 일부
를 인용해 본다.

다시 일어선 계기는 '어머니가 취미를 즐기기 시작한 것'이라고 한다.
지금껏 딸에게만 집중했던 어머니가 산행을 시작하고 생기가 돌기 시작
한 모양이다. 혼자 산에 올라가 아무렇지 않게 기념품을 사다 주는 어머
니를 보고, '결국 모두가 혼자야. 하지만 내가 스스로 걸어 나가기를 기
다리고 있어'라고 실감했다고 한다.

독자는 이 글을 읽고 "뭔가 어설프고 어이없는 얘기구나"라고 코웃음
을 쳤을까? 좀 더 드라마틱한 에피소드나 '결정적인' 대사라도 있을 것
으로 기대했을까?

유감스럽게도 그런 극적인 요소는 없다. 굳이 말하자면 은둔형 외
톨이의 재기를 가져온 것은 '시간이 가져온 치유'이며, 조금 더 자세히
말하면 공동의존에서의 통제적 욕구를 어머니가 드디어 버렸다는 것
이다.

통제 욕구라는 '우울한' 행동원리로 딸에게 집착하는 것에 지쳐, 어머
니는 자신을 위해 나름의 가치관을 찾아냈다. 그래서 딸은 죄책감과 무
력감에서 벗어나 마음이 가벼워졌을 것이다. 집안에 깃들어 있던 초조
함(모녀 모두)이나 자기혐오(딸), 억지로 강요하는 듯함(어머니)이 불식되어

의사소통이 좋아졌다는 것이리라.

결과로부터 더듬어 가면 너무도 담백한 이야기지만, 모친이 산행이라는 자신만의 즐거움을 찾아내는 심경에 이르기까지의 과정에 꼬박 10년을 요한 셈이다. 평생 걸려도 그런 심경에 이르지 못한 사람도 있으니, 10년이 엄청난 시간이었다고 나는 생각하지 않는다. 원래 은둔형 외톨이는 어느 날 갑자기 시작된 것 같아도, 그곳에 이르기까지의 준비 기간(부모 자식 간의 생각 차이가 벌어지기까지의 시간, 자녀의 좌절이나 초조가 일정 수준을 넘어서기까지의 시간, 가정 내에서의 커뮤니케이션 결핍이 심화되기까지의 시간 등)은 10년 이상을 요하는 것이 일반적이다. 그렇다면 그것이 해소되기까지 비슷한 시간이 필요한 것은 당연하지 않은가? 무리하게 과정을 단절하려고 하면 반드시 왜곡이 생기게 된다.

이 모자가 이제 와서 돌아보며 그 10년은 전혀 쓸모 없고 무의미한 시간이었다고 후회하고 있는지, 아니면 인생에 있어서 의미 있는 시간이었다고 느끼고 있는지는 그들에게 직접 물어보지 않으면 알 수 없을 것이다. 하지만 앞으로 인생을 재출발하기 위해서는 꼭 필요한 시간이었다고 그들은 절감했을 것이다 — 나는 그렇게 생각한다.

● 원조자도 무관하지 않다

공동의존이라는 관계성은 때로는 원조자와 환자와의 관계에서도 나타난다. 버려둘 수 없는, 힘이 되어주고 싶은, 애가 타 안달복달하는, 속상한 — 이런 기분은 선의에 근거하고 있겠지만, 이따금씩 통제 욕구로 이어진다. 그 "정신장애인을 잘 설득하려면 어떻게 해야 할까요?"라고 질문한 헬퍼도 그 열망은 넓은 의미의 공동의존에 가까웠을지도 모른다.

다만 공동의존의 개념을 무제한으로 확장해 가면 사랑이나 성의를 포

함한 모든 사상事象이 해당된다.* 반대로 그렇기에 위험한 공동의존에
대해 우리는 종종 자각하지 못하게 되는 것이다.

4) 시간을 움직이는 촉매로서

● 정체된 시간, 바라던 시간

은둔형 외톨이든 가정 내 폭력이든, 알코올 의존이든 모자 밀착이든,
이른바 교착상태에 빠진 가족 상황과 관련하여 두 가지 생각이 성립된
다.

하나는, 이러쿵저러쿵해도 나름 균형이 잡혀서 교착상태가 되고(즉 저
가 안정), 거기에는 비록 건강하지 못한 형태라도 가족의 소망이 충족되
고 있다는 생각.

다른 하나는, 그러나 실제로 트러블이 일어나고 있는 만큼 어쨌든 병
적인 사태로 조속히 개입이 이루어져야 한다는 생각.

전자의 "가족의 소망이 충족된다"라는 표현은 오해를 부를 수도 있
다. 어쩌면 가족은 조금도 기쁘지도 즐겁지도 않을 것이다. 하지만 교착
상태에 따라 '가족에게 있어서의 진정한 문제=삶의 방식 그 자체를 추궁
당하는 것'을 회피할 핑계가 성립된다. 문제는 곧 보류되어, 결론을 내거

---

* 비록 상대를 속박하고 싶지 않다고 생각해도, 연인에게 "내가 좋아하는 당신이기 때문
에, 이렇게 해주었으면 한다", "소중한 당신이기 때문에, 이런 일은 하지 않았으면 좋겠
다"라고 생각하는 것은 당연할 것이다. 아니, 그런 생각도 하지 않았다면 연인 사이라고
할 수 없을 것이다. 즉, 상대에게 관심이 있을수록 자신도 모르게 상대를 통제하고 싶어
지는 것이 인간의 숙명인 것이다.

나 현실에 직면하는 것들이 모두 지연되어 모호해진다. 가정의 시간은 흐름이 멈춘다(동일한 트러블의 반복은 시간이 멈추는 것과 같다). 고민은 동결되고 있다. 그것이 바로 그들에게는 플러스인 것이다.

서슴없이 냉정하고 건조하게 상황을 분석해 선택지를 늘어놓고 판단해 갈 수 있는 인간은 오히려 적다. 세상에는 생각하지 않거나, 도망치거나, 말을 돌려서 얼버무리려는 사람이 더 많다. 그러므로 다소 귀찮은 일이 있더라도 그것으로 인해 좀 더 번거로운 현실이 덮여진다면, 그 편을 선택하는 인간은 얼마든지 있다.

가족의 소망은, 즉 '가정 내 시간을 멈춘다'라는 것이다.

● 보물상자에 응당하는 임팩트

헬퍼나 간호사 · 보건사가 개입한다는 것은 정체되어 있던 가정 내 시간이 다시 흘러가기 시작한다는 것이다. 언제까지나 결론을 미룰 수 없다거나, 나이가 들수록 현실과 미래가 점점 좁아지고(쇠해지고) 있다는 사실을 깨닫게 되는 일이기도 하다. 그러므로 가족이 가치관을 바꾸지 않는 한, 개입되는 것은 불필요한 참견이라고만 생각할 수도 있다. 가족도 병적인 사태라는 것을 알고 있지만, 각오가 되지 않는 것이다. 내키지 않는 것이다.

다양한 문제 가정의 사례를 볼 때마다 '아, 이 가정도 시간이 멈춰 있구나'라고 생각하게 된다.

무리하게 개입하는 것은 아마도 가족에게 용녀님의 보물상자(玉手箱) tamatebako를 억지로 맡겨 그 뚜껑을 열게 하는 것과 같을 것이다.※ 따

※ 일본의 설화 『우라시마 다로(浦島太郎)』에서 용왕의 딸 용녀(龍女)를 구해준 젊은 어부에게 용녀가 선물로 주며 어떤 일이 있어도 절대 열어보지 말라고 신신당부한 상자(玉手箱, 타마테바코)이다. '보물'과 '저주의 물건'의 성격을 함께 갖고 있다.

라서 방치하는 것이 최선이라고 생각하지는 않지만, 선의든 사명감이든 우리는 '보물상자에 상응하는 임팩트 있는 존재'로서 가족에게 위협을 줄 수 있음을 자각해야 한다.

앞에서의 은둔형 외톨이 해소까지 10년이 경과한 이야기는, 즉 저 모자들이 보물상자를 열 용기를 내는 데 10년이 걸렸다고 바꿔 말할 수도 있을 것이다.

● 안과 밖의 '시간의 차이'를 메우다

가정은 기본적으로 시간의 흐름이 정체되어 있다. 그런 만큼 가정에서 평온함을 느끼거나, 휴식을 취할 수가 있다. 세상과 집안은 시간의 흐름이 다르다.

문제 사례를 안고 있는 가정과 지역과의 관계를 생각해 보면 무엇보다도 시간의 흐름이 다르다. 세상의 논리나 상식 같은 것은 너무 성급해서 쉽게 가정으로 가지고 들어올 수 없다. 그러므로 외부로부터의 접촉은 차분히 해 나갈 수밖에 없고, 당연한 일이 통용되지 않는 것도 당연하다고 생각해야 한다.

나는 이 책에서 '기다림'의 중요성을 몇 번이고 말했지만, 그것은 집안과 바깥과의 시간 흐름의 갭을 메우기 위해 필요한 과정이라고 볼 수도 있는 것이다.

조현병schizophrenia인 어머니와 초등학생 딸, 중학생 아들로 구성된 3인 가족 사례가 있었다. 아버지는 어느 날 갑자기 사라져버렸고, 어머니는 치료받지 않은 채로 망상에 빠져 있다. 일종의 피해망상으로 어머니는 딸에게 "학교 급식을 먹으면 위험하다"고 타일렀다. 그래서 딸은 결코 급식에 손을 대지 않는다. 처음에 교사는 딸에게 뭔가 정신적 문제가 있는 것으로 생각했으나, 결국 어머니가 비정상이라는 것을 알게 되었다. 아들은 등교거부 상태로, 자기 방에서 전쟁 만화를 그리고 있다(실력은 세미프로급). 딸과 아들은 어떻게든 서로 돕고, 어머니 또한 환각망상은 있어도 집안일은 해낼 수 있다. 가족들은 고립된 채로, 그러나 예상외로 트러블은 일으키지 않는 채 생활을 영위하고 있었다.

하지만 성장환경에서 보면 아이들에게 있어서 현상은 열악하다. 적어도 어머니는 통원·복약으로 연결시키고 싶지만 어려운 일이다. 또 아이와 엄마를 갈라놓는 것에 대해서도 적절한지 판단하기 어렵다. 그 점이 가장 고심한 부분이었다.

이 가정 또한 내부 시간은 정지되어 있는 것이나 다름없다. 아이들은 공부를 포기하고, 일상적인 '교제'도 하지 않고, 어머니의 지배 아래 놓인 채 단절된 나날을 보내고 있다.

모친에 비하면 아이들의 정신은 아직 건강하다. 일시적으로 망상에 감응해도 복원력은 갖추고 있을 것이다. 그래서 일단 학교에 다니는 딸부터 접근하기 시작했다.

딸이 희미하게 안고 있을 모친에 대한 위화감을 바탕으로, 현재 상태로는 좋지 않다는 것을 설명해 주었다. 또 딸(여동생)을 통해 오빠에게도 이대로는 안 된다는 것을 자각하게 했다. 이런 식으로 정체되어 있던 가정 내의 시간에 서서히 흐름을 제공해 갔다. 당연히 모친은 불안해했다. 그래서 아이에 대한 상담이라고, 보건소를 경유해 자택을 방문했지만 퉁명스러워 어머니에게는 말을 붙여볼 수도 없었다.

다만, 어머니도 쇼핑을 가곤 한다. 지역과의 접점은 있는 것이다. 하지만 프라이버시 문제가 있어 지역주민들에게 협조를 구하기도 어려웠다. 민생위원들이 다소나마 어머니와 안면이 있다는 것을 알아 그 주변을 돌파구로 삼을 수 없을까 했지만, 여의치 않았다.

그러나 어머니가 불안함을 나타냈을 때 아이들 둘 다 민생위원 집으로 도망친 것이 계기가 되어, 결국 어머니는 강제입원 되었다. 아이들로

서는 그 입원이 어쩔 수 없는 일이었다고 납득할 수 있었던 것이 무엇보
다도 구원이 된 것이다.

이 사례를 성공 사례라고 주장할 생각은 없지만, 반복된 접근과 더불
어 집안에 멈춰 있던 시간이 점차 흐르기 시작하고, 그에 따라 자연발생
적으로 에피소드가 겹쳐져, 결국 합당한 모습으로 문제가 정리되어 간
다는 의미에서는 꽤 흥미로웠던 것이다. 우리는 문제를 '해결한다'기보
다, 오히려 '화학반응을 촉진하는 촉매'로서 자신들(그리고 지역)을 파악하
는 것이 더 적절할지도 모른다.

3
힘들어지지 않기 위한 두 가지 힌트

1) 키워드로서의 '우선순위'

● 정신과에서는 모든 것이 원만하게 수습될 수 없다

간호나 원조에 종사하는 우리는 정신병을 앓는 것에 대해 어떻게 이해하면 좋을까? 아마 입장에 따라 다양한 생각이나 표현이 나오겠지만, 나는 그 부분을 꽤 단순명료하게 파악하고 있다. 사물의 우선순위가 상식이나 양식에서 일탈할 때, 이것이 정신병을 앓는 것의 의미라고 생각한다. 키워드는 '우선순위'이다.

예를 들어, 기분이 가라앉거나 초조하거나 불안해지는 것은 마음의 부조화와 큰 관계가 있을 것이다. 그런 정신상태에 대해 친절하고 성실하게 대응하는 것은 물론 중요하다.

다만, 그런 수준의 대응으로 일관할 수 있다면 우리의 일은 정말 편할 것이다. 각종 일상생활 능력이 저하되는 사태가 발생하더라도 그에 상응한 도움을 주면 그만이다. 그러면 그 일로 우리는 배려심 있는 선량한 사람으로 간주될 것이고, 일을 마친 후의 기분도 매우 상쾌할 것이다.

하지만 그런 아름다운 상황만 있는 것이 아니기에 우리는 '힘든' 것이다.

때로는 미움받거나 클레임을 받아야 한다. 생각하기에 따라서는 상당히 엄격한 결정을 내려야 할 때도 있다. 그것은 독자 각자가 사무치게 느끼고 있을 것이다.

특히 처우와 관련하여 우리가 사례를 접할 때, 단순히 '친절한 아저씨, 친절한 아줌마'로 행동하는 것만으로는 해결되지 않는다. 더 넓은 눈으로, 긴 안목으로 상황을 지켜봐야 하고, 그 때는 사례에서 불만을 토로하는 사태가 일시적으로나마 발생할 수 있다. 어쩔 수 없는 일이다. 모든 것이 원만하게 정리될 리 없다.

그리고 그런 현실적인 입장에서 마음이 병든 사람을 볼 때, 마음이 병든다는 것은 즉 '우선순위를 매기는 것이 이상해지는' 것이라고 이해함으로써 상황 파악이 명확해지거나 머릿속이 정리되는 게 아닐까 생각한다.

● 우선순위를 둘러싼 본인과 원조자의 싸움

어떤 망상을 가지고 있는 사람이 있었다고 하자. 사실 마음속에서 무슨 생각을 하든 그것은 본인 마음이다. 다소 기묘한 언행도 당사자의 자유다. 그 일로 인해 정신적으로 고통받거나 고민할 수도 있지만, 본인이 도움을 청해 왔을 때만 우리도 도움을 강구하게 될 것이다.

하지만 문제는 그런 것이 아니다. 망상에 빠진 사람은 그 때문에 불가해한 주장을 하거나, 해야 할 일을 하지 않거나, 주변에 폐를 끼치는 언행을 하기도 한다.

가령, 조현병 환자가 자신이 스파이 조직의 표적이 되고 있다고 믿는 것은 본인 마음이다. 그래서 일도 손에 잡히지 않아 곤궁한 것도 본인 자유다. 아마 본인에게 있어 어떤 일보다 우선시되는 것은 스파이 조직의 정체를 밝혀내 자신을 향한 스파이 활동을 그만두게 하는 일일 것이다. 그는 그것을 실행하기 위해 일도, 일상도 희생하고 고립되는 것도 마다하지 않는다. 남을 의심하거나 소란을 피우거나 고함치는 것 또한, 그에게 있어서는 그 일로 잃는 것보다 중대한 것이다.

스파이 조직에 겨냥되고 있다고 믿는 망상의 소유자에게는 통상의 감각과는 꽤 다른 우선순위가 성립되어 있다. 그래서 그의 생활은 사회와 조화를 이루지 못하고 결과적으로 파탄나고, 또 다른 사람들에게는 이해받기 어려워진다.

그런 인물에게 우리가 관여한다면, 상대의 이익을 우선으로 생각한 다양한 플랜을 세우기 위해 그 골격을 이루고 있는 우선순위는 아마도 그의 마음속에 있는 우선순위와 일치하지 않을 것이다. 그 어긋남이 지지를 어렵게 할 뿐 아니라, 어긋남으로 말미암아 그는 우리도 스파이 조직의 일원으로 간주하거나, 망상을 더욱 강고하게 하기 위한 '증거'로 생각하게 될 것이다.

● **자살도 우선순위의 오인誤認이다**

이런 뜻밖의 망상은 아니더라도, 우울증의 경우를 생각해 보자.

그는 기분이 가라앉거나, 귀찮아하는 기색이 강해지거나, 불면증으로 괴로워하거나, 쓸데없는 걱정에 시달린다. 그것은 딱하다고 밖에 할 수 없다. 다만, 이런 상황을 주위에서 볼 때 문제가 되는 것은, 예를 들어 자살하는 것이 최우선 사항이 될 수도 있다는 것이다. 그렇지 않으면 자기를 비하하고 책망한 나머지, 이런 상태로는 동료에게 폐가 된다고 사표를 낼 수도 있다. 정상 상태라면, 죽음을 택하거나 회사를 그만두는 것은 우선순위 중에서 최하위에 속하는 것이 틀림없음에도 불구하고 말이다.

대개 정신이 병들면 판단력이 이상해진다. 현실검증 능력을 잃어버리기 쉽다. 본인은 지극히 논리적으로 생각하려 해도, 타인이 보기에는 밸런스가 맞지 않는 생각밖에 할 수 없게 된다. 결국 우선순위가 이상해지는 것이다. 무엇이 중요하고, 무엇이 지금 필요한지 알 수가 없다. 반대로 지금은 보류해 두는 편이 낫다거나, 상관하지 않는 편이 더 낫다는 것에 집착하고 매달리기도 한다.

인간에 관해서는 '본능'이라는 것도 믿을 수 없다. 왜냐면 동물은 자살 같은 것은 하지 않으며, 살을 빼고 싶은 욕구 때문에 거식하거나 자신을 쇠약하게 몰아가거나 하지는 않기 때문이다.

● 우선순위를 매기는 것은 무엇을 포기할 것인지를 밝히는 과정이다

일을 하건 공부를 하건, 그 과정에서 우선순위가 제대로 매겨질 수 있는지의 여부가 우열의 갈림길이 된다.

보다 중요한 사항, 솔선해야 할 사항을 선별하는 것이 능률화를 도모하고, 또 머릿속을 정리하여 체계화시키는 것으로 이어진다. 바꿔 말하면 합당한 근거로 우선순위를 매길 수 있는 수준에 도달한다면 이미 성과는 눈앞인 것이다.

다만 우선순위를 고려할 때, 경험에 의해 뒷받침되는 직관이나 추측 같은 요소 또한 크다. 무모한 대처는 노력에 비해 결실을 맺지 못한다. 우선순위를 매긴다는 것은 '무엇을 취할 것인가'라는 것뿐만 아니라, 무엇을 포기할 것인가를 밝히는 것이기도 하다. 포기할 수밖에 없는 일, 버릴 수밖에 없는 일은 무엇인가? 그것을 의식화할 수 없는 상태에서는 어떤 것이든 달성은 어렵다.

방을 정리할 수 없는 사람을 관찰하고 있으면 우선순위의 중요성이 드러난다. 정리할 수 없는 사람은 필요한 것과 불필요한 것을 구분할 수 없다. 정말 분명히 필요한 것, 두말할 필요도 없이 불필요한 것은 알 수 있다. 다만, 당장은 불필요하지만 어쩌면 장래에 필요할지도 모를 것들을 어떻게 판단할 것인가? 필요할 것 같아도 잘 생각해 보면 정말 필요한지 의아해지는 것도 적지 않다. 불필요할 것 같지만, 애착이나 향수

때문에 버리기가 쉽지 않은 것도 있다. 하찮은 것으로 보여도 장래 가치가 나올지도 모른다는 욕심이 생기기도 한다.

방침을 정하고 정책을 명확히 할 수 없기 때문에, 정리할 수 없다. 자기 나름의 기준을 갖출 수 없기 때문에 금세 판단불능 상태에 빠져 정리 작업을 하지 못하게 된다(그래서 정리가 서투른 사람에게는 버릴 물건을 넣는 상자와 버리지 않을 물건을 넣는 상자뿐만 아니라, 일단 보류할 물건을 넣을 상자를 준비하라고 조언할 때가 있다. 보류함 속을 또 분별하는 작업을 반복시키는 것이다).

그런 점에서는 오히려 망상에 사로잡힌 사람이 우선순위에 있어서 보다 명쾌하다. 다만, 그것이 현실과 상충되는 순위라는 것이 문제된다.

● 키워드의 힘

내가 '우선순위'를 키워드로 삼을 것을 생각해 낸 것은 117p에서 소개한 무로후시 쿤시室伏君士에 의한 '인지장애' 정의에 영향을 받았기 때문이다. 즉, 인지증 노인에 대한 정의에서 '치매라는 핸디캡을 가지고 그 안에서 그들 나름대로 열심히 살려고 노력하는 모습, 혹은 그것이 불가능하여 곤혹스러워하는 모습'인, 그 '핸디캡'이라는 키워드에서 영감을 얻었기 때문이다.

인지증 노인을 단지 지능이나 뇌기능이 저하된 사람이라거나, 노망이 나서 아무것도 알 수 없게 된 사람, 아무것도 할 수 없게 되어 버린 사람으로 생각하면 인지증이라는 말만 들어도 '귀찮음', '돌봄', '헛수고'와 같은 단어만 떠오른다. 진절머리가 난다.

하지만 '핸디캡' 같은 좌표축을 도입함으로써 인지증 노인의 문제행동은 막연한 번거로움에서 '접근을 시도할 만한 과제'로 전환된다. 각오하고 임할 수 있게(씨름할 수 있게) 사태가 손질된다. 기분도 명쾌해진다. 실제로 나는 '핸디캡'이라는 단어를 통해 머리를 정리하고 또 무언가 구원받은 듯한 느낌을 가질 수 있었다.

그런 경험을 바탕으로 마음의 병에 대해 '우선순위'라는 좌표를 설정함으로써 문제 정리를 도모하고, 자신의 기분을 산만하고 두서없는 상태에서 구해낼 수 있다는 것을 깨달은 바이다.

● '우선순위의 차이'야말로 문제의 근본이다

우리가 사례에 대한 처우나 대응을 생각할 때, 결국은 '타협점'을 어떻게 가져갈 것인가를 상정해두어야 한다. 즉, '환자에게 행복이란 어떤 것인가'라는 것이다. 그것은 결국 가치관의 문제이며, 이를 보다 구체적으로 말하면 우선순위 문제라는 이야기에 도달한다.

혹자는 입신출세立身出世는 절대적인 것이며, 그것이 성취되면 부수적으로 모든 행복이 실현되므로 눈앞의 일에는 다소 참아야 한다는 생각을 한다. 그러나 다른 사람은 출세 따위 어차피 한심한 허세에 불과할 뿐, 더 자세히 보면 가정을 우선시하는 것이 무엇보다 행복하다는 것을 깨달을 것이라고 주장한다. 어느 쪽이 더 옳다고 할 수 있는 이야기는 아니다.

다만, 이런 수준에서 우선순위를 교체하는 것은 이른바 상식 범위 내에서일 것이다. 남이 참견할 성질의 것이 아니다. 그럼 '은둔형 외톨이'의 경우는 어떨까?

은둔형 외톨이가 장기간일수록 본인에게는 당연히 손해이다. 그런데도 끝없이 '은둔형 외톨이'를 계속하고 있는 이상, 그 인물의 우선순위는 분명히 일상의 궤도를 벗어나고 있다. 다만, 사실은 본인도 이대로는 좋지 않다고 내심 통감하고 있고, 그럼에도 밖으로 나가는 것에 큰 고통이 따르거나 불안이 생긴다고 한다면 그곳에서 당사자와 대화의 여지가 생긴다. 도움의 손길을 내밀 가능성도 생긴다.

한편, 본인이 장래에 대해 아무것도 생각하지 않고, 남에게는 지루하게 비치든 발전이 없어 보이든, 어쨌든 틀어박혀 있는 것이 자신의 행복이라고 진심으로 주장한다면 어떨까? 그때 그의 우선순위의 이상함을 어떻게 취급할지는 아마 가족의 경제력이나, 누가 어떻게 그를 돌볼 것인가(혹은 돌보지 않거나)라는 현실적인 요소를 포함하고, 또 가족의 심정 같은 것도 참작하면서 결론을 내려야 할 것이다(물론 정신병인지 아닌지에 대한 검토도 필요할 것이다).

그런 생각을 할 때도 본인과 주변과의 우선순위 차이가 가져오는 당착이야말로 문제의 근본이 있다고 생각하면, 가족도 비교적 객관적인 자세로 방침 결정에 기대를 걸 수 있을 것이다.

● 그리고 그들도 우리도, 우선순위 99%는 똑같다

신문을 읽다 보니 고둥은 유전자의 단 한 곳이 바뀌는 것으로 조개껍데기의 감기는 방향이 오른쪽인지 왼쪽인지 결정된다고 쓰여 있었다. 방대한 유전정보 중 극히 작은 이변이, 외형적으로 굉장히 큰 차이로 표현될 수 있다는 뜻이다.

정신이 병든 사람에게 있어서 마음속 우선순위가 기이하게 되어 당사자의 말과 행동, 인상이 매우 특이하게 비친다 해도 사실 '우선순위의 교체'는 고작 몇 군데에 불과하다. 다시 말해서, 그에게 우선순위의 대부분은 우리와 같은 것이다 ― 덥거나 추운 것은 싫고, 맛있는 것은 먹고 싶고, 침대는 되도록 수면감이 좋은 쪽이 좋고, 라는 식으로.

하지만 그런 인간으로서의 당연한 부분도 우선순위의 작은 교체가 가져오는 이상함으로 덮여버리는 경우가 적지 않다. 환자와 오래 사귀어 보면 알 수 있을 것이다. 그들에게 우선순위의 99%는 우리와 거의 다르지 않다는 것을. 그것을 바탕으로 우리는 공감이나 이해 같은 태도를 취해야 하며 다가가야 할 여지도 생긴다.

이 세계에서는 말도 안 되는 대화가 자주 교환된다. 하지만 이런 대화를 결코 경시할 수 없다. 왜냐하면 정신이 병들었건 정상이건 "올 여름은 덥군요" 또는 "비가 내릴 것 같은 날씨군요"와 같은 것들은 똑같이 느끼기 때문이다. 더운 건 싫다거나 비는 곤란하다거나 그런 사항은 즉, '우리와 거의 다르지 않은 99%'의 우선순위 리스트에 속한다. 따라서 이런 화제를 단서(실마리)로 삼으면 환자와 커뮤니케이션이 가능해진다.

갑자기 망상 내용이나 정치, 또는 종교 얘기를 꺼내면 어색해질 수도 있지만, 계절 인사 종류는 그야말로 보편적이고 무난하기 때문에 중용되는 것이다.

정신장애인에게는 어떻게 말을 걸어야 할지 모르겠다며 질문해온 사람이 있었는데, 이런 99% 부분을 염두에 두면 대화에 고민할 필요는 없어진다.

● '우선순위'라는 발상에 따라 양자택일의 괴로움에서 벗어날 수 있다

205p에서 나는 한 노인을 강제로 입원시킨 근거를 '선택지'라는 말을 이용해 설명했다.

"보통 어떤 것을 결정하기 위해 가능한 선택지를 나란히 비교하고 검토하는 작업이 필요하다. 그에 따라 상응하는 정보나 지식, 또 상상력이 필요할 것이다. 노인은 입원이라는 선택지에 대해 과연 얼마나 많은 것을 알고, 또 머릿속에서 시뮬레이션 해 볼 수 있었을까"라고 말이다.

선택지를 나란히 비교하고 검토하는 절차를 거쳐 우선순위가 정해지기 때문에, 노인은 적절한 우선순위를 매기기 곤란한 상태였다고 읽을 수도 있다.

어쨌든 환자의 행복이라는 애매모호한 것을 검토할 때, 무턱대고 상대의 주장에 동조하거나 반대로 이쪽의 가치관을 강요하는 것이 아니라, '상대는 사물의 우선순위를 타당하게 정할 수 있을까?' — 그 점에 주목한 뒤 대응책을 강구해 가는 것이 가장 현실적이라고 생각된다.

지나치게 노골적인 단순화는 우리를 머쓱하게 한다. 하지만 사례를

취급하는 데 전략을 세우기 쉽게 할 수 있는 적절한 키워드를 설정할 수 있다면, 그것은 우리에게 하나의 '무기'가 될 수 있지 않을까.

2) '연출'이라는 시점

● 허세부리는 J씨에게 휘둘리다

비록 그것이 사소한 일일지라도 언제까지나 마음에 맺혀버리는 일이 있다. 이른바 목에 걸린 잔가시처럼 도무지 깔끔하지 않다. 천하의 중대사 같은 일은 아님에도 소홀히 해두면 왠지 부당(언페어)한 기분이 되어버린다. 남들에게 손가락질 받을 '이유'는 없지만 그래도 좀 마음에 걸린다. 그런 석연치 않은 일을 우리는 업무에서 종종 마주친다.

방문 개호를 하는 젊은 여성 P씨로부터 질문을 받은 적 있다. 그녀는 휠체어에 앉은 노인(J씨, 여성)을 근처 상가로 산책하러 데려다주는 역할을 맡았다. J씨는 원래 독신으로, 건강했을 때는 중학교에서 영어교사로 근무하였고, 외국에 나가 본 적이 한 번도 없다고 했다. 연금으로 고독한 생활을 보내고 있으며, 뇌경색 기왕력 때문에 휠체어 생활을 하고 있었고 약간의 인지장애 징후가 슬금슬금 다가오고 있었다.

교사라는 과거가 화근이 된 탓인지 J씨는 자존심이 강하다기보다 허세쟁이였다. 연금으로 알뜰한 생활을 해야 하는데도 불구하고. 그리고 개호자인 P씨는 J씨 입장에서 보면 손자 같은 나이인데, 그 때문에 농락당하는 일도 많은 것 같았다.

휠체어를 타고 산책하는 중간에 몇 군데 가게를 반드시 들려야 한다고 했다. 액세서리 가게, 문구점, 빵집이었다. 각 가게마다 J씨는 꼭 뭔가를 사고 싶어 했다. 아니, 그 전에 이래저래 품평하는 것이 즐거움이고, 붙임성 좋은 점원에게 대접받는 것이 무엇보다도 삶의 보람인 것 같앞다. 점원도 "선생님, 선생님"하며 실수가 없었다.

허세쟁이 J씨로서는 배짱이 크다는 것을 보여줘야만 직성이 풀리는 것 같았다고 했다. 액세서리 가게에서는 브로치나 손수건을, 문구점에서는 낱개 판매용 색연필이나 노트 등을, 빵집에서는 크루아상이나 멜론빵을 거드름 피우며 사기 일쑤인데, "좀 더 고급스러운 것은 없어요?", "이왕이면 비싼 게 좋을 거야"라는 말을 하고 싶어 하고, 또 빵은 다 먹지 못할 정도로 사고 싶어 했다.

덕분에 예산이 초과될 수 있어 P씨는 애가 탔다. 그것을 사면 돈이 부족해진다고 주의를 줘도 "당신은 가만히 있어요"라며 J씨는 귀담아듣지 않았다. 오히려 망신을 주었다고 기분 나빠했다.

매번 산책할 때마다 P씨는 어떻게 낭비를 못하게 할까 신경 쓰다 보니 위가 아프다고 하며, 어떻게 해야 할까요?라는 질문을 하였다.

● 왜 부당(언페어)한 기분이 드는지

나는 그 질문에 대해, P씨는 정말 성실하고 진지한 사람이라고 생각했다. 비아냥대는 말이 아니다.

만약 내가 그녀 입장이라면, 항상 같은 가게에 가는 것이니 미리 점원에게 사정을 이야기해 둘 것이다. 예산 사정이 있으니 너무 비싼 것은 권하지 말아 달라고, 경우에 따라서는 "더 좋은 것이 있습니다만, 지금은 품절이니 들여오도록 신경쓰겠습니다" 등으로 적당히 얼버무려 달라고 부탁할 것이다. 혹은 메모를 준비해 이 금액 이상은 낼 수 없으니 그 범위 내에서 끝내 달라고 점원에게 전달할 방법을 궁리할 것이다. 요컨대 J씨의 자존심을 살려주는 형태로 그 자리를 정리하면 되기 때문이다.

P씨가 그런 궁리를 생각하지 못한 것은 아마도 그것이 '속이는' 행위와 비슷하다고 그녀가 느꼈기 때문이지 않을까? 분명 인지증이 진행되기 시작한 J씨에 대해 모두가 미리 짜고 연극을 하는 듯한, 즉 어딘가 부

당(언페어)한 뉘앙스가 없지는 않다. 거기에 저항감을 느꼈을 것이다.

기분적으로 저항을 느끼고 있다면, 점원과 연극을 계획해도 원활하지 않을 것이다. 횡설수설하는 모습에 대해서는 의외로 민감한 것이 인지증 노인이다. 확신범이 될 만한 마음의 준비가 P씨에게는 생기지 않았던 것이다. 아니, 그만큼의 결단력을 내릴 만한 근거를 마련하지 못했을 것이다.

● **거짓말이라는 이름의 '연출'이라고 생각해 본다**

인지증 노인이든 조현병 환자든 현실을 제대로 파악할 수 없는 상태이고, 주위를 곤혹스럽게 하는 말과 행동이 나온다면, 때로는 '속이는' 방식으로 원만하게 수습될 가능성이 생길지도 모른다. 그때 그것은 '거짓말도 방편'이 될까, 아니면 역시 부당한 일일까?

J씨 경우에 입각해 생각한다면, 그녀에게는 금전적인 현실보다 자존심을 충족시키는 것이 '우선순위'가 높다. 이는 비정상적이다. 적어도 곤란한 일이다. 그런 우선순위는 현실에 통용되지 않으니 말이다. 그럴 때 'J씨에게 있어서의 현실'에 맞춰야 할 현상에 다소의 연출을 더하는 것은 '부당하다'는 것과는 맥락이 다르다고 나는 생각한다.

아마도 그것은 플라시보(위약僞藥: 유당이나 밀가루 등 약리작용이 없는 것을 약으로 주고, 암시효과를 통해 환자에게 효과를 준다)에 가깝다. 만약 들키면 어쩌나 하는 심정이라면, 내가 발뺌할 수 없는 일을 하고 있다는 '양심의 가책(꺼림칙함)'을 느끼고 있기 때문이다.

발각되면 솔직하게 사정을 설명하고 사과하면 되지 않을까? 악의로 한 일이 아니고, 귀찮아서라거나 상대에게 리스크를 부담시켜도 괜찮다는 생각으로 한 것이 아니니까. 그런데도 상대가 화를 낸다면 제대로 현실을 직면하게 할 수밖에 없을 것이다.

궤변으로 들릴지 모르지만, 환자에게 사실상 거짓말을 할 때도 나는 그것을 거짓으로는 생각하지 않는다. 상황에 대한 연출이라고 생각한다. 상대의 '우선순위의 교체(대체)'에 대항할 수 있는 것은 그 나름의 '연출'이 많다고 생각하기 때문이다.

● 저항감 없는 연출 — 예: 디지털 카메라로 안심시키다

늙은 부부 단둘이 사는 가구가 있었다. 남편은 인지장애였고, 아내는 뇌기능은 유지되고 있지만 불안이 병적으로 강했고, 남편을 과도하게 걱정하고 돌봐주는 것으로 자기의 정체성을 유지하고 있는 상태였다. 일종의 공동의존(46p 참조)에 가까웠다.

남편을 데이케어나 병원에 데려갈 때, 부인은 걱정되어 그와 떨어지고 싶지 않다고 헬퍼에게 주장하곤 하였다. 그렇다면 어디든 부부동반으로 데려가면 되는데, 아내는 정신이 불안정한 탓인지 집 밖으로 나가면 금세 상태가 나빠졌다. 기분이 나쁘다거나, 토할 것 같다거나, 여기저기 아프다고 하여 아내의 대응에 쫓겨 둘이 함께 외출하는 데 너무 많은 수고가 들었다. 그런 의미에서는 인지증 남편보다 오히려 아내 쪽이 훨씬 상대하기 힘든 존재였다.

아내에게 보조를 맞춰 남편을 집에 가둘 수는 없으므로, 적어도 아내의 불안을 덜어주기 위해 데이서비스나 외출한 남편 모습을 매번 카메라에 담기로 했다. 시간이 있으면 그것을 출력하고, 시간이 없으면 그대로 모니터 화면으로 아내에게 보여줬다.

"이것 봐요, 이렇게 건강해 보이죠. 나갔다고 해서 별로 걱정할 것 없죠?"라고 아내를 안심시키는 도구로 삼았던 것이다. 남편에게도 자신의 모습을 보여줌으로써 대화의 소재로 삼거나 뇌에 자극을 주고자 했던 것이다.

그러면, 이것으로 아내가 안도감을 느껴 헬퍼가 남편을 밖으로 데리고 나가도 편안하게 지낼 수 있게 되었는가 하면, 그렇게 잘 진행되지

않았다. 하지만 예전만큼은 동요하지 않게 되었고, 무엇보다도 헬퍼 측 마음이 편해졌다는 성과를 올렸던 것이다.

아내가 갈팡질팡 불안해할 때, 위안거리로 이런저런 말을 하는 것은 꽤 고통스러운 일이다. 너무 경박스러운(촐싹거리는) 것도 나 스스로에게 설득력이 없다고 생각되어 거북하다. 하지만 사진이라는 구체적인 소재가 개재되면서 대응은 어느 정도 리얼리티가 받쳐주게 되고, 아내를 달랠 때도 마음이 편해져 의젓한 분위기가 조성된다. 아마 사진 자체를 보라는 것보다 개호자가 안도감을 얻을 수 있었다는 것 자체가 간접적으로 아내에게 (다소라도) 안도감을 줬을 것이다.

이 경우, 디지털 카메라는 연출을 위한 소품이다. 아내에게, 그리고 개호자에게 안도감을 가져다주는 분위기 조성을 위한 소도구인 것이다. 이런 '연출'에 대해 부당하다고 생각하는 사람은 없을 것이다.

● 저항감 있는 연출 — 예: 빈틈없는 장치

언뜻 보면 정상이지만 실제로는 인지장애의 영역에 들어와 있는 노인이 있었다. 흔한 이야기지만, 그녀는 며느리에게 심한 대우를 받고 있다고 주장했다.

"마귀 같은 며느리다", "이 집을 빼앗으려 하는 극악한 인간이다", 게다가 "일일이 자신을 감시하고 있어서 단 1초도 마음이 놓이지 않고, 어떤 덫을 준비하고 있는지 알 수 없다"고 노인은 생각하고 있었다.

나는 그런 그녀의 인지증 정도를 진단하고, 향후 처우와 대응을 고민하기 위해 방문했다.

노인의 의심은 나를 향해 날아왔고, 정공법으로는 어림도 없을 것 같았다. 애초에 왜 내가 찾아왔는지 그 이유부터 솔직해질 수 없는 것이었다.

"처음 뵙겠습니다. 저는 회사에서 아드님께 큰 도움을 받고 있습니다. 아드님 덕분에 큰 손해를 막을 수 있었습니다"라고 나는 시치미를 뗀 채 말했다.

"우연히 아드님 집 근처를 지나가다가 어머님께도 꼭 감사드리고 싶어, 무례하지만 인사 차 들렀습니다." 스스로도 이럴 때는 사기꾼처럼 혀가 매끄러워진다.

인사 차 들렀다면서 옆에 보건사가 동행했으니 냉정하게 생각하면 분명 이상하게 느낄 것이다. 이럴 때는 일종의 '모멘텀(기세)'으로 밀어붙인다. 다소의 모순보다는 '모멘텀'이 더 설득력을 갖는 것이다.

이렇게 노인으로 하여금 어느 정도 경계심을 풀게 하고 "어머님도 고생이 많으시겠어요"라며 관심을 갖도록 유도한다. 잠시 편하게 얘기를 나누다가, 차를 가져온 며느리나 보건사를 향해 "좀 중요한 얘기가 있으니 미안하지만 자리를 비켜달라"고 한다. 그 후에 문이 제대로 닫혀 있는지 짐짓 일부러 점검한 뒤, 자못 비밀스러운 표정으로 목소리를 낮추고 나는 노인에게 속삭인다.

"지금은 아무도 귀를 기울이지 않으니 괜찮아요. 며느리 일로 많이 힘들어 하신다면서요?"

이런 식으로 '연출'을 거듭하면, 웬만한 건 들을 수 있다. 노인의 망상 정도는 어느 정도인지 혹은, 얼마나 현실에서 벗어나 있는지, 또 어떻게 그녀 나름대로 고통받고 있는지를 알 수 있었다. 진단도 하였다.

이런 '약삭빠른' 방식을 늘 실천하는 것은 아니다. 다만 필요하다면 그 정도는 얼마든지 한다. 독자 여러분에게도 본받으라는 것이 아니라, 이런 수단은 '약삭빠르고' '야비할' 수도 있지만, 그래서 부당하다고는 생각하지 않는다고 말하고 싶은 것이다. 개인적으로는 이것도 연출의 범주라고 생각한다.

● **연기가 연기가 아니게 될 때**

연출이라는 표현 속에는 아슬아슬하게 꼼수를 쓴 대처부터, 사태를 효과적이고 원활하게 극복하기 위한 약간의 궁리까지 폭넓게 갖춰져 있다. 그곳에는 사람에 따라서 '속임수'로 간주할 만한 행위도 포함된다. 어디까지를 자신에게 허용할 것인가? 그것은 각자 다를 것이다. 또 경험 축적에 따라 변화도 있을 것이다. 즉, 그런 식으로 모호한 것이다.

품성이나 도덕심을 잃는 것은 어떨까 생각하지만, 그렇다고 너무 경직된 정신으로 사례에 임해도 성과가 없다. 우리는 한 번쯤 '연출'이 의미하는 바를 제대로 생각해 볼 필요가 있다고 생각한다.

『치매증의 모든 것에 대답한다』(H. 케이튼 저, 아사다 다카시 편역, 의학서원, 1999)라는 책을 읽다 보면 군데군데 '(사)치매노인을 안아주는 가족 모임'(현재는 '(사)인지증인 사람들과 가족 모임'으로 개칭)에 의한 댓글이 붙어 있다.

실제의 고생담을 토대로 작성된 댓글이어서 리얼하면서도 가르칠 수 있는 내용이 많은데, 이 모임의 사사모리 사다코씨가 '연기와 케어'라는 제목의 문장을 실었다. 한 며느리로부터 상담 전화가 걸려와 '인지증인 시어머니를 간병해야 하는데, 그동안 자신을 괴롭혔던 순간을 떠올릴 때마다 상대가 아무리 치매에 걸렸다 해도 이제 와서 '상냥하게' 대하는 것은 감정적으로 힘들다. 하지만 간병을 피해 도망칠 수도 없어 그런 모순된 마음에 대한 고민이 있다'고 털어놨다는 것이다.

그 점에 대해 코멘트 한 부분을 이하에 인용한다.

"이럴 때, '상냥함을 연기한다'고 생각해 보면 어떨까요? 평소에 좀처럼 하기 힘든 상냥하게 대하는 것, 노인의 행동을 칭찬하는 것도 연기라면 할 수 있을 거예요.

그런데 이런 말들을 자주 듣습니다. '인지증 노인은 민감하다. 개호자가 마음속으로 그렇게 생각하는지, 말뿐인 꾸며낸 얘기인지 바로 알아차린다'라는 이야기를요. 그건 잘 알고 있어요. 하지만 저는 이렇게 생각합니다. 상냥함을 연기하기 위해 여러 가지로 노심초사합니다. 그 자체로 상당한 에너지를 필요로 하고, 엄청난 노력이 필요합니다. 어쩌면 노인과 연루되어 있을 때는 진지하기 때문에 연기라는 것을 잊어버릴지도 모릅니다. 이 마음이 노인에게 통할 것이라고 생각합니다. 그리고 노인의 반응이 좋으면 개호자도 바뀝니다. 연기는 연기가 아니라 그 사람 본연의 상냥함이에요."

'연기=상대를 속인다'는 얘기가 아니다. '연기'라 해도, 그것을 통해 개호자 자신에게 반응이나 기쁨이나 충실감을 느끼는 계기가 생긴다면, 그 시점에서 연기는 거짓이 아니라 진짜로 바뀔 것이라는 것이다. 나도 그 의견에 찬성이다. 특히 '개호자도 변해간다'라고 보는 방법에 주목하고 싶다.

우리는 기계적으로 상대와 만나는 것이 아니다. 우리 나름대로 일을 통해 자신이 변화하고 개선되어 간다는 것을 실감하지 못하는 한, 원조는 단지 더러운 일에 지나지 않는다. 그러면 불만과 허무함만이 남는다. 연기 그리고 연출이라는 관점으로부터 우리 일의 '보람'에 대해 이리저리 생각해보는 것도 낭비는 아닐 것이다.

그들의 고통 — 병은 무엇을 가져오는가

1
조현병

1) 조현병의 이미지는?

● 조현병은 왜 이해하기 어려운가

조현병(2002년까지 정신분열병으로 불렸지만, 이 명칭은 다중인격과 혼동되는 등 병의 본질을 오해할 수 있고, 또 오랜 편견과 차별의 역사를 불식시킨다는 의미에서 개칭되었다)이란 어떤 병일까? 이해하기가 쉽지 않다. 두 가지의 이유를 들어 본다.

(1) 시기에 따라 병상이 판이하다.
(2) '양성증상'과 '음성증상', 두 종류가 있고, 특히 원조자가 숙지해야 할 것은 후자임에도 불구하고 바로 전자만 거론되기 십상이다.

그러므로 시간 축을 따라 환자 상태를 살펴보자.

● 대부분 젊은 시절에 발병한다

사춘기부터 30대 초반이라는 젊은 시기에 발병하기 쉽다. 50세 이후 발병한 것처럼 보이는 경우도 있지만, 대부분은 젊었을 때부터 눈에 띄지 않는 형태로 잠재적으로 발병하고 있으며, 그것이 중년을 지나면서 어떤 계기로 환각이나 망상이 돌출되었다고 보아야 할 것이다.

특별한 계기로 발병한다는 것은 아니다. 그렇다기보다 실연이나 수험, 왕따나 삶에 대한 회의 등 젊은 시절에는 젊은 시절 나름대로 고민이 많다. 일일이 그런 일들과 연결시켜 "그 일만 없었으면"하며 언제까지고 후회하고 있는 당사자나 가족들을 더러 보지만, 그런 단순한 인과관계로 발생하는 병이 아니다("그 일만 없으면"하고 후회하거나 원망하는 것을 삶의 양식으로 삼는 듯한 경우도 목격된다).

● 유전의 영향은 반반?

그렇다면 유전은 어떨까? 일란성 쌍둥이는 유전자가 똑같기 때문에 조현병이 유전만으로 발병한다면, 쌍둥이 한쪽이 발병할 때 다른 한쪽도 반드시 발병한다는 이론이 된다. 옛날부터 전 세계적으로 통계가 잡혀 있는데, 그 수치를 보면 다른 한쪽의 발병 비율은 50~65% 수준으로 나타나고 있는 것 같다. 이는 결코 낮은 수치는 아니지만, 거의 절반은 발병하지 않는다. 즉, 유전에 의해 어느 정도 소인素因은 결정되지만 실제 발병에는 복수의 요인이 관여하고, 그러나 현재 그것들은 해명되지 않았다.

유전과 관련하여 상담을 받는 경우가 많은데, 대부분은 결혼과 관련이 있는 듯하다. 조현병 환자가 결혼해 아이를 가질 경우, 그 아이가 발병할 위험이 걱정된다는 것이다. 그 질문에 대해서는 앞의 통계를 종합하여 설명하고, "그에 상응한 리스크는 각오해야 한다, 단 '낳지 말라'고 의사 입장에서 말할 생각은 없다"고 대답한다.

그리고 그때 덧붙이는 말이 있다. 특히 모친 쪽이 조현병일 경우, 육아라는 가혹한 과정에서 그녀의 병세가 재연되거나 과로로 다운될 가능성이 적지 않다. 그때, 누군가 육아를 대신해 줄 수 있는가? 만약 그것이 무리라면, 태어날 아이가 불쌍하므로 찬성하기 어렵다고 나는 전한다.

이 병은 환각이나 망상 같은 증상뿐만 아니라, 스트레스 내성이 저조하거나 지지체계의 유무 등을 염두에 두고 생활상의 판단을 내려야 할 필요가 있다.

● 은둔형 '농성'

발병의 모습은 다양하다. 예를 들면, '은둔형 외톨이' 형태로 시작되는 경우도 드물지 않다. 학교나 회사에 가지 않고 자기 방에 틀어박혀 있다. 가족이 말을 걸어도 대답을 하지 않고 방문자나 전화도 무시한다. 방안을 살짝 들여다보면, 창문을 골판지로 전부 막고 깜깜한 곳에서 태연하게 지내거나, 벽을 향해 중얼중얼 혼잣말을 하거나, 이 집에는 도청기가 설치되어 있다고 집안의 전기 기구를 분해해 보거나, 독이 섞여 있다고 식사에는 절대 손을 대지 않고 통조림이나 레토르트 식품만 먹거나, 이 집은 감시당하고 있다거나, 지켜보고 있다는 등 안색이 바뀌거나, 거리에서 자기에 관한 이상한 소문이 퍼져 큰일이라고 아주 진지하게 주장하거나 하는 등 아무래도 단순한 '은둔형 외톨이'치고는 말과 행동이 이상하다.

어떤 면에서는 '은둔형 외톨이'지만, 사실은 환각이나 망상에 지배되어 불안이나 피해망상에서 오히려 '농성'에 가까운 상태를 나타내고 있는 것이다.

● 환청과의 싸움 ─ 이기거나 지거나

대체로 초기에는 환각이나 망상이 쉽게 눈에 띈다. 환각은 환청의 형태를 취하고, 환시는 거의 없다(환시가 있다면, 알코올이나 약물 의존, 루이소체 치매, 간질 등을 고려해야 한다). 어떤 목소리가 이것저것 명령하거나 본인 행동에 일일이 욕설을 퍼붓는 것 같은 패턴이 많은 것 같다. 복수의 목소리가 자신에 대해 서로 뒷말을 하거나 당사자와 대화를 나누기도 한다. 그런 경우, 주위의 사람들에게는 1인극이라도 하고 있는 것처럼 비친다.

환청이 들리는 사람과 면담을 하면 어떻게 될까? 종종 환청이 "쓸데없는 말을 하지 말라"고 명령하거나 위협하기 때문에 아예 입을 열지 않을 수 있다. 종이에 "말하면 뭔가 안 좋을 것 같습니까?"라고 써서 살며시 상대에게 건네면, 환자는 불안한 표정으로 잠자코 고개를 끄덕이기도 한다. 대화를 나누다가 문득 입을 다물어 버린 채, 그대로 가만히 있거나 천장 구석으로 시선을 돌리기도 한다. 혹은 소곤소곤 작게 입을 움직인다. 환청에 정신이 팔려 현실에 소홀해지는 것이다. 얼마 후 갑자기 정신을 차리고 대화를 재개하기도 한다.

그들은 환청과 현실 중 어느 쪽을 우선시할까? 증상이 현저하면 환청에 굴복한다. 환청 명령을 받아 머리에 등유를 붓고 분신자살을 꾀한 환자도 있었다. 한편, 환청은 계속 들리지만 마치 BGM처럼 흘려보내며 살고 있는 사람도 있다(그런 사람도 어떤 장단에 병상이 악화되면 환청에 지배되어 버릴 수 있다). 또 환청에 계속 괴로워하면서도, 어떻게든 평범하게 일상을 보내는 사람도 있다. 환청과 현실의 동시상영에서는 여러 가지로 차질이 빚어질 법도 하지만, 의외로 그런 모순에는 무관심하다. 이처럼 환청 환자에게 원조자가 다가가는 것은 모두 어려울 것 같지만, 의외로 잘 진행되는 경우도 있다.

● 망상은 위화감을 가라앉히기 위한 대처법

망상은 기본적으로 피해망상의 톤을 띤다. "표적이 되고 있다, 방해받고 있다, 도청되고 있다, 감시당하고 있다, 미행당하고 있다" 등의 '낌

새'에 속한 것도 있는가 하면, "신체를 조종당한다, 전파로 공격받는다, 전자파가 내장을 휘젓는다, 텔레파시로 마음이 읽힌다, 생각이 들어온다" 등 '초과학'적인 것도 있다.

잠든 동안 머리에 기구가 박혔다거나, TV로 자신의 비밀이 방송되고 있다거나, 가족이 대역인들로 구성된 '깜짝카메라 종류'도 있다. 그러면 가해자는 누구이고 무엇을 목적으로 그런 일을 하고 있느냐고 물으면, 금세 이야기는 모호해진다. 실제 있지만 정체가 확실치 않은 무리를 스파이 조직이니 폭력배니 CIA니 하며 가해자로 보는 경우가 많다.

요컨대, 병으로 인해 뇌에 발생한 강렬한 불안감이나 위화감을 자기 나름대로 납득하기 위해 생각해 낸 것이 망상이다. "스파이 조직이라면 할 수 있다", "불가사의하지만, 전파의 힘이라면 가능할지도 모른다"는 정도의 것이며, 하지만 그런 황당무계한 발상에 매달리지 않으면 견딜 수 없을 정도의 불안감이나 위화감에 그들이 시달리고 있다는 것을 유의하자.

그래서 "당신은 도청당하고 있다고 말씀하시지만, 도청당할 만한 기밀이라도 가지고 있나요? 당신은 그런 중요 인물입니까?"라는 태클은 의미를 갖지 못한다. 그들이 경험하고 있는 불안감이나 형언할 수 없는 위기감 또는 의혹으로 가득 찬 감정은 "도청당하고 있다"라는 표현이라도 하지 않으면 언어화할 수 없는 종류의 절박감을 띠고 있다는 것이다.

또한, 자신은 위대한 발명을 했다거나, 틀림없이 대박날 멜로디를 작곡했다거나, 모 스타의 형제라거나, 왕족의 사생아라거나, 그런 과대망상적인 말을 하는 사람도 있지만 그것도 베이스는 피해망상이다. 이처럼 '집요하게 표적이 되거나 공격당하는 자신 ⇒ 그만큼 가치 있는 자신'이라는 도식이 숨어 있는 것이다.

2) 문제는 음성증상

● '화려한 증상'만이 아니다

환각(환청)이나 망상, 그것에 기초한 흥분이나 기이한 언행은 누가 봐도 정신에 변조가 있음을 알 수 있다. 알기 쉬운 까닭에 무심코 조현병 환자라는 환각이나 망상에 사로잡혀 이상한 짓을 하거나 소란을 피우는 사람으로 형상화하고 싶어진다. 즉 '화려한 증상'이라고 결합시켜 이해하고 싶어진다.

틀렸다고는 하지 않지만 이 화려한 증상만이 전부라고 생각하면 곤란하다. 중요한 것은 그것이다.

화려한 증상을 거의 드러내지 않고, 서서히(오해를 두려워하지 않고 말하면) 괴짜로서 세상의 가치관이나 상식과는 구별되는 나날을 담담하게 보내는 경우도 있다. 하지만, 대개는 화려한 증상 때문에 정신과로 이어지거나, 문제행동 때문에 경찰을 경유해 입원되거나, 걱정하는 주위의 설득으로 진찰을 받거나 한다.

가끔 현실을 직시하고 싶지 않은 가족이 "우리 아이는 은둔형 외톨이다", "우울증이 오래 간다"라고 스스로 자기에게 변명하면서 환자를 그대로 집에 두는 경우가 있다. 처음에는 그런대로 기행이나 트러블도 있었지만, 달래거나 이웃에 알려지지 않도록 속이는 동안에 '화려한 증상'은 어느새 톤 다운되거나 형해화形骸化되어 간다. 가족들도 환자의 이상한 언행에 익숙해져 신경 쓰지 않게 된다. 이런 식으로 치료받지 못한 조현병 환자가 자기 방에서 머리카락과 수염을 기르고, 매일 담배를 100개 가까이 피우며 하루 종일 빈둥거리며 보낸 기간이 20년이라는 얘기가 나온다.

외부인들로서는 말문이 막힐 수밖에 없지만, 소중한 아들이나 딸을 정신과에 맡길 바에는 집에서 얌전히 있어 주면 그 편이 낫다는 생각에 빠져버리는 가족은 결코 드물지 않다(우선순위가 이상해진다는 점을 감안하면, 가족 또한 병든 상태라고 할 수 있다). 핵가족화와 프라이버시 존중이 가정을 밀실화시키고, 가족의 엉뚱함과 수치심이 판단력을 둔화시키면 치료도 받지 못한 채 환자가 무위한 나날을 끝없이 보내고 있어도 그에 대한 가족들의 감각은 마비되고 만다.

치료를 본격적으로 받지 않아도 화려한 증상은 점차 쇠퇴하는 경우가 많다. 그렇지 않으면 형해화된다. 치료를 하면 대개 화려한 증상일수록 (약물은) 효과를 나타낸다. 결국 화려한 증상은 눈에 띄지만 그것이 현재화되는 기간은 그리 길지 않다.

● '음성증상'이 나타나기 시작한다

그런데 문제는, 양성증상(환각, 망상이나 흥분 등)이 사라지면 그것으로 조현병이 나았다는 단순한 이야기가 되지 않는 데 있다. 후유증이라고 할까? 만성증상 혹은 잔류증상이라고 할까? 어쨌든 화려한 증상과 교체되어 '수수한 증상'이 나타나기 시작한다. 그리고 이쪽은 좀처럼 개선되지 않는다. 20년, 30년이라는 기간 동안 서서히 개선되어 간다(다만, 때때로 재연되어 화려한 증상이 나타나는 경우는 드물지 않다). 참으로 답답한 사태가 이어지는 것이다.

그렇게 되면, 적어도 시간적으로 보면 환자의 인생에서는 '양성 증상'을 나타내는 기간보다 '음성증상'을 나타내는 기간이 훨씬 더 길게 된다. 게다가 전자의 경우 입원하거나 자택에서 안정을 취하는 경우가 많지만, 후자는 나름대로 지역에서 사회생활을 하는 경우가 많다. 원조자는 후자 상태에 있는 환자와 접하는(그리고 원조하는) 것이 보통이다.

수수한 증상이라고 적혀도 독자는 곤혹스러워할 것이다. 실은 '음성증상'이라는 것이 정식 명칭이고, 화려한 증상은 '양성증상'이라고 부른다. 따라서 음성증상이 어떤 것인지 그것을 이미지화하여 파악해 두지 않으면 조현병을 마스터한 것이 아니다.

실례를 아래에 제시한다.

● 음성증상의 6가지 사례

독자들 대부분은 음성증상을 보이는 조현병 환자를 앞에 두고도, 사전 정보가 없는 한 그 사람을 조현병이라고 실감할 수 없지 않을까 생각한다.

가령, 환자 A씨는 오히려 우울증처럼 보일 것이다. 생동감이 없고, 의욕이 없으며, 은둔형 외톨이 같다. 늘 같은 복장에 같은 것을 먹고 있다. 마치 시간이 정지된 세계에 살고 있는 것 같다.

B씨는 밝다면 밝지만, 오히려 유치한 인상이다. 사소한 일로 금세 혼란스러워하거나, 멍하니 서있기도 한다. 외모는 아버지인데, 속은 발육부진의 아이 같은 점이 기이한 인상을 준다.

C씨는 표정이 변하지 않은 데다 과묵하여 답답해 보인다. 말을 걸어도 즉각 대답을 할 수 없어, 무뚝뚝하거나 무례하게 받아들여진다. 사실 무슨 생각을 하는지 모를 구석이 있어 남들이 기피한다. 그런 사실에 대해 전혀 무관심한 것 같기도 하고, 반대로 마음속으로는 깊이 상처받고 있는 것 같기도 하다.

D씨는 자신이 조현병이라는 것을 과도하게 의식하고 있다. 말을 더듬고 성급한 점이, 그런 자의식 과잉과 관련되어 있는 것 같다. 가게에서 물건을 구입했을 때, 매장에서 돈이 부족한 것을 알았다. 갑자기 D씨는 바닥에 쓰러져 "저는 조현병입니다"라고 고함을 질렀다고 한다. 비뚤어진 면이 강하고, 특히 껌을 씹으면서 아르바이트 면접을 보는 등의 비상식적인 부분이 눈에 띈다(면접 결과는 당연히 불합격이었다). 한 여자 아이돌의 팬으로, 멤버 전원의 이름은 물론 생일까지 암기하고 있다고 한다.

E씨는 성실하고 열성적인 사람이지만 어딘가 밸런스 감각이 부족한 면이 있다. 정장에 넥타이로 외출해도 머리카락은 흐트러진 채이고, 안경테는 스카치테이프를 빙빙 감아 수리해 놓았다. 백화점 지하 식품매장에서 사지도 않고 자꾸 시식을 하여 점원들에게 눈총을 받거나, 지나가는 젊은 여성에게 갑자기 "혹시 저와 만나주지 않겠습니까?"라는 말을 걸기도 한다.

대화를 나누면 언제나 핀트가 맞지 않는 말을 하니 상대는 짜증이 난다. 본인 또한 뜻대로 사태가 전개되지 않는다는 것에 당혹스러워한다.

F씨는 병원에 잘 다니고 있는데도 사실 환청이 지속되고 있다. 컨디션이 좋으면 환청 등을 무시하고 평범하게 행동할 수 있지만, 조금이라도 상태가 좋지 않으면 환청이 신경 쓰여 어찌할 바를 모른다(그래서 아르바이트도 오래가지 못한다). 종종 큰 음량으로 음악을 들으며 환청을 없애려고 하는 바람에, 아파트 거주자들과 트러블이 끊이지 않는다.

● 공통점은 '살아가는 것(삶)에 대한 서투름'이다

A씨부터 F씨까지 6명 각각의 유형은 다르지만, 모두 사회생활에는 그리 적합하지 않다는 공통점이 있다. 에너지가 부족하거나, 유연성이 부족하거나, 상식이 부족하거나, 밸런스가 맞지 않거나, 안정성이 결여되어 있거나⋯⋯. 명확하게 지적할 수 없지만, 어쨌든 뭔가 주위에 위화감을 주거나 외면당하기 쉬운 면이 있다.

모든 요소를 총괄한다면, '살아가는 것에 대한 서투름'이라고 할까? 말하지 않는 것이 좋다는 것을 모르거나, 눈치 없이 민감함과 둔감함이 섞여 있거나, 묘하게 통통거리거나 장소 분위기를 살피는 데 서투르거나. 남의 눈치를 볼 필요는 없어도, 눈치 없는 사람은 세상 살기가 쉽지 않다.

이들은 병원이라는 수용적이고 지지적인 환경에 있으면 특별한 문제가 없다. 입원할 필요가 없다고 판단된다. 하지만 퇴원해서 아파트에라도 살면, 생활이 뭔가 평온하지 않다. 하찮은 일로 체념하거나 트러블이 반복된다. 괴짜로 간주되거나, 소외 당하거나, 무시당하기 일쑤다. 몰상식하고 무례하다고 오해받기도 한다.

"어딘가 이상한 사람이에요. 낮에도 빈둥거리고, 좀 수상해요. 저런 사람이 같은 아파트에 있다니 싫어요"와 같은 식으로 편견의 대상이 되는 경우조차 있다.

이것이 즉, 음성증상의 개략이다.

● 음성증상은 약으로 극복이 어렵다

교과서에는 조현병 발병률이 100명당 대략 1명이라는 데이터가 있지만, 세간에 '환각, 망상, 흥분이 한창'인 사람들이 넘쳐나고 있다고는 생각되지 않는다. 1%에 육박한 높은 비율로 출현하고 있는 조현병 환자의 대다수는 음성증상을 보이며, '사는 것에 대한 서투름'에 고통받고 있는 것이다.

이미 언급했듯이, 음성증상은 긴 시간을 두고(연 단위이며, 사람에 따라서는 20~30년이 걸려도 불충분하다) '정상'으로 향상되어 가지만, 그 길이가 당사자뿐만 아니라 가족에게도 참으로 답답하다. 특히 의욕저하나 집중력이 부족해지거나 대인관계가 원만해지지 않는 점은 가족이나 주위에서 보면 "근성이 부족하다", "게으른 습관이 있다", "의욕이 없다", "응석부린다"는 평가로 이어지기 쉽다.

신체질환처럼 일목요연할 수는 없기 때문에 이들의 문제는 '병 때문'이라고 간주되지 않는 경우가 많다. 또 본인 자신도 자신의 약점을 인식하지 못하고, 질병으로 인한 지연을 만회하려고 초조해하다가 역효과가 나올 때도 많다.

양성증상의 시기에 대한 대응은 의료기관이 중심이다. 즉, 투약이나 경우에 따라서는 입원이 우선이다. 하지만 음성증상으로 변하면 이번에는 의사를 중심으로 한 의료 맥락보다 오히려 데이케어(주간보호)나 작업소 직원, 복지직원이나 보건사, 방문간호나 개호직원, 보건공무원이나 이웃 사람들, 그리고 가족이나 친구 등의 존재가 중요해진다. 이런 사람들이 환자의 사정이나 경위를 이해하고, '살아가기에 대한 서투름'에 대해 조언을 하거나 도움을 주는 것이 무엇보다 중요해진다.

음성증상에 대해 약물은 그다지 효과가 없다. 잇달아 출시되는 신약(비정형 항정신병약물)은 그 대부분이 양성증상뿐만 아니라 음성증상에도 효과가 크다고 선전하고 있지만, 임상현장에서의 분위기를 보면 제약회사가 자화자찬할 정도의 효과는 기대할 수 없는 경우가 많다.

역시 시간을 들여 주위에서 충고를 하면서 본인에게 자신감과 상식을 익혀가게 할 수밖에 없다.

3) 음성증상을 가진 사람들과 접촉하기(만나기) 위해

● 기묘한 합리주의, 변화에 대한 두려움

어린애 취급을 하면 그들의 자존심은 상할 것이다. 그렇다고 과대평가는 하지 않는 것이 현명하다. 대개 그들은 '굳이 말하지 않는 것이 좋다'라는 것을 모른다. 오히려 기묘한 합리주의에 사로잡히는데, 그것이 밸런스를 잃은 것이기 때문에 결국 비상식으로 비치는 경우가 적지 않다. 예를 들어 보자.

조현병으로 일이 어려워져 생활보호 대상자가 된 사람들이 많다. 어쨌든 돈은 그들에게 마지막 보루다. 필사적으로 절약한다. 세탁 비용을 절약하려고 한다. 속옷을 포함해 되도록 세탁을 하지 않는다. 그렇게 절약할 수 있는 금액은 아마 소액이겠지만, 당사자로서는 매우 진지한 것이다.

그런데 그렇게 절약은 하지만, 같은 셔츠를 보름 동안이나 입거나 1주일 이상 같은 양말을 신고 있으면 불결하고 냄새도 난다. 남들은 눈살을 찌푸리며 피할 것이다. 다만, 보통은 노골적으로 "너는 불결해!", "냄새 나! 당장 갈아입든지 세탁을 해야지"라고 말하는 사람은 없다. 당사자는 절약에만 관심이 향해 있어서, 결국은 자신에게 잘못이 있다는 것을 알아차릴 수 없다. 그리고 어느 사이엔가 '나는 남에게 이유 없이 미움을 받고 있다'는 피해적인 기분에 빠질 수도 있다.

혹은 대체로 그들은 변화라는 것을 싫어한다. 새로운 사물이나 환경에 익숙해지기 위한 시행착오나 학습이 예상보다 더 부담되는 것 같다. 따라서 우리의 가치관, 즉 새롭고 편리한 것이 바람직하다는 발상과 그들의 가치관이 '어긋나는' 경우가 있다.

내가 알고 있는 좀 더 단순한 예로, 집에 빈집털이가 출몰하여 집주인이 아파트 열쇠를 모두 신형으로 교체한 적이 있었다. 열쇠는 예전처럼 열쇠를 빙빙 돌려서 여닫는 것이 아니라, 손잡이를 당기며 키를 반회전시키는 방식으로 변경하였다. 환자는 이 방식을 도저히 기억할 수 없었다. 게다가 그것을 집주인에게 호소하기에는 부끄럽고, 그런 말을 하면 반대로 퇴거를 강요당할까 봐 걱정되고, 그러나 열쇠를 열어 둔 채 외출하는 것도 불안해서 할 수 없었고, 결과적으로 쇼핑에도 제대로 가지 못하고(갈 때는 반드시 지인이 와서 문을 열어 주었다), 정말 불편한 생활에 만족하고 있었다. 결국에는 그가 지정된 날짜에 복지 사무소에 가지 못해 환자가 키를 다룰 수 없다는 것이 밝혀졌던 것이다.

● 체면을 손상시키지 않는 조언과 도움을

어쨌든 우리는 그들의 약점을 예상할 수 없다. 당연한 일이 당연하지 않게 되고 있지만, 모든 것이 다 그런 식은 아니다. 그러한 일관성 없는 것들이 우리를 더욱 당황스럽게 한다.

따라서 그들은 의외의 사실을 알지 못하거나, 할 수 없거나(비록 발병 전에는 일류대학에서 우수한 성적을 거두었을 것 같은 사람이라도), 이상한 생각에 사로잡혀 있을 가능성이 높고, 또 본인은 오히려 그것을 은폐하려 할지도 모른다고 각오해야 할 것이다.

상대의 체면을 깎지 않도록 유의하면서 조언이나 도움을 준다. 어쩌면 '겨우 이런 것'이라고 생각할 수 없는, 이해할 수 없는, 의도를 알 수 없는 사례도 있을 것이다. 그럴 때는 상당한 인내력이 필요하거나, 아니면 일단 포기해야 할 수도 있다. 어쨌든 치료자의 페이스를 강요하는 것은 좋지 않다.

또, 이들은 음성증상을 띠고 있다 하더라도, 때로는 환각, 망상이 불쑥불쑥 얼굴을 내밀거나 뼈대를 유지한 채 지속되는 경우도 있다. 그렇다고 해서 갑자기 흉폭해지거나 폭력을 휘두를 가능성은 희박하다. 하지만 그들은 친애의 마음을 표시할 생각으로 갑자기 어깨에 손을 얹거나, 침이 날아올 정도로 얼굴을 가까이 대고 말을 걸어오는 등 치료자를 당황하게 할 수 있는 태도를 취할 수도 있다. 그러나 그것도 익숙해지면 '있을 수 있는 이야기'로서 놀라지 않아도 될 것이다. 묘하게 경계하거나 하면 상대는 오히려 혼란스럽고 불안해하거나 당돌한 말을 꺼낼 수도 있다.

● 망상에는 부정도, 긍정도 하지 않고

만약 망상을 듣게 된다면 그것을 부정해서는 안 된다. 당사자는 내용을 부정당했다기보다는 오히려 자신이 거절당하거나 바보 취급당했다고 느낄 수 있기 때문이다. 내용의 옳고 그름보다, 그녀 혹은 그가 그런 망상으로 겨우 마음을 정리하고 있음을 상기하기 바란다.

그런 부적절한 마음 정리 방법을 씀으로써 트러블도 생기는 것이지만, 우선 굳이 상대에게 혼란을 주어서는 안 될 것이다.

망상은 부정하지 않고, 그렇다 해서 긍정할 필요는 없다. 내용 자체에 대한 논의는 피하고

"아쉽지만, 나는 잘 모르겠어요"

"신기하군요"

"좀 감이 안 오는데, 음, 그런 건가요?"

하는 정도로 받아 넘긴다. 만약 대상자가 망상을 통해 자신의 감정(억울하거나, 무섭다거나, 불안하다거나, 우울하다거나)을 표현하고 있다면 그 기분은 현실이기 때문이다.

"아하, 그야 억울하죠(무섭죠, 불안하죠, 우울하죠⋯⋯)"라며 공감의 자세를 보여주면 좋을 것이다. 또, 망상이나 '집착'이 생활면에서 마이너스 작용을 나타내고 있어 문제라면, 손익계산을 꺼내 보면 어떨까?

"뭐, 기분은 알겠지만, 그런 말은 하지 않는 게 득이라고 생각해요. 빤히 오해받거나 해서 손해 볼 건 없잖아요"라고 응해보는 것은 어떨까?

옳다 틀리다, 좋다 나쁘다라는 발상으로 넘어가게 하지 말고, 손익이라는 형태로 납득시키는 쪽이 더 잘 풀릴 때가 많다.

● **자신의 캐릭터에 적합한 대응을**

상대가 어깨에 손을 얹거나, 묘하게 신체를 붙여 오거나, 프라이버시에 관한 질문을 하거나, 사귀어 달라고 하면 어떻게 할까?

부드럽게 거절하게 되겠지만, 아마 독자 각각의 캐릭터나 이미지에 따라 서로 다른 대응을 하게 될 것이다. 싹싹한 타입의 아줌마라면 "어머, 그런 말 하면 오해받아요. 지금은 성희롱에 민감한 시대니까요. 호의는 감사하지만 구분은 해야죠. 저도 해고당할 수 있으니까요"라고 밝게 피할 수 있을 것이다.

다소 마음이 약한 편의 원조자라면,

"음, 그런 말을 하면 깜짝 놀라잖아요. 당신이 나를 믿고 있기 때문이겠지만, 지금은 일 때문에 당신 집에 오는 거예요. 구분하지 않으면, 결국 다른 사람들에게도 폐를 끼치게 되고요. 또 그런 말을 하시면 앞으로 전 여기에 올 수 없을 거예요"라고 대응을 할 것이다.

● 위험을 느낀다면

상대가 묘하게 초조해하거나, 평소와 달리 약간 난폭해지거나, 표정도 다소 험악해 보이면 어떻게 할까? 양성증상이 재연되고 있을지도 모른다. 그럴 경우, 겁에 질린 표정은 보이지 않는 것이 좋다. 무서워하면 상대는 자신이 거부당한 것처럼 느껴져 더욱 정신이 불안정해질 수 있기 때문이다.

또 정면에서 접근하지 않는 것이 좋다. 정면에서 접근하는 것은 상대에게 공격을 가하는 이미지로 이어져, 반대로 폭력의 대상이 될 수 있기 때문이다.

그러면 어떻게 할 것인가? 우선 목소리는 낮고 작게 한다. 즉, '소곤대는 소리'로 마치 비밀을 공유한 동료 같은 어조로 '나는 당신 편'이라는 분위기를 만든다.

다가갈 때는 옆에 나란히 서는 느낌으로 접근한다. 먼저 정면에서 옆으로 비켜선 후 어깨동무하듯 옆으로 나란히 선다. 얼굴을 마주 보지 않고 같은 방향을 보면서 얘기한다. 그리고 "왜요? 무슨 궁금한 것이라도 있어요?"라고 속삭인다.

그렇게 커뮤니케이션이 성립되면 상관없지만, 그래도 상대의 경계심이나 의심과 불신이 누그러지지 않는 것 같으면 정신상태가 상당히 나쁘다고 판단하고 신속히 자리를 뜨도록 해야 할 것이다. 당황해서는 안 된다. 돌발적으로 상태가 나빠질 경우는 거의 없고, 대개는 약을 제대로 복약하지 않았기 때문이다. 그리고 상태가 나빠질 때는 십중팔구 수면이 확보되지 않는다. 적어도 생활이 흐트러져 밤낮이 역전되는 경향인 경우가 많다.

그런 정보를 얻게 되면 상태 악화에 관한 모든 것을 주치의에게 전달해야 한다. 그 후의 대처는 의사와 방문간호사, 보건사, 가족 등과 협의하게 될 것이다.

약간 겁이 났을지 모르겠다. 위험한 일을 겪는 경우는 좀처럼 드물기 때문에 너무 신경질적이거나 겁을 내지 않았으면 한다. 상대의 언행에 당황하거나 머쓱해지는 경우도 있지만 이것은 악의에 의한 것은 아니다. 그들의 비상식적인 모습이나 루즈함은 후유증에 가까운 것이라고 생각하고 싶다.

의학용어로는 음성증상을 보이는 사람에 대해 '인격수준의 저하'나 '잔류증상', '결함상태'와 같은 자극적인 표현이 있다. 섬세하지 못한 말이지만, 나름대로 현실을 생생하게 묘사한 말이기도 하다. 의학이란, 그런 정떨어지는(노골적인) 말로 환자를 평가하거나 기재하는 차가운 측면이 있다. 그리고 의료만으로는 음성증상에 대해 거의 무력하다는 것은 앞서 언급했다. '인격수준의 저하' 등의 표현은 원조자인 독자 여러분에 의해 '살아가는 것에 대한 서투름'으로 대체되고, 그런 후에 실질적인 도움이 이루어진다는 의미인 것이다.

● 약에 관한 필수 포인트

양성증상을 보이는 환자를 마주하면 거의 누구나 '복약처방을 해야 된다'라고 실감한다. 그러나 음성증상이 되면, 당사자도 주위도 복약에 대한 동기부여가 희박해진다. 목구멍을 지나면 뜨거움을 잊는 것처럼, 점차 본인은 복약을 게을리하게 되고 주위에서도 너무 오래 약을 먹으면 몸에 좋지 않다는 등의 무책임한 조언을 한다.

하지만 음성증상일 때야 말로 복약은 필요하다. 그렇지 않으면 약간의 스트레스로 또 양성증상이 출현할('재연'이라는) 위험이 있기 때문이다. 즉 예방이자, '유비무환'이다.

그렇다면 약은 평생 먹어야 할까? 불행히도 그렇다.

하지만 환자에게 "평생 먹어라"라고 말하기는 어렵다. 그래서 나는 "당신에게 약을 먹는 것은 중요한 일 중 하나입니다. 지금 세상은 65세까지 일할 수 있어요. 그렇다면 당신도, 적어도 그 정도 나이까지는 복약해 주세요"라고 말했다(65세가 지날 무렵에는 복약습관도 생길 것이고, 적어도 복용량은 상당히 줄어들 것이라는 예측에 근거한 발언이다).

314p Q29도 참고해 주셨으면 한다.

또한, 약은 한두 번 먹는 것을 잊어버린다고 금세 증상이 악화되는 것은 아니므로 도움을 줄 때 너무 신경질적이지 않은 편이 좋다. 그래야 환자와의 관계도 유지하기 쉽다.

2
우울증

1) 우울증이란 무엇일까?

● 가족의 우울증에도 주의를

독자가 어떤 직종에 종사하느냐에 따라 우울증 환자와 마주치는 빈도는 꽤 다르게 나타날 것이다. 정신의료에 직접 관여한다면, 특히 클리닉 관련이라면 빈도는 상당히 높을 것이다. 보건사라면 비교적 상담받을 기회도 있을지 모르겠지만, 복지나 개호와 관련된다면 빈도는 상당히 낮아지지 않을까? 왜냐하면 고전적 혹은 종래형 우울증의 경우에는 대부분이 반년~1년 이내에 개선된다. 즉, 사회생활이 어려워져 복지나 지역사회의 도움을 받지 않을 수 없게 되는 빈도는 꽤 낮다는 얘기다.

다만, 원조자로 방문한 가정에 중요한 환자와는 별개로 가족이 우울증이었다는 사태는 생각할 수 있고(아무튼 그런 가정은 종종 피폐의 색이 짙어질 테니), 상담을 받을 수도 있다. 신체질환으로 개호를 받는 환자가 도중에 우울증에 걸릴 수도 있고, 그리고 한창 일할 나이의 독자 자신이 우울증에 걸릴 가능성도 무시할 수 없다.

● '우울증 같은 것'과 '우울증 같지 않은…'

그런 점을 고려하면 우울증에 대한 기초지식은 결코 헛되지 않을 것이다.

또한, 조증 이외의 모든 정신질환은 '우울 상태'를 나타낼 수 있다는 점에도 유의하기 바란다. '우울상태=우울증'이 아니라, '우울증 같은 것'이 많이 있다. 또 반대로 우울증인데 그것이 '우울증 같지 않은' 병태를 보이기도 한다. 이런 혼동하기 쉬운 위험성을 염두에 두지 않으면 엉뚱한 원조를 계속할 수도 있는 것이다.

우울증을 그저 어두운 표정으로 웅크리고 있는 이미지로만 파악해서는 아직 전문 케어인이라고 할 수 없다.

● 우울증은 진단도, 치료도 전환기를 맞이하고 있다

내가 정신과에 들어갔을 때는, 병동에서 처음으로 담당할 수 있는 환자가 우울증 환자로 정해져 있었다(대개는 적절한 약물치료로 낫고, 또한 후유증도 없이 깨끗하게 낫는다). 신입 의국원들에게는 의사로서 성공 체험을 실감하게 하고, 또 완쾌된 환자에게 "덕분에"라는 인사까지 듣게 함으로써 충실감을 맛보게 하기 위함이었다. 자살에만 유의한다면, 의사로서의 무력감에서 가장 먼 것이 과거의 우울증(고전적 우울증, 종래형 우울증)이었다.

요즘 의료기관에서 우울증이 급증하고 있지만, 종래형에 해당하는 '다루기 쉬운 우울증'은 증가하지 않고 있다. 신형 우울증이라든지, 실은 '우울상태'를 나타내는 성격장애라든지, 기존에는 간과되었던 양극 II형 등이 종래형과 함께 '우울증'으로 카운트된 결과, 마치 급증한 것처럼 보이고 있을 뿐이다. 따라서 우울증이라 해도 치료 전략이나 예후는 천차만별이며, 설령 진단서에 '우울증'이라고 적더라도 그것을 '우울상태'로 바꿔 읽지 않으면 실수의 원인이 될 수도 있는 상황을 나타내는 것이다.

현재, 우울증 관련에서는 몇 가지 이슈가 있다.

(1) 소위 '신형 우울증'의 급증과 그 치료의 어려움
(2) 종래 생각했던 것 이상으로 양극형(조증과 우울의 쌍방을 나타낸다)이 많고,
    또 제Ⅱ형 양극성장애라는 개념이 나옴
(3) 자살과의 연관

아래에 이 세 가지를 관련시키며 설명해 가겠다.

● 신형 우울증은 무엇이 '신형'인가

사실 오래전부터 신형 우울증에 상당한 병태는 관찰되어 왔다. 사례
가 적었을 뿐이다. 그럼 이전에는 어떻게 불렸는가? 아마도 '우울신경
증depressive neurosis'같은 것을 중심으로, 신경증성 우울상태나 퇴각신경
증, 비정형 우울증 같은 것이었을까?

신형의 특징 중 하나는 항우울제의 효능이 좋지 않다는 것이다. '우
울'을 나타내는데도 항우울제로 개선되지 않는다. 소위 신경안정제minor
tranquilizer로는 감당할 수 없고, 기분안정제(상품명으로는 데파킨, 테그레톨,
리보트릴 등 양극형장애나 간질에 사용되어 왔다)도 효과가 없거나 부작용(휘청
거림, 탈진 등)으로 인해 호전된다고 할 수는 없다. 조현병에 사용되는 비
정형 항정신병 약물(세로켈, 리스페달, 아빌리파이 등)을 다른 약제와 조합해
효과적인 경우도 있지만※, 당뇨병이 있으면 사용할 수 없거나, 현저한
체중 증가나 졸음 또는 나른함이 보여 환자에게 거부당하는 등 상당히

※ 최근의 약제 사용법에는 꽤 비법(방법)적인 것도 많다. 인터넷 등에서 어정쩡하게 약의
효능을 조사하여, "나에게는 '간질'이나 조현병 약이 사용되고 있다"라고 당황해하는 사
람도 간혹 있으므로 각별한 주의가 필요하다.

어렵다.

환경 조정이나 인지행동요법, 카운셀링, 생활상태 등을 재검토하는 작전과의 병용이 필요하다. 그런 식으로 다양한 작전을 이용해도 병상은 점점 길어지거나 일진일퇴인 채 연年 단위로 활기가 부족한 상태가 지속되기 쉬우므로, 치료자도 자신감을 잃는다(혹은 그 환자를 피하고 싶은 심정에 빠지기 쉽다).

또 다른 특징은 '우울' 이외로 눈을 돌리면 종래형과 뉘앙스가 크게 다르다는 점이다. 우선 연령적인 것으로, 40세에 이르기까지 그보다 젊은 사람들은 압도적으로 신형 우울증이 많고, 그보다 나이가 많은 사람들은 종래형 우울증이 우위다.* 성격도 달라 종래형에서는 성실함, 열심, 꼼꼼함, 그리고 융통성 없이 일을 자기 혼자서 끌어안고 본심을 억눌러서라도 주위에 맞추는 경향의 '성실하고 정직한 회사형 인간'이라는 이미지가 강했다.

하지만 신형에서는 마이웨이(때로는 자기중심적이고 도피적)로 자기주장과 권리의식, 취미를 우선시하는 경향이 있다. 종래형에서는 자책감(일의 능률이 떨어지거나 휴직하거나 주위를 걱정시키는 것에 대해 미안해하며 자책한다)이 본인을 괴롭히지만, 신형에서는 오히려 주위나 환경에 대하여 불평을 한다. 타책적(책임전가)인 것이다.

종래형에서는, 불면(특히, 일단 잠들어도 한밤중이나 새벽에 눈이 떠지고, 쓸데없는 걱정이나 자책감으로 괴로워하며 아침을 맞이하는 '조조 각성'을 쉽게 볼 수 있다. 그 연장으로서 종래형 우울증 환자는 아침 상태가 최악이라고 호소하는 경우가

---

* 이 사실은 발증한 우울증 유형이 나이에 따라 변한다는 것이 아니라, 1970년생 즈음을 경계로 해서 그보다 이후 세대에서 감성이나 사고의 상태가 달라졌다고 해석하는 쪽이 좋을 것이다. 중장년의 자살 증가도 구세대가 종래형 우울증을 유지한 채 나이를 먹어간 것과 같은 맥락으로, 신세대는 고민이 많아도 자살이라는 형태로 이어지기 어렵다는 사정을 시사하는 것일지도 모른다.

많다. 종종 아침 출근 시간에 전철로 뛰어들어 자살하는 경우가 많은데, 아마 종래형 우울증 환자가 그런 자살자에서 차지하는 비율은 상당히 높을 것이다)이 발생하기 쉽다. 신형에서는 불면증을 호소하는 환자가 있는 반면, 과면過眠증을 보이는 환자도 적지 않다.

　종래형에서는 설령 휴직하고 집에서 쉬고 있어도 회사에 가지 않아 다행이라고 기뻐하거나 하지 않는다. 오히려 동료들에게 폐를 끼쳐서 미안하다는 자책감에 시달리거나, 이제는 내 커리어도 끝이라고 낙담하게 된다. 적어도 TV나 게임을 즐기거나, 놀러 나갈 기분이 드는 것은 꽤 개선된 후의 일이다.

　그런데 신형에서는 회사에 나가지 않아도 되면, 기분을 고쳐먹고 넷플릭스를 보거나 게임을 즐기거나, 해외여행까지 가는 경우조차 있다. 그런데도 휴직기간이 끝나 다시 출근해야 한다면, 이내 '우울'이 재연된다. 이래서는 마치 학교를 싫어하는 초등학생처럼 느껴져도 어쩔 수 없다. 다만, 환자 본인은 뺀질거리는 짓을 하고 있다는 의식은 없다. '신형 우울증'에 시달리고 있는 것은 틀림없는 사실인 것이다……

　이런 식으로 '신형'이라는 말에는 ① 항우울제가 효과가 없다는 것에 대한 의료진의 당혹감, ② '정말 병인가?'하는 의혹, ③ 종래형 우울증만큼은 동정심이 생기지 않는 자유분방(염치없는)한 인상 — 이런 것들이 담겨 있다. 덧붙여 필자의 환자인데, 진찰실에서는 마치 이 세상에 종말이 다가온 것처럼 말하더니, 우연히 현관 밖을 봤을 때 그 환자가 스쿠터를 타고 경쾌하게 달려가는 것을 목격한 적이 있다. 그 갭(격차)에는 솔직히 당황하지 않을 수 없었다.

● 왜 신형 우울증이 증가했을까

　종래형 우울증에 친화성 좋은 성격이 줄어들고 신형 우울증 기반에 부합한 성격의 소유자가 늘었다는 것은 있겠지만, 그 뿐만이 아니다. '우울'이라는 말만 부각되었던 것도 원인이 되지 않았을까? 기분 침체도, 슬픔도, 권태감도, 공허함도, 도피 욕망도, 불안감도, 모두 '우울'이라는 말로 다시 표현됨으로써, 역으로 자신은 우울증이라는 감정도 일어서기 시작한다는 메커니즘도 생각할 수 있지 않을까 생각해본다.

우울증에 대한 다소 편향된 정보의 범람이나, 우울증 그 자체에 대한 이미지가 과거와는 달라졌다는 사정도 있을 것이다. 하지만 그보다는 말의 빈곤함, 어휘의 빈약함이 결과적으로 마음이 괴롭거나 힘들어지면 무엇이든 '우울'이라고 규정(표준)짓는 것처럼 생각되어 견딜 수 없다.

스트레스에 대해서는 어떨까? 요즘은 장시간 노동이나 '무늬만 관리직' 등으로 인한 심신 피폐 ⇒ 우울증 발병 ⇒ 자살이라는 도식이 심심찮게 거론되는 경우가 많다. 객관적으로는 어쨌든, 본인은 과도한 스트레스(불평불만도 포함)로 인해 신형 우울증 발병이라는 인과관계는 크게 있을 수 있다.

다만 "세간의 상식으로 보면, 그 정도의 스트레스는 어쩔 수 없잖아?"라고 말하고 싶을 때도 적지 않은 것 같다. 때문에 단순한 근성론이나 응석같은 얘기가 아니라, 애초에 스트레스를 감내해야 한다는 것은 잘못된 것이 아닐까 하는 근원적인 부분에서 사고방식에 변화가 일어나고 있는 것 같다(요즘은 멸사봉공滅私奉公의 자세가 옳다고 할 수는 없지만). 신형 우울증에서는 종래형만큼 자살 위험이 높지 않은 인상이지만, 반응성反應性으로 자살로 치달을 가능성은 부정할 수 없다.

또한 종래형 우울증에서는 스트레스로 발병하기보다 환경 변화에 따른 당혹함이 본인의 페이스를 어지럽히고, 성실, 열심, 꼼꼼함 같은 본인 나름의 긍지를 실천할 수 없게 되는 것이 더 큰 문제였던 것이다.

『의사를 괴롭히는 '뉴타입 우울증'을 이해할 수 있는 책』(야마다 카즈오 저, 고단샤, 2009)이라는 것을 읽고 있으면, 바쁘다 해도 그것만으로 우울증으로 직결되는 게 아니라, '아무래도 초과 근무시간의 양과 재량권 부재가 우울증을 늘리는 것 같다. 마지막으로 하나 더 든다면 성취감을 들 수 있다. 다소 초과 근무시간이 있고 어느 정도 재량권이 제한되어 있어도, 일에 대한 성취감이 있으면 어떻게든 헤쳐 나갈 수 있는 사람도 많은 것 같다. 단, 이것은 덤 같은 것이다. 과중한 노동에 재량권이 작은 경우에는, 아무리 성취감이 있어도 우울증에 걸릴 확률이 높은 것 같다'라고 적혀 있었다. 탁월한 견식이라 생각한다.

● 양극성 장애

우울증 관련에서는 '우울' 증상(병기)만 나타내는 단극형이 가장 많고, '조躁' 증상(병기)만을 나타내는 유형은 드물고, 또 '우울'과 '조'를 반복하는 양극형도 그리 많지 않다는 게 지금까지의 상식이었다. 그러나 최근에는 예상외로 양극성 변형이 많고(간과되었던 사례도 포함), 또 부주의한 항우울제 투여로 인해 병세가 '우울'에서 '조'로 반전되는 현상도 심각해졌다. SSRI가 정신과뿐만 아니라 일차진료의에 의해서도 남용되고, SSRI 유래의 공격성이나 자살 충동, 조전이 문제시되어 약제첨부 문서에도 그런 취지의 주의를 환기하는 문구가 덧붙여진 것도 기억에 새롭다.[*]

제II형 양극성장애란 이른바 조울증(제I형)의 변종으로, 기본적으로는 '우울' 상태가 대부분을 차지한다. 그런데 가끔, 극히 짧은 기간에 '조'가 섞인다. 그 섞인 상태가 이른바 하이high가 되어 소란스럽고 들뜬 이미지보다도, 당돌하게 신경질적이거나, 갑자기 블로그를 개설해 보거나, 뜬

---

* SSRI란 'selective serotonin reuptake inhibitors'의 약어이며 '선택적 세로토닌 재흡수 억제제'로 번역되는 새로운 유형의 항우울제이다. 한때는 우울 상태라면 아무 생각 없이 '즉시 SSRI를!' — 이런 흐름이 제약회사 주도로 형성되었던 것 같다. 지금도 다른 클리닉에서 소개된 환자에게 SSRI나 SNRI가 여러 종류 처방되고 있어, 우선 약제 정리에서부터 치료를 시작해야 하는 경우가 적지 않다. 또한, SSRI에는 강박증상이나 패닉에 대한 효능도 있기 때문에, '이 약의 사용=우울'이라고 할 수 없다.

금없이 각종 사이즈의 외제 냄비 세트를 구입하는가 하면, 생각하기에 따라서는 "가끔은 기분 전환으로 이 정도는 OK?"라는 정도의 일탈이다. 그러나 일탈 상태에 따라 오히려 성격장애로 비쳐져서 '동정의 여지가 없는 우울증 환자'로 간주되기도 한다. 치료라 해도 단순히 항우울제를 투여하는 것만으로는 개선될 가망은 없다. 신형 우울증의 일부(전부가 아니다)는 '간과된 제II형 양극성장애'일 것이다.

양극 I형과 II형 사이에 스펙트럼을 이루듯 다양한 이행형이 있는 것으로 판단되고 있으며, 그 생각을 받아들이는 데 주저하지는 않는다. 하지만 치료가 된다고 해서 쉽지는 않은 것이 현실이다. 어쨌든 우울증은 이제 이전만큼 명쾌한 병이 아니며, 새로운 분류가 제창되고는 있지만 치료 전략이 확립된 것이 아니라는 점에서 오늘날 정신의료의 고뇌가 있다.

● 다시 신형 우울증에 대해서

이야기가 뒤섞여 왔다. 신형 우울증이라는 개념은 마치 '우울증'답게 보이고 본인도 고통받고 있지만, 그런 것 때문에 종래형 우울증을 제외한 것으로 보는 것이 타당할지도 모른다.

종래형 우울증에 대해서는 101p에서 다시 정리했다.

신형 우울증이란, 달리 말하면 몇 종류의 '항우울제 효과가 떨어진 우울 상태'의 총칭이 될 것이다. 하나는 신경증에 가까운 타입으로 병전病前성격도 도피적인 한편, 권리의식이나 호불호의 주장이 강한 사람들, 다른 하나는 성격장애인 사람들의 일부, 그 위에 '조躁' 부분을 간과하고 있는 제II 양극성장애인 사람들, 이들 세 가지 타입이 중심이 되어 어느 쪽이라고도 하기 어려운 것과 오진에 가까운 것조차 혼재되어 있다고 할까? 정말 까다롭다.

● 자살에 대하여

종래형 우울증과 자살과의 관계는 깊다. 성실, 열심, 꼼꼼한 성격에다 자책감을 갖기 쉽다는 점에서 "나 같은 사람은 살아 있어도 폐를 끼칠 뿐이다", "내 존재 자체가 미안하다", "이제는 돌이킬 수 없다!"라는 문맥에서 죽음을 선택할 위험이 높다.

그렇다면 신형 우울증이라면 자살 위험은 낮을까? 실체가 제II형 양극성장애라면 충분히 위험성은 있다. 신경증이나 성격장애에 가까운 타입이라도 우울 상태에 어떤 에피소드가 겹쳐 자포자기하게 되어 "죽을 거야!"라고 죽음으로 뛰어드는 경우가 있을 것이고, 우울한 상태와 자기애적인 심성으로 죽음을 가지고 놀고 싶어 하는 경향을 드물지 않게 관찰하는 경우가 있다.

결과적으로, 사고인지 진심인지 알 수 없는 죽음에 이르는 경우도 있다.

● 격려와 기분전환

그래도 '우울증 환자를 격려해서는 안 된다'라는 지식은 이제 일본에서는 모두가 알고 있는 것 같다. 다만, 왜 그런지에 대한 이유는 모르는 사람이 더 많다.

이것은 종래형 우울증에 해당되는 이야기이다. 원래는 노력파 성격인데 힘이 없어지고 자책감에 시달리는 환자에게 "열심히 해"라고 하면, 당사자로서는 "너는 아직 노력이 부족하다"라고 비난받는 것처럼 느껴져 더욱 주눅 들어 버리기 때문이다. 종래형 우울증에는 기분 전환으로 노래방이나 꽃놀이, 여행 등에 데리고 나가는 것도 하지 않는 편이 좋다. 본인은 '즐긴다'는 마음의 여유 따위 없기 때문에, 의미 없고 지치기만 할 뿐이다. 다만, 그들은 거절하거나 거부하는 것이 서툰 사람들이기 때문에 기분 전환으로 가자고 하면 내심 싫어하면서도 따를 가능성이 높다. 작은 친절이나 쓸데없는 참견이 되지 않도록 조심해야 한다.

2011년 4월 9일 아사히 신문 투고란 "목소리"에는 60세가 된 산부인과 의사의 의견이 실려 있었다. 제목은 "'힘내라'보다 '무리하지 말라'"고 쓰여 있었다. 아래에 인용한다.

이번 대지진으로 막대한 피해를 입은 이재민들은 앞날이 보이지 않는 가운데 불안과 절망을 겪고 있습니다. TV에서 피난처를 방문해 "힘내세요"라는 말을 자주 하더군요. 그러나 가족이나 우리 집, 심지어 일자리까지 잃고 극한까지 몰린 이재민에게 "힘내세요"라는 말은 조금 가혹하지 않을까요?

저도 예전에 암 환자를 진찰했을 때 "힘내세요"라고 말한 적이 있었습니다. 환자로부터 "힘내라는 말을 듣는 것이 너무 괴롭습니다. 암은 도망갈 길이 없어요. 늘 이렇게 노력하고 있는데, 더 힘내라고 하니······ 쫓기는 느낌입니다"라는 호소의 말을 들었습니다.

우울증 환자에게 "힘내라"고 하는 것이 금지어라는 것은 널리 알려져 있습니다. 힘내라는 말은, 이런 사람들에게 가장 듣고 싶지 않은 말일지도 모릅니다. 나는 그 후로는 "마이 페이스my pace로"라고 말할 수 있도록 했더니, 환자와의 의사소통이 훨씬 잘 되었습니다.

이재민들도 그동안 실컷 노력해왔으니 이제부터는 주변에서 "우리가 노력할테니 당신들은 무리하지 마세요"라고 말해야 한다고 생각합니다.

맞는 말이다. 나도 "힘을 빼는 요령도 배워야지요"라고 말한 적 있다. 소리 높여 진군나팔을 울려야 한다는 것이 아니다.

신경증이나 성격장애적인 요소가 큰 유형의 신형 우울증에 대해서는 어떠한가.

솔직히 말씀드리면, "환자분 나름대로 진퇴양난에 빠진 기분이라는 건 알지만, 손을 놓고 있다가는 오히려 복직에 대한 장벽이 높아지고 현 상황에서 빠져나오기 어려워질 것 같습니다. 지금의 직책으로 돌아갈 마음이 있다면, 슬슬 일어나서 적응하기 위한 노력을 시도해보는 것이 좋고, 다른 일을 생각해 보기에도 기회가 아닙니까"라고 조금 노력해 보면 어떨까라는 의미를 전하기도 한다. 그 중에는 "제가 우울증인데, 의사가 그런 말을 합니까!?"라고 역습해 오는 사람도 있으므로, "신형 우울증일 경우에는 안정만으로는 역효과가 나는 경우도 많아요"라고 대답하게 된다.

2) 종래형 우울증에 대한 지식을 다시 정리하다

● 다양한 스트레스 상황이 발단이 된다

우선 원인이다. 94p에서도 말했듯이, '성실하고 정직한 회사형 인간'이라는 성격이 기반이 되고, 또 정신적 배경을 고려해도 40세쯤부터 윗사람이 이에 해당되기 쉬운 것 같다.

뇌의 생화학적 이상도 원인으로 생각된다(그래서 우울증약이 나름대로 효과가 있는 것이다). 그러나 발병의 계기로는 역시 스트레스 상황이 중시된다.

다만, 스트레스는 단순히 슬픈 일이나 괴로운 일과는 거리가 멀다. 예를 들어 직장에서 승진했다고 하자. 월급도 오르고 자존심도 충족되고, 이는 경사스러운 일이지만 마냥 기뻐할 수만은 없다. 익숙하지 않은 내용을 새롭게 다뤄야 할 것이고, 지금까지는 불만을 토로하고 좋았었는데 이번에는 그것을 받아들여 처리하지 않으면 안 된다. 주변에서는 "솜씨(능력)를 보겠다"는 투로 지켜보기도 할 것이다. 어색한 일이나 귀찮은 일이 산더미처럼 많다. 승진을 계기로 우울증에 걸리는 일도 많이 발생할 수 있다(사실 그렇다).

그리고 그렇게 생각하면 화복禍福은 꼬아가는 새끼줄 같아서, 인생에는 언제나 우울증으로의 함정이 놓여 있다는 것이다. 좋든 나쁘든, 환경 변화에는 주의가 필요하다는 것이다.

하지만 환경의 변화를 피하면 우울증을 예방할 수 있다는 단순한 이야기는 아닐 것이다. 10년을 하루같이 사는 것이 행복의 조건이라 할 수 없고, 불의의 사건을 피할 수 있는 것도 아니기 때문에 말이다.

예방이라는 관점에서 보면, 인지행동요법적인 훈련 — 즉, 유연한 사고법을 평소부터 체득하는 것이 될 수 있을까? 참고서는 서점에 얼마든지 있다.

● '성실하고 정직한 회사형 인간'에 대한 보충

성실, 열심, 꼼꼼함, 게다가 주위에 자신을 맞춰 풍파를 일으키지 않는다는 병전病前성격은 분명 모종의 성실함이나 미덕을 느끼게 한다. 하지만, 거기에는 오히려 소심하고 강박적인 성향을 봐야 할 것이다. 약간 '일벌레'라고 생각될 정도로 노력해서 겨우 '이걸로 손가락질 받지 않아도 된다'고 안심하고, '모두에게 폐를 끼치면 직장에 있을 수 없게 된다'라는 잠재적 공포가 협동성이나 근면함을 받치고 있다 — 그런 '쭈뼛거리는(안절부절못하는)' 심리가 가로 놓여 있다.

그런데도 모두가 합심한다는 그런 형태로 있는 한, 과잉노동에 걸맞은 안도감을 느낄 수 있어 삶의 보람으로도 이어진 것이리라.

요즈음은 일치협력이라 해도 컴퓨터나 매뉴얼이나 성과주의에 의해 개인이 분단되고 있다. 안절부절못하는 심리는 상부상조give and take의 관계성으로 영위되고 있는 직장에서는 플러스로 작용하지만, 각자 고립되고 자기책임이 명확해진 직장에서는 과잉노동에 브레이크가 걸리지 않게 되고 또, 안도감도 없이 파탄으로 돌진하는 경우가 더 많지 않을까?

● 심신 모두 다우나계 Downer system — 증상

증상은 어떨까? 조목별로 써 보자.

❶ 생활 리듬의 변조

종래형 우울증에서는 불면증이 생기기 쉽다. 불면증에도 "한 숨도 못 잔다"거나 "잠을 잘 못 잔다"라거나 다양한 유형이 있는데, 여기에서는 조조각성(早朝覺醒: 일어나고 싶은 시간보다 이른 시간에 깨어버려 다시 자려 해도 좀처럼 잠들 수 없는 병)이라는 유형이 전형이다.

우선 밤에 입면入眠할 수 있어도(라고 해도 원활한 것은 아니다. 알콜의 힘으로 겨우 잠든 경우도 있다), 한밤중이나 이른 아침, 즉 어두운 시각에 눈이 떠진다. 수면이 충분해서 자연스럽게 눈이 떠진 것이 아닌, 수면 부족인데도 수면이 계속되지 않는 것이다.

당연히 기분은 조금도 상쾌하지 않다. 오히려 답답함이나 불안감에 사로잡혀 있다. 어둠 속에서 이불 속에 들어간 채 이런저런 음울한 생각을 반복하거나 부정적인 사고로 향한다. 쓸데없는 걱정에 괴로워한다.

기상시각 전부터 끙끙 앓았으니 아침 기분은 최악이다. TV 모닝쇼를 보고 싶다는 생각도 나지 않고, 신문을 훑어보는 것도 귀찮다. 기력도 없다. 대체로 우울증을 앓고 있는 사람은 아침 상태가 좋지 않고, 저녁이나 밤에 다소 기분이 회복되는 패턴을 취하기 쉽다. 그래서 이런 변화를 '일내변동日內変動'이라고 부른다.

또, 우울증에서는 아침 기분이 최악이라고 설명하면, "저는 저혈압으로 아침이 힘든데, 이것도 우울증과 비슷한가요?"라고 물어오는 사람이 있다. 과연, 확실히 아침이 약하다는 것은 공통된 측면이다. 다만, 자칭 '저혈압' 환자는, "그럼 오늘은 일을 쉬어도 돼"라고 말하면 기뻐하며 이불 속으로 되돌아와 잠을 자게 될 것이다. 하지만 우울증 환자는, 이불 속에 들어가도 다시 잠을 잘 수 있는 정신적 여유가 없다. 그럴 수 있을

정도라면 조조각성 같은 것은 없을 테니까.

❷ 에너지의 저하(손실)

쉽게 피로하거나 귀찮아하는 것이 눈에 띈다. 무슨 일이든 귀찮고, 취미나 놀이조차 관심이 없어진다. 성욕은 전혀 생기지 않는다(특히 남성은 즉각이다). 일은 능률이 오르지 않고, 애당초 생각이 앞으로 나아가지 않는다. 서류를 앞에 두고 무엇부터 손대야 할지 멍해지거나 한다. 머리가 나빠진 것 같은, 집중력이 상실된 것 같은 사태에 빠진다. 마치 머리에 무거운 헬멧이라도 씌워진 것 같은, 아니면 뇌에 얇은 막이라도 쳐진 것 같은 위화감을 갖기 쉽다.

❸ 컨디션 불량

어쨌든 컨디션이 좋지 않다. 식욕이 떨어지고 체중도 빠진다. 타액 분비가 나빠져, 입 안이 마르고 쩍쩍 달라붙어 기분이 나쁘다. 그러니 무엇을 먹어도 맛이 없고, 애초에 맛 같은 건 모르게 된다. 설사보다 변비가 잦은 편이다. 머리도 무겁다. 혹시 암이라도 걸린 것은 아닐까 갑자기 불안감에 휩싸이기도 한다. 확실히 부정수소不定愁訴 indefinite complaint 가 겹친 데다가 체중이 빠지면 심각한 신체질환이 잠재되어 있을 가능성을 의심하게 되는 것도 무리는 아닐 것이다. 우울증에 심기 증상은 동반되기 쉽다.

❹ 쫓기는 기분

기우나 불안에 시달리거나, 일의 능률이 조금도 오르지 않거나, 자신을 질타 · 격려해도 기력은 솟지 않는 데다 컨디션까지 나빠지게 되면, 점점 기분은 막다른 곳으로 몰리게 된다. 그렇다기보다도, 어쨌든 궁지로 몰리는 것 같은 절박한 기분이 자신에 대한 '안타까움'과 맞물려 가만히 있을 수 없는 감정으로 내몰린다. 소위 불안과 초조함에 휩싸여 때때로 극단적인 행동으로 치닫는 경우가 있다. 예를 들면, 회사 일이 잘 풀리지 않는다고 갑자기 사표를 제출해 버리거나, 홈으로 들어오는 전철로 뛰어들려고 하거나 하는 행동을 보인다.

❺ 멜랑꼴리 melancholy

위의 절박한 심정과는 별개로, 우울함이나 비애감 같은 것들도 다시 출현한다(다만, 그것은 우울증 증상 중 극히 일부에 불과하다는 것을 여기서는 이해해주기 바란다). 그리고 우울증 환자는 남을 원망하거나, 세상을 미워하거나 하지 않는다. 자신에게 문제가 있었고 자신이 도달하지 못했다고 자책한다. 자신을 부정한다. 번민하거나 절절하게 괴로워하면서 자기 완결해 버리는 곳에 우울증의 고독이 있다.

● 약이 기본 ─ 치료

치료에 대해서는 기본적으로, 종래형 우울증은 약물(항우울제)로 낫는다고 생각해야 한다.

정신과 약을 복용하는 데는 기분적으로 저항이 있으므로 카운슬링이나 정신분석으로 치료하고 싶다는 사람이 있지만, 그렇게 느긋하게 하고 있을 마음의 '여유'가 있을 정도라면 본격적인 우울증이 아니다. 어쨌든 약으로 어느 정도 상태를 안정시킨 후, 성격적인 약점이라든가 인지왜곡, 막다른 골목에서 헤매기 쉬운 사고思考에 대해 정신요법적 내지 인지행동요법적으로 보완해 가는 것이 정통적인 요법이다.

신체적으로 쇠약이 두드러지거나, 쫓기는 기분이 심해져 안절부절못하고 완전히 침착성을 잃어버리거나, 자살위험이 예상될 경우에는 입원을 고려한다.

낫기까지의 기간에 대해서는 3개월을 하나의 단위로 본다. 즉, 춘하

추동 하나의 계절이 지나갈 정도의 시간이다. 원활하면 3개월 만에 거의 낫고, 거기까지는 아니더라도, 난치성이라면 난치성 나름대로 3개월 만에 상응하는 전망이 세워질 경우가 많다.

● 자연스러운 배려를 — 대하는 방법

99p에서 언급했듯이, "힘내"라는 말이나 기분전환의 강요는 감동하기 어렵다. 살짝 하는 편이 낫다. 그리고 배려하는 표정을 비치지 않는 것이 중요하다. 그들은 배려받고 있다는 사실을 알게 되면, 더욱 자책감이 자극되어 미안해하고 괴로워한다. 방치는 좋지 않지만 아무렇지 않게 배려하는 정도에 머무르고, 그 후에는 특별대우를 하지 않는 것이 정답이다.

또 자택에서 요양하고 있으면, 곧바로 일에 대해 신경 쓰거나, 어정쩡하게 공부를 하려고 하기도 한다. 그런 초조한 노력은 일단 중단시키고, 모처럼 천천히 휴양하라고 격려해주고 싶다.

물론 자살에는 주의가 필요하다. 자살은 우울증의 시작과 치료 도중에 많다고 한다. 왜냐하면 우울증이 한창일 때는 자살할 만큼의 기력조차 생기지 않기 때문이다.

3) 비전형적인 우울증

● 노이로제로 보인다?

언뜻 보기에 우울증 같지 않은 우울증이 있다. 다음과 같은 경우는 어떨까?

기술직에 종사하는 46세 남성 A씨는 꽤 유능한 인물로, 책임감도 강하고 성실하며 정직한 인품이다. 업적을 평가받아 새로운 직장으로 전근하게 되었지만, 이곳에서는 본인의 의욕과 실정이 잘 맞지 않아 A씨는 겉도는 상태로 주위에서 '뜬 상태'가 되어 버렸다. 상사의 기대를 저버렸다고 A씨는 고민했고, 그 스트레스로 십이지장궤양을 앓아, 반년 가까이 병원에 다니고서야 간신히 개선되었다.

그런데 통원이 끝난 지 한 달도 채 지나지 않아, 다시 컨디션이 나빠졌다. 전신 권태감이나 불면, 편두통 같은 부정수소가 출현하고, 또 '궤양이 실제 암은 아니었을까'라고 고민하기 시작한 것이다(A씨 아내로부터 상사에게, 남편은 "암 노이로제인 것 같다"라는 상담이 접수되어 판명된 정보였다). 고민 때문인지 완전히 초췌해져서, 일도 제대로 처리하지 못한 채 쉬기 일쑤다. 하지만 일은커녕 암에 대한 걱정이 커지면, 저렇게 피폐해지는 것도 무리가 아니라고 생각했다.

독자 중에는 이것은 암 노이로제일 뿐, 우울증에 대한 증거는 없다고 생각하는 사람도 있을 것이다. 분명히 이 문장만으로는 증거가 없다. 암 노이로제라는 예단에서 일단 벗어나지 않으면, 그리고 우울증 가능성을 염두에 두고 정보를 수집해 가지 않으면, 우울증으로서의 병상은 보이지 않을 것이다(그런 생각이 들면, 아마 조조각성이나 일내변동을 비롯해 우울증을 의심할 만한 충분한 증상이 나타나기 시작할 것이다).

암 노이로제나 에이즈 노이로제 등을 보이는 사람이 있다면, 차라리 우울증을 의심하는 편이 빠른 길이다. 정신질환은 선입견에 의해 본래의 모습이 다른 모습으로 보이기 쉬운 점이 까다롭다는 것을 명심해야 한다.

일반적으로 우울증이라서 마음의 문제만을 호소해 올 거라고 생각한다면 오산이다. 인간은 마음보다 먼저 몸을 신경쓰는 경향이 있다. 그래서 우울증에 의해 도출된 신체의 부조화에 대해 지나치게 집착하고 그 결과로 마치 암 노이로제처럼 되거나, 내과나 외과를 '닥터 쇼핑'하는 사태가 일어난다.

특히 노인들은 신체 문제와 정신문제가 섞여 주위를 곤혹스럽게 하기 쉽다(덧붙이자면, 아이 또한 신체 문제와 정신문제와의 경계가 뚜렷하지 않다. 학교에 가기 싫다고 복통을 호소할 때, 대개 어느 정도는 핑계일지 모르지만, 배도 점차 아픈 느낌이 들고, 그러다 보면 본인도 어느 쪽이 문제인지 알 수 없게 되는 것이 보통이다).

● 인지증으로 보인다?

노인은 불안이나 초조, 우울증을 신체증상의 형태로 호소하기 쉬우므로 정신문제도 고려하며 팔로업follow-up하도록 한다. 어쩌면 '가족 케어'라는 평범한 말에 집약되어 버릴지도 모르지만. 그리고 또 하나, 노인은 인지증과 관련된 문제를 일으킨다.

인지증 노인이 때로는 활기가 없거나(아마도 곤혹스럽거나 망연자실한 상태, 그렇지 않으면 가벼운 의식수준의 저하일수도 있지만), 우울하거나 불안한 모습을 나타내 우울증과 비슷할 수 있다. 반대로 우울증이 가져오는 사고 제지나 행동 제지, 혹은 망상(노인에서는 쓸데없는 걱정이 도를 넘어 망상수준에 이를 수 있다. 자신의 내장은 이미 썩고 있다거나, 먹지 않아도 자신은 죽지 않는다거나 등)이 인지증을 연상케 한다. 인지증이라면 기본적으로 낫지 않지만(문제행동이나 정신증상을 개선할 수는 있어도 지능을 되돌릴 수는 없다), 우울증이라면 항우울제로 낫기 때문에 이는 엄청난 차이이다. 무엇보다 인지증 같은 '우울'을 보이는 노인의 상당수는 결국 진짜 인지증으로 전환되기 쉽다는 데이터도 있다.

또한 노인을 포함한 초로기 이후에는 쓸데없는 걱정이 격렬한 불안·초조("아이고, 큰일이다! 어쩌지! 어떻게 하지!")의 모습으로 나타나, 마치 히스테리처럼 요란하고 불안정한 경우가 있다. 완전히 활기를 잃어버리는 유형의 우울증이 있는가 하면, 반대로 히스테리를 방불케 하는 유형도 있다. 다만, 그것을 간파하는 것은 그리 간단하지 않다.

어쨌든, 우울증에는 우울증 같지 않은 유형이 발견된다는 것에 유의하기 바란다. 그런 지식만 있다면 — 독자가 정확한 진단까지 내릴 필요는 없다 — 필요한 경우 정신과 진료를 받게 하여 환자를 쓸데없는 고통에서 해방시킬 수도 있으니까.

● 난치성 우울증 사례

종래형 우울증이라면 증상이 1년을 넘기는 경우는 적다. 비록 치료받지 않더라도, 1년 이내에는 자연스럽게 안정되어 가는 것이 보통이다. 그러나 어떤 일이든 예외가 있다.

내가 과거 외래에서 팔로업 했던 환자는 이미 10년 이상 우울상태가 지속되던 남성이었다. 생기가 없고, 항상 어둡고 그을린 듯한 표정을 짓고 있었다. 오로지 불면증(본인은 한숨도 못 잔다고 했지만, 아내에 따르면 꽤 잘 자고 있다고 했다)에 몰두해 외래에서는 늘 다량의 수면제를 요구했다. 무직에 가까웠지만, 부동산을 소유하고 있어 생활은 곤란하지 않았다. 과거에는 아혼미亜昏迷 상태(몽유병을 연상하게 하는 의식 변용과 당혹감을 느끼는 상태)가 된 적이 있었다고 하지만, 자세한 내용은 분명하지 않았다. 뇌외과에서 정밀조사를 받고 있지만 문제는 없었다. 아주 가끔 기분이 고조되어, 경륜으로 10만엔 정도를 쓰지만, 금세 평소의 우울한 표정으로 돌아가 불면에 집착했다.

항우울제에는 거의 반응하지 않았다(오히려 충동성을 부추긴 부분도 있었을지 모른다). 진료 기록을 넘기자, 역대의 담당 의사는 조현병의 잔류증상을 의심하거나 성격장애를 의심하거나, 또 약도 온갖 종류의 모든 조합을 시도하고 있었다. 지금에 와서 돌아보면, 양극 II형이었을 것이다. 당시에는 단극성 우울증이라고 생각했지만, 조울증(조와 우울을 반복하는 유형)의 유일한 특효약으로 여겨졌던 리튬을 시도해 보니 상당한 효과가 있었다. 그러나 이는 부작용으로 중지했던 경위가 있다. 또 자살 염려에 따른 입원 경력이 2회 가량 있었고, 그 때는 점적 투약도 효과가 없어, 전기경련 요법을 진행할 수밖에 없었다.

현재 다시 한번 그 사람을 치료하게 된다면, 기분 안정제나 비정형 항정신병약 조합으로 재도전의 여지는 있을 것으로 본다.

● 우울증은 개선되어도, '치유되지 않는' 사례

최근 외래에서는 단순한 종래형 우울증인데도, 게다가 실제로 항우울제로 좋은 상태까지 개선되고 있는데, 앞으로 한 걸음만 나아가면 될 시점(막바지)에서 지체되어 버리는 사례를 볼 수 있다. 만약 당신이 치료자로서 무능하기 때문이라고 하면 그것은 그 전까지의 에피소드가 될 수 있지만, 이것은 반드시 내 외래에서만 볼 수 있는 현상도 아닐 것이다.

우울증은 대체로 종결되고 있는데, 이번에는 신경증적인 호소가 나오고 그 결과, 높낮이가 없는 상태로 끝없이 외래 치료가 이어지는 것이다.

생각해 보면 '단순한 우울증'이라도, 그로 인해 환자는 잠시 인생을 제자리걸음하게 된다. 그러면 '세상 VS 자신' 혹은 '가정 VS 자신'의 관계에서, 그때까지는 임시방편으로 대응하거나 적당히 얼버무려 온 문제가 대번에 눈에 들어오는 경우가 비일비재하다.

특히 대외적으로는 불경기고, 가정에서는 아내에 대한 불만이나 자녀 문제가 있었고, 게다가 지금까지 전력 질주 해왔는데 병으로 인해 멈춰서 발 밑을 다시 볼 수밖에 없게 된다면, 굳이 눈 감아왔던 것들이 간과할 수 없는 형태로 결단을 강요하고 있음을 깨닫고 만다.

그렇게 되면 우울증은 개선되어도 자신을 둘러싼 상황은 오히려 심각해진다. 그 스트레스나 아니면 질병으로의 도피로부터, 이번에는 신경증적 호소가 언제까지나 지속될 수 있다. 현실과 직면할 수 있는(정신적으로나 상황적으로나) 여유가 생기지 않는 한, 이 신경증 상태(증상적으로는 우울증의 연장)는 사라지지 않을 것이다.

● 병명은 그대로 받아들이지 않는 편이 좋다

만약 독자가 어떤 가정에 개호하러 갔을 때, 심신이 그다지 불편해 보이지 않고 대화를 나눠도 이상한 인상이 없으나 자칭 '우울증'이라며 집에서 뒹굴고 있는 사람이 있다면? 그 사람은 정말 우울증일까 하는 생각이 들 수도 있다.

가정에 들어간 상황에서 생각할 때, 예를 들어 남편이 뇌졸중으로 와상상태이고 아내는 이미 몇 년째 우울증을 앓고 있어서 남편의 간병 등을 거의 하지 못하고 있는 상황이라면, 아내가 정말 우울증일 가능성을 재고해봐야 할 것이다. 우울증이 이미 신경증 상태로 이행했을지도 모른다. 어쩌면 아내는 훨씬 이전부터 조현병의 잔류기 상태에서 그것을 남편이 팔로우하는 형태로 가정이 영위되어 왔는데, 남편이 쓰러져 버린 결과 이러지도 저러지도 못하게 되어 버렸을지도 모른다.

아내가 나이가 든 경우에는, 인지증에 선행하는 우울증 상태일지도 모른다. 신체적 문제의 잠재로 인해 완전히 패기를 잃어버렸을지도 모른다. 성격 문제가 스트레스 상황과 맞물려 무위, 자폐 상태를 초래하고 있는지도 모른다.

그런 감별은 본인이나 가족이 말하는 병명을 그대로 받아들이지 말고 생활사를 참고해야 한다. 과거에 밖에서 근무한 경험이 있는지, 정신과 진료이력은 있는지, 어느 시기를 경계로 인품이 변화했던 사실은 없는지, 육아나 이웃과의 관계는 평범했는지, 가사는 제대로 해냈는지, 알코올 의존 등의 문제는 없었는지 등이다.

다만, 가족이 이를 제대로 가르쳐 준다고는 할 수 없기 때문에(가족에게 진실을 말하는 중요성보다 수치심이나 경계심이 앞서는 경우가 있다), 결국 진상이 흐지부지되는 경우가 드물지 않은 것 같다.

4) 조증

● 사회적 파멸을 초래할 수도

조증 상태가 되고 밝고 건강한 사람이 되었다는 것은 정말 행복하고 좋은 일이다.

그러나 실제로는 소란스럽고 무분별하고, 건방지고 공격적인 독살스러운(혹은 주변 사람들이 무심코 얼굴을 쳐다 보게 되는) 인품이 되어 버리기 때문에 몹시 어색하다.

에너지가 넘친다기보다 오히려 들뜬 상태가 되고, 밤에는 잠을 자지 않게 된다. 말이 많아지고 밤낮없이 전화를 걸어 댄다. 차례차례 아이디어가 솟고(옆에서 볼 때는 진부해 보일 법한 발상이지만), 과대망상에 자신감이 넘친다. 이야기에 두서가 사라지고 화제는 곧 다른 것으로 옮겨지며, 안절부절못한다. 또한 씀씀이가 헤퍼지고, 화를 잘 내고, 사소한 일로 강력하게 권리를 주장하거나 큰 소리로 클레임을 거는 등 골칫거리로 변한다.

성적으로 문란한 행동을 보이거나, 복장이나 화장이 화려해지고, 다른 사람과 아무렇지 않게 충돌한다. 느닷없이 선거에 입후보하거나, 거창한 직함 투성이의 명함을 만들거나, 속물근성을 드러내게 된다. 공허하고 무분별하고 들떠 있는 인물로 변하는 것이다.

제정신으로 돌아오면 신용이나 평가는 실추되고, 친구는 떠나고, 적과 고액의 빚과 성병만이 눈앞에 닥친 것을 알고 깜짝 놀라는 경우도 드물지 않다. 그런 의미에서 조증은 실로 곤란한 병이며, 때로는 사회적 파멸조차 초래한다.

입원을 시켜도 다른 환자를 부추겨 소란을 일으키거나 '인권 문제'라며 씩씩거리니 스태프는 난처해진다. '조증'은 반복되기 쉽고 감정적으로 불안정하여, 일정한 직업에 종사하기도 어려워진다. 타인들도 거리를 두려 한다. 기간이 길어지면, 조현병 정도가 아니더라도 인격수준이 약간 떨어졌다는 인상을 주는 사람도 있다.

● '우울'이 바닥을 찍으면 '조증'이 온다(=우울 상태가 진행되면 조가 된다)

조증 상태가 보이면 의료수준으로 대응해야 한다. 수용이나 설득 등은 일단 도움이 되지 않는다. 아마 조증 환자를 개호하는 경우는 없을 것이다. 다만, 조현병 환자 중에 환각, 망상보다 오히려 조울증 같은 감정 기복을 보이는 사람이 가끔 있다.

또, 원래 선이 가는 사람이 스트레스 하에서 갑자기 조증~착란상태를 보이는 경우가 있다. 예로부터 '장례식 조증funeral mania'이라는 말이 있다. 일반적으로 장례식은 슬프고 가라앉은 분위기일 텐데, 오히려 들뜬 상태로 상황에 반응해버리는 병태가 있음을 나타낸다. 곤혹과 절망이 극에 달하면 조躁적 모습을 띠는 경우이며, 독자들도 그런 경우를 만났을지 모르겠다.

이것은 결코 기이한 얘기가 아니다. 리액션 형태 중의 하나로, 더러 있을 수 있는 일이다. 예를 들어, 독자가 동료들 앞에서 매우 부끄러운 실수를 저질렀다고 치자. 수치심과 억울함, 거북함에 대해 어떻게 처신할 것인가?

어떤 사람은 장황하게 변명할 것이고, 또 다른 사람은 아무 일 없었다는 듯 '모른 척' 할지도 모른다. 부끄럽다고, 억울하다고 아이처럼 울음을 터뜨릴 수도 있다. 반대로, 발끈해서 무턱대고 화를 내는 사람도 있을 것이고, 일부러 자신의 실패를 되풀이하여 희화화시키는 것으로 사태의 생생함을 상대화시켜 버리려는 사람도 있을 것이다. 침묵으로 대처하려는 타입과, 소란스러움으로 극복하려는 타입이 있는데, 아마 후자의 연장으로서 조躁적 리액션이 출현한다는 것일 것이다.

극단적으로 바빠지면 지쳐서 과묵해지거나 하지 않고, 반대로 상태가 묘하게 고조되는 경우가 있다는 것을 독자들도 경험한 적이 있지 않을까? 즉, '조躁'와 '우울'은 정반대의 벡터vector라는 뜻이 아니다. '우울'의 바닥이 빠지면 '조'가 되고, 그 위에 '조'의 바닥이 빠지면 '착란'이 된다는 이미지가 현실에 가깝다는 느낌이 들지 않을 수 없는 것이다.

3
인지장애

1) 인지장애란 무엇일까?

● 의학적 정의

세상에는 인지증에 대해 온갖 오해가 난무하고 있다. 때문에 가족은 비현실적인 비관을 하거나, 반대로 노인에게 무리한 것들을 강요하거나 (초등학생용 레고를 강제로 조립시켜 지능회복을 도모하려고 하는 등), 인지증이라는 사실 자체를 인정하려 하지 않거나(심한 경우에는 '노망한 척한다'고 단정짓거나), 초조해서 학대형 대응을 거듭하기도 한다.

인지증은 노인 본인에게 있어서 다소 고통스러운(불안이나 당혹함도 포함) 체험일 수 있지만, 가족에게는 그때까지 미뤄놨거나 감춰가야 할 '가족의 사정' ― 예를 들면 고부 간의 미묘한 힘 관계라든가, 오랜 세월 계속된 부부 간의 응어리, 가족 간에 안고 있었지만 굳이 불문에 부쳐 온 양면적 감정 등 ― 이 일거에 표면화되는 '시련의 시기'이기도 하다. 단순한 의학적 정의만으로 인지증의 실상을 파악할 수는 없을 것이다. 그렇다 하더라도, 의학상의 정의를 억제하는 것도 무의미하지 않다. 어쨌든 그것은 틀림없는 '사실'이니까.

'일단 획득된 지능이 뇌의 기질적인 장애로 인해 불가역적으로 손상된 상태', 이것이 정의이다.

굳이 '일단 획득된 지능'이라고 한 것은 정신지체와 같이 처음부터 지능이 낮은 경우와 구별하기 위해서다. 또 '뇌의 기질적 장애'라는 것은, 적어도 인지증이 어느 정도까지 진행된 단계에서는 두부 CT나 MRI 등을 통해 객관적인 진단을 내릴 수 있는 경우가 많다는 사실을 의미한다. 또한 '불가역적'이 중요하다. 인지증은 낫지 않는다. 손상된 지능은 되찾을 수 없다. 만약 치료된 인지증이 있었다면, 그것은 단순한 오진일 뿐이다.

● '불가역'에서도 치료나 케어는 왜 필요한가

다만 문제는 '불가역적'에 관련된 뉘앙스다. 분명 인지증은 낫지 않는다. 그럼 인지증 진단이 내려지면 다음은 이제 속수무책인 것인가? 치료나 간병은 단지 위안에 불과한 것인가? 포기하고 현상에 만족할 수밖에 없는 것인가?

비슷한 정도로 지능이 손상된 노인이지만, 주위로부터 친근하게 호감을 갖고 받아들여지는 인지증 노인이 있다. 엉뚱한 말을 하거나 실금 등의 실수를 해도, '어쩔 수 없는 일'이라고 간병인이 기분 좋게 받아들이기 쉬운 노인이 있다. 반면, 주위를 혼란스럽게 하고 피폐하게 만들어 분노와 절망에 빠뜨려버리는 노인도 있다. 인지증으로 인해 마음의 브레이크가 빗나가, 심술궂고 자기중심적인 성향이 드러나 버렸다고 밖에 생각할 수 없는 노인이 있다.

즉, '온화한 인지증 노인'과 '곤란한 인지증 노인'이 있는 셈이며, 후자를 전자로 바꿀 여지는 있다.

그것은 인지증 노인에게 흥분이나 충동성을 억제하는 약을 처방하는 것, 야간 섬망을 일으키지 않도록 적절한 항정신성 약을 처방하는 것,

생활 리듬에 신축성을 줄 수 있도록(그리고 가족을 쉬게 할 수 있도록) 데이 서비스로 유도하는 것, 헬퍼를 도입하여 개호 전반뿐 아니라 오히려 가족에게 정신적 여유를 갖게 하는 것 등이다. 또 향후 전개나 각종 제도의 이용법, 단기보호나 시설 입소, 입원 등의 정보를 이용해 가족들의 기우를 없애거나, 노인에 대한 대응 요령을 가족에게 가르치거나 가족 자체의 푸념을 받아들이거나 하는 것이다.

노인에 대한 직접적인 접근과 함께, 가족을 대상으로 그들이 안고 있는 '이러지도 저러지도 못하는' 답답한 마음을 없애 초조함을 진정시키는 것으로, 간접적으로 노인을 안정시키는 접근도 매우 유효하다는 것을 여기에서 강조하고 싶다.

● '핸디캡'이라는 정의가 가져오는 것

주위 사람들이 접근할 수 있는 여지를 시사하고, 노인 자신의 입장을 참작한 것이 아니라면, 인지증의 정의는 의미가 없을 것이다. 즉, 좀 더 희망적인 정의가 있어도 되지 않을까?

전 국립 요양소 기쿠치 병원장인 무로후시 군시는, '치매 노인'이라고 굳이 치매를 형용사로 이용하며 다음과 같이 정의하고 있다.[*]

치매 노인이란, '치매'라는 핸디캡을 갖고 있으면서 그 안에서 그들 나름대로 열심히 살려고 하는 모습, 혹은 그렇지 못해 곤혹스러워하는 모습이다.

과연 오랜 세월 현장에 임해 온 사람만의 정의이다. 중요한 것은 '핸

---

[*] 당시에는 아직 인지증이라는 말이 등장하지 않았다. 2004년 이후 치매는 인지증으로 명칭이 바뀌었다.

디캡'이라는 말에 담긴 시점의 소유방식이다.

핸디캡이라고 할 때, 그것은 상대의 인간성을 부정하지 않는다. 상대의 입장이나 감정을 이해하고, 어떻게 원활한 일상생활을 보낼 수 있도록 응원할지, 그 궁리를 탐구하는 키워드 역할을 한다.

인지증 노인은 불가해한 존재도 아니고, 엉터리 행동을 하는 '속수무책인 사람'도 아니다. 하물며 '폐인'도 '못쓰게 된(곤란한) 사람'도 아니다. 지적능력의 저하, 게다가 저하된 사실 그 자체를 자각하지 못하는 것이 다양한 문제를 일으킨다.

다만 그것은 사고로 한쪽 다리를 잃은 사람이나 병으로 청력을 잃은 사람처럼, 잃어버린 것을 보충하고, 또 남겨진 능력을 활용함으로써 대응되어야 할 사태일 뿐이다. '핸디캡'이라고 알게 됨으로써, 상대 마음의 움직임도 어느 정도 추측할 수 있고 그들의 불안과 초조함을 해소할 수 있는 수단도 찾을 수 있을 것이다.

인지증이란, 정신활동의 모든 것이 결손되어 버린 것이 아니다. 울퉁불퉁하기 때문에, 그 불균일이 이해하기 어려운 언행으로 연결된다. 오해를 준다. 또 반대로, 그렇기 때문에 그곳에 궁리할 단서가 숨겨져 있다고도 할 수 있다.

인지증 환자를 임할 때의 포인트를 열거하면 다음과 같다.

(1) 지적능력의 저하에 비해 자존심이나 수치심 같은 감정은 남는다.
(2) 기억력 저하로 문제인 것은, 잊었다는 것 자체를 자각할 수 없다는 점이다.
(3) 어떻게 해야 할지 알 수 없을 때, 그들은 도움을 요청할 수 없다. 난처한 나머지 행동으로 치닫는 곳에 주위와의 감정적인 충돌이 일어나기 쉽다.
(4) 주변인들의 감정과 당사자의 정신 상태는 서로 영향을 미친다.

이 항목들이 복잡하게 뒤섞여 인지증 노인의 이미지를 만든다. 각각에 대해 설명해 보자.

2) 자존심과 수치심은 남는다

● 꾸짖어도 의미가 없다

인지증 노인이 실수하거나 트러블을 일으켰을 때, 꾸짖어도 효과는 기대할 수 없다. 전혀 기대할 수 없다.

부적절한 행동을 꾸짖을 생각이었으나 노인은 그렇게 받아들이지 않는다. 이 사람은 자신에게 심하게 대했다, 심술을 부렸다, 생트집을 잡았다는 마이너스 감정밖에 품지 않는다. 자존심이 다쳤다 생각하고 자신이 부정당했다고 느끼며 원한을 품는다. 실수한 일이나 잘못한 사실은 잊어도, 자존심을 손상시켰다는 느낌은 잊지 않는다. 더구나 자신을 꾸짖는 상대는 십중팔구 연하일 것이다. 애송이에게 야단맞는 억울함은 크다.

잠재적인 능력에 기대를 거는 것은 중요하지만, 때때로 우리는 인지증 노인이 '트러블 일으킨 것 자체를 인식하지 못한다', '잊었다는 것 자체를 자각하지 못한다', '도움을 요청한다는 발상 자체가 머릿속에 없다'는 대전제를 잊기 십상이다.

그래서 꾸짖으면 행동이 개선된다든지, 벽에 메모지를 붙여두면 그것으로 건망증에 기초한 실수를 피할 수 있다든지 하는 엉뚱한 기대를 품게 된다. 곤란했다면 곤란한 대로 그렇게 말해 주면 좋을 텐데 괜한 일을 하거나 감추기 때문에 주위가 피해를 입는 것이라고 화가 나버리곤 한다.

● 네 자리 숫자를 기억하지 못하는 것의 의미

인지증 노인들의 지적능력 저하는 양적 수준이 아니라 질적 수준으로 형상화하지 않으면 안 된다. 인지증도 심해지면 네 자리 숫자의 복창이 불가능하다. 즉, 전화를 걸 수 없게 되는 것을 의미한다.

일반적으로, 우리는 전화번호를 네 자리씩 단락지어 이해한다. 그것이 불가능해지면 쉽게 전화를 걸 수 없다. 물론 숫자를 하나씩 메모와 대조하면서 누르는 방법은 있겠지만, 거기까지 기억력이 떨어져 버리면 아마 지금 내가 어느 숫자까지 눌렀는지 혼란스러워질 것이다.

네 자리 숫자를 기억하는 것은 틀림없이 생리적으로 중요한 의미가 있어, 그것이 가능한가의 여부로 생활의 편리성에 분명한 차이가 발생한다. 네 자리 숫자를 묶음으로 정리하고 이해하는 능력은 일단 사물을 통째로 파악하는 능력과 관련된다. 몇 개의 일을 동시에 해낸다거나, 어떤 일을 하는 도중에 다른 일이 끼어들면 그 일에 대응하고, 다시 본래의 일로 돌아오는 행위도 아마 네 자리 숫자를 기억하는 것과 깊은 연관이 있을 것이다.

그렇기에 단순한 건망증과 인지증의 건망증은 성질이 전혀 다른 것이다.

그들은 능력 저하에 대해 막연한 위기감이나 불안감을 갖고 있다. 구체적인 곳이 아닌, 막연한 곳에서 멈춰버리는 것이 바로 인지증으로 인한 한계일 것이다. 어쨌든 그들은 '어쩐지 위험해. 좋지 않아'라는 위화감과 곤혹스러움과 함께 살아가고 있다. 그럴 때 야단맞게 되면 불안함과 억울함과 부조리함이 프라이드를 손상당한 기분과 일체가 되어, 뿌리 깊은 원한으로 변해도 이상하지 않을 것이다.

● 왜 옛날이야기를 좋아할까

자존심이나 수치심이 있다는 것은 그것을 존중하는 태도로 대하는 것이 능숙한 교제법임을 알 수 있다. 즉 일상에서 상대에게 '설 자리(체면)'를 주거나, 어색한 느낌이 들지 않도록 자연스럽게 실패를 넘겨주는 것이기도 하겠지만, 좀 더 다른 접근 방법도 있다.

잡지『정신 간호』2001년 11월호에서 "실수투성이 치매병동의 하루"라는 특집이 꾸며졌고, 그 속의 좌담회에서 이런 얘기가 나온다. 발언자는 기노코 에스포알 병원의 사사키 겐 원장과, 기노코 노인보건시설의 시설장, 시노자키 진리씨다.

사사키 — 에스포알 병원에 알츠하이머인 62세 남성이 있는데, 그 사람은 논밭에 오줌을 누거나, 자기 부인 얼굴도 점점 못 알아보고, 늘 혼란스러워합니다. 그야말로 '자신 찾기'에 해당되는 사람이에요. 그 사람과 만날 때는, 전 항상 이렇게 말해 줍니다. "지금은 퇴직하셨지만, 야스다공업에 근무하시던, 굉장히 유능하셨다던 스즈키씨군요." 그러면, "네, 그렇습니다"라고 해요. [중략]

시노자키 — 그렇게 그 사람다운 부분을 말해 주는 게 굉장히 좋은 것 같아요. 그런데 잘못하고 있는 분이 있군요. 모두 획일적으로 "오늘은 몇 월 며칠이고, 여기는 ○○ 병원이고, 지금 여기에 입원해 있는 당신은 △△ 씨입니다"라고.

무력한 입장에 만족해야 하는 인지증 노인에게 있어서, 자존심이나 정체성은 건강하게 생활하던 과거에 요구된다. "노인을 상대할 때에는 옛날이야기를 하게 하는 것이 요령"이라는 말이 간호 관련서에 자주 언급되지만, 그것은 단순히 노인이 회고담을 좋아한다는 지적이 아니다. 인지증에서는 최근 일을 기억하지 못한다 하더라도, 생동감 있고 자부심을 갖고 있던 시대에 대한 옛날이야기를 들어주는 것이 그대로 상대의 자존심을 소중히 여기는 자세로 이어지기 때문일 것이다.

● 인텔리와 데이케어
그런데 자존심이라고 하면, 예를 들어 과거에는 인텔리로 살아온 사람이 데이케어에 참여한다는 것이 본인에게 어떻게 느껴질까? 때로는 유치원 같은 활동(그것이 좋은 것이건 나쁜 것이건)도 준비되어 있는 데이케어가 굴욕적으로 느껴지지는 않을까? 자존심 상할 체험은 되지 않을까?

분명, "뭐 이런 곳이 있어. 어처구니없네"라고 저항을 표시하는 노인도 있다. 나 자신에 빗대어 보면 그런 반응이야말로 당연하다는 생각도 들고 주변에서는 데이케어의 필요성을 느끼겠지만, 본인의 자존심은 허락하지 않는다는 상황은 일종의 과도기적인 것이라는 생각도 든다. 또, 가족의 생각이라는 것도 크게 관여할 것이다.

내 아버지(전 외과의)의 경우, "아버지 같은 분이 데이케어에 참여하다니……."라는 가벼운 놀라움과 동요를 아들로서 금치 못했다. 그리고 절분節分 날* 도깨비 탈에 아버지가 크레용으로 색칠한 것을 보여주었을 때, 코 부분을 입체적으로 표현하기 위해 흰색을 덧칠하고 그라데이션을 넣는다는 궁리를 하고 있는 것에 감탄하고, 이상한 안도감을 느꼈던 것이다. 데이케어에서 아버지는 '내가 칠한 도깨비 탈이 가장 멋있었다'며 득의양양한 표정을 지었을 거라고 쉽게 상상할 수 있었기 때문이다.

덧붙이면, 유치원생이 데이케어에 위문 왔을 때, 아버지는 아이들에게 전혀 관심 두지 않고(원래 아이를 싫어했던 사람이었다. 그래서 나는 형제자매가 없다), 젊은 여자 선생님이 말을 걸었을 때만 기분이 좋았던 것 같다. 그 일에 대해 나는 '아직 성적 매력에 흥미가 있는 건가. 어쩔 수 없는 아버지네'라고는 생각하지 않고, '암, 그래야 내 아버지죠'라고 쓴웃음을 짓곤 했다.

---

* 절분(세쓰분, 節分): 입춘 전날 밤인 2월 3일날로, 일본의 전통적인 연중행사가 열린다. 이날 각 가정이나 각지의 신사와 사찰에서는 나쁜 기운을 몰아내는 행사를 치르며, 유치원이나 초등학교에서는 절분이 다가오면 미술 시간에 괴물의 탈을 만든다.

3) 잊었던 것을 잊다

● 공복감도 잊다

식사를 끝낸 지 얼마 지나지 않았는데, 그 사실을 잊고 "아직 밥을 주지 않았다", "며느리가 나를 굶겨 죽이려 한다"고 화를 내는 인지증 노인의 모습은, 인지증다운 실례로 유명하다. 여기에는 건망증이라는 사실뿐만 아니라, 신체감각이라는 생리적 감각이 얼마나 믿을 수 없는 애매한 것인지도 보여준다.

상식적으로 식사가 끝나면 일단 배가 부를 것이고, 설령 기억이 결여되더라도 몸은 포만감을 분명히 기억하고 있을 것이라 생각하지만, 사람의 마음은 왠지 생리적인 신호등을 초월해 버린다.

요컨대, 평소 같으면 공복으로 견딜 수 없는 상태더라도, 슬픈 일이나 괴로운 일이 있으면 식욕이 전혀 없는 경우가 드물지 않다. 통증이라는 감각도 정신상태에 따라 아픔이 확연히 다르다(특히 조현병에서는 통각이 저하된다. 그런 사실이 오히려 그들의 현실과의 괴리를 실감하게 한다). 그런 사실로 미루어 볼 때, "아직 식사를 주지 않았다"라는 인지증 노인의 말도 그만한 정신적 문제를 안고 있음을 전제로 한다면, 결코 눈을 부릅뜰 일은 아닐지도 모른다.

그들에게 "드신 지 얼마 안 됐습니다"라고 해도 먹은 것을 잊었다는 것 자체를 인식할 수 없다. 포만감도 사라져 간다. 과연 어떤 기분이 그들로 하여금 공복이라고 착각하게 만드는 걸까.

● 불안은 식사와 결부된다

나는 병원에서 당직일 때 미리 먹을 것을 사 두는 버릇이 있다. 당직이란, 업무상이긴 하지만 병원에 감금당하는 것이나 다름없다. 쇼핑이나 식사를 하러 나갈 수도 없다. 배달을 부탁할 수도 있겠지만, 1인분만 배달시키기엔 애매하기도 하고 한밤중에는 무리다. 게다가 사실 배가 고픈데 먹을 음식이 없는 상황을 지금까지 겪은 적은 없다. 그런데도 당직 날 밤에 배고프다는 생각을 하며 일을 하고 있을 자신을 생각하면 강한 불안감에 휩싸인다. 숨이 막힐 정도의 기분이다. 그래서 정신건강상의 주문으로 사흘 정도는 살 수 있을 만큼의 음식을 준비하게 된다.

아마도 이런 행위 이면에는 당직이 싫어서 견딜 수 없다는 나의 심정이 반영되고 있는 것이다. 얼토당토않은 정신분석 같은 것을 할 생각은 없지만, 당직으로 갇히게 될 것에 대한 불안함을 식료만 충분하면 하룻밤 더 당직을 서도 괜찮다는 식의 허세로 불식시키려는 것일 것이다. 당직으로 만날 여러 가지 트러블에 대한 불안함이, 배고픈데도 먹을 것이 없다는 정말 쓸데없는 걱정으로 대체되고 있다.

"아직 밥을 주지 않았다"고 안색을 바꾸는 인지증 노인이, 그것 말고는 평온하게 일상을 영위해 갈 리 만무하다. 답답함과 불안에 시달리고 있다. 게다가 그러한 마음이 웅성거리는 상황이 왜 찾아왔는지, 그것을 생각하거나 검토할 능력은 상실되고 있고, 그럴 때 그들의 감각에서 식사를 마친 만족감 등은 사라져 가고 있다. 냉정한 사고가 작동되지 않는 그들은 단락적인 사고로 흐른다. 그러면, 인간에게 있어 근원적인 것은 식사와 사는 장소, 2개로 좁혀진다. 답답함이나 불안은 식사와 결합되어 한층 더 나약한 인간의 일상으로서 피해자 감정에 빠진다.

그래서, "아직 밥을 주지 않았다", "며느리는 나를 굶겨 죽이려 한다!"는 엉뚱한 말이 나오게 된다.

● **"조금 전 먹었다"라는 설득이 왜 무의미한가**

우리 입장에서 보면, 점심은 먹을 수 있어도 저녁은 먹을 수 없다는 사태는 상상할 수 없다. 하지만 '잊어버린 것을 잊은' 정신 상태에서는 일상의 연속성이 성립되지 않는다. 식사를 할 때마다 다음 식사를 정말로 먹을 수 있을까하는 걱정이 리셋된다. 억지로(엉겁결에) 식사를 하기 때문에, 오히려 불안이 야기된다는 아이러니한 메커니즘이 된다.

그들의 "아직 먹지 않았다"는 "아직 다음 식사를 먹지 않았다", "다음 식사는 먹을 수 있을까"라고 번역하고 해석해야 한다. 그러면 "조금 전에 먹지 않았습니까"라는 설득의 어이없음을 알 수 있을 것이다. "네네, 이제 식사 준비됐으니까요", "이제 접시를 놓을 테니 기대하고 계세요", "오늘은 특별히 먹고 싶은 것이 있습니까" 등의 대응이 적절하다는 것을 저절로 알게 될 것이다.

물론 평소의 불안감을 떨쳐버리는 것이 중요하지만, 그것은 신체가 부자유스럽다거나, 컨디션이 좋지 않다거나, 고독감이 느껴진다든가, 며느리의 쌀쌀한 태도라든가, 아들의 무뚝뚝함 등 간단하게 어떻게든 할 수 있는 것에서 유래하지 않는 경우가 많다. 반대로 식사에 대한 불안감을 떨쳐버리는 것에서 노인 나름대로 정신의 '여유'가 나오기를 기대해도 좋지 않을까?

● 불안이 '사는 장소'로 이어질 때

앞에서 "인간에게 있어서 근원적인 것이란 식사와 사는 장소, 2개로 좁혀진다"라고 했다. 인지증 노인은 살 장소에 대해서도 답답함이나 불안감을 극히 단순하게 결부시키는 경우가 적지 않다. 배회라든가, 저녁이 되면 "신세 졌습니다, 저는 우리 집으로 돌아가겠습니다"라며 현관에서 나가고자 하는 행동이다.

비록 현재 살고 있는 집이 물리적으로 아늑하더라도, 마음이 편하지 않으면 집을 나가려고 하는 식의 패턴은 출현할 수 있다. 기본구조는 식사를 주지 않는다고 호소하는 것과 다르지 않다. 나가려고 하면, 우선 익숙한 근처를 빙빙 돌다 오는 게 대응의 기본이다. 다소나마 기분이 풀리게 한 후, "오늘은 이제 늦었으니, 하룻밤 주무시고 가시라"고 제안한다. 다음날에는 이미 잊을 테니까, "하지만 오늘은 꼭 돌아가겠습니다"라고 말하는 경우는 없다.

오자와 이사오의 『치매 속에 산다는 것』(이와나미 신서, 2003)은 시사적 기술이 많은 쾌저快著인데, 그 책에 이런 이야기가 나온다.

이럴 때는 따라다니다가 지칠 무렵을 가늠해 "슬슬 돌아갑시다"라고 하면 돌아간다고 간호 교과서에는 적혀 있다. 하지만 다리가 강한 사람도 많아서, 곁에 있는 쪽이 완전히 지쳐 버린다. 여름에 함께 걸었던 가족이 열사병으로 쓰러져 버린 적도 있다.

일에 순서를 정해놓고 그녀를 따라다닌다. 과거 산행을 했던 나는, "아, 호타카 말씀이세요(인용자 주: 교토의 병원에 입원해 있던 인지증 노인이 고향인 호타카로 걸어서 돌아가겠다고 한 것이다). 좋은 곳이군요. 조넨다케常念岳가 보이고"라고 말을 건다.

"잘 아시네. 눈 녹은 산에 스님 모습이 보이거든요"

"맞아요. 조넨보(일본의 신사)가 보이니까 조넨다케였어요."

"사이가 좋아 보이는 남자와 여자가 서로 어깨를 기대고 있는 듯한 도조신道祖神이 이쪽저쪽에 있었지요."

"맞아요. 그건 논의 신(경작의 신)이죠."

"아이를 내려주십사 몰래 참배하는 여자도 있었다는구먼."

"봄에는 꽃도 많이 피고 아름다운 곳이겠어요."

그녀는 어린 시절 얘기를 차례차례 꺼낸다. 여태껏 들어보지 못한 이야기, 남편도 모를 첫사랑 이야기도 섞는다. 걸음걸이 또한 시설을 나왔을 때와 달리 조급하게 굴지 않고, 산책하고 있는 듯한 보조이다. 1시간이나 걸었을까? 그녀는 "선생님도 피곤하실 텐데, 내일 가기로 하고 돌아갈까요?"하고 돌아왔다.

● 매뉴얼에 의지해서는 인지증 노인과 가까워질 수 없다

　이 문장을 읽고 느낀 점은 사람마다 다를 것이다. 나의 감상은, "곁에 따라다니는 것을 문자 그대로 애완견 산책처럼 묵묵히 따라다니는 것뿐이라고 생각하는 사람이 많아!?"라는 것이었다.

　곁에서 따라다니는 것이 체력승부를 의미하는 것은 아닐 것이다. 함께 잠자코 걸어 다니다가는 요즘 세대의 연약한 체력으로는 체력적으로 노인에게 패해버리는 경우가 적지 않을 것이다. 인지증 노인은 불안감이나 위화감을 불식시키고 싶은 마음에 '정말로 마음이 편해지는 장소'를 향해 나가려고 한다. 하지만 그런 것은 실재하지 않는다. 그렇다면, 걸어 다니면서 개호자가 노인과 나누는 대화를 통해 '정말로 마음이 편안해지는 장소'가 지금의 이 관계성 속에 있다고 실감하게 하는 것 외에는 없지 않을까.

　나는 이미 '무력한 입장에 만족해야 하는 인지증 노인에게 있어서, 자존심이나 정체성은 건강하게 생활하던 과거에 요구되기 쉽다'고 서술하고, '생동감 있고 자부심을 갖고 있던 시대에 대한 옛날이야기를 해 달라고 하는 것이 그대로 상대의 자존심을 소중히 여기는 자세로 이어지기 때문일 것이다'라고 적었다. 그것을 알고 있다면, 옆에 붙어 따라다니는 것에 옛날이야기를 조합시키면 된다는 것은 누구나 깨달을 수 있는 것이 아닐까?

　인지증 노인에 대한 대응법은 문제 행동(으로 여겨지는 행동)이 의미하는 바를 이해하지 못하면, 방법의 각각을 상호 연관시키거나 조합할 수 없게 되어 비능률적이게 된다.

4) 그들은 도움을 청할 수 없다

● 일상생활은 어려운 '응용문제'이다

학교성적이 부진한 아이들 중에 가장 심각한 것은 '어디를 모르는지 모른다'는 수준일 것이다. 이 부분을 모른다고 구체적으로 파악할 수 있다면 질문이 가능해진다. 주위도 도울 수 있고 대책도 마련된다. 그런데 그런 단계까지 도달하지 못할 정도로 기초학력이 부족하다면, 응급대책은 불가능하다. 그런 그들은 책상 앞에 앉아도 고통과 곤혹에 시달릴 뿐이다.

인지증 노인들은 뇌의 기질적 장애 때문에 기초학력이 손상되고 있음에도, 일상생활이라는 '응용문제'를 풀도록 강요당하고 있는 것과 같다. 어떻게 해야 할지 모른다. 그러면 도움을 요청하거나 힘들었다고 의사표시를 하면 될 텐데, 그런 일조차 제대로 해낼 수 없다. 하지만 주위는 그것에 생각이 미치지 않는다. 도움을 청하지 않고 쓸데없는 짓을 하니, 오히려 귀찮게 하는 것이라고 화를 낸다. 그리고 노인의 자존심을 짓밟는 결과에 이르게 된다.

● '도움을 청할 수 없는 것'이 초래하는 악순환

화장실에 가야 할 때를 놓쳐 복도에서 실례를 해버렸다. 젖어서 기분이 나쁘고 부끄럽다. 하지만 그렇게 생각하고도 다음 단계로 나아갈 수 없다. 어떻게 해야 할지 모르겠다. 실수했다고 가족들에게 말하기엔 수치심이 용납하지 않는다. 하지만 처리 방법을 모른다. 그래서 적어도 지금 자기가 할 수 있는 최선의 방법을 시도한다. 즉, 숨기는 행위이다. 우연히 눈에 띈 벽장을 열어 이불 사이에 젖은 속옷을 찔러 넣고 시야에서 지워버린다. 그리고 그대로 잊어버린다.

나중에 며느리가 속옷을 찾아내 이불까지 더럽혀진 것에 화를 낸다.

며느리로서는 일부러 그런 일을 했다고 밖에 생각할 수 없다. 속옷은 세탁기에 던져두면 되는데, 게을러서 일부러 이불 사이에 숨기는 '심술'을 부렸다고 생각한다. 거기에서 충돌이 생긴다.

인지증 노인의 난처한 행위였다고 설명을 들어도 심층심리로서 악의가 잠재되어 있었기 때문에, 이런 행위에 이른 것이라고 해석해 버린다.

중요한 지갑을 깜빡하고 "큰일이다! 어떻게 하지"하고 패닉에 빠진다. 그때 "같이 찾아 줘"라고 부탁하면 문제는 일어나지 않을 것이다. 그러나 도움을 요청할 수 없다. 도움을 요청한다는 발상이 작용하기 위해서는 자신은 기억력이 쇠약해지고 있고, 그 때문에 지갑을 넣어둔 장소가 생각나지 않게 되어 버렸다는 인식이 필요할 것이다. 나아가 가족들은 자신에게 협조하고 도와줄 것이라는 신뢰감이나 안도감이 필요할 것이다.

인지증이라는 것 자체가 가져오는 불안감이나 혼란, 위화감이나 세상의 변용감이 표현능력의 저하와 맞물려 '도움을 요청한다'는 사고회로가 차단되어 버린다. 대신, 인간에게 가장 안이하고 편한 사고회로가 작동한다. 즉 '타책적他責的 피해 의식'이라는 발상이다.

● '카스가식Kasuga type' 두 가지 대처법

그래서 며느리가 훔쳤다고 소란을 피우게 된다. "도둑질 같은 건 안해요"라고 변명해도 의미는 없다. "함께 찾아보자"고 행동하는 게 원칙이다. 그러나 앞에서 인용한 오자와 이사오의 책에는 이런 내용도 나와 있다.

간호 교과서에는, 도둑이 없다고 부정하는 게 아니라 함께 찾고 없어진 것을 발견하면 해결된다고 쓰여 있다. 어느 정도 치매가 깊다면 이것으로 괜찮다.

그런데 치매의 극히 초기로 보이는 경우, 혹은 망상이 나타나기 시작했다는 사실을 나중에 알게 될 경우에는 이렇게 끝나지 않는다. 없어진 것을 발견하고 "다행이네요. 자, 여기에 있었어요"라고 말하면, "그런 곳에 숨겨 놓았다니, 속상해"라고 되레 역습을 당한다.

분명히 그대로다. 하지만 결국은 함께 찾을 수밖에 없다. 지갑이 발견되어 노인이 기뻐할까, 아니면 "네가 숨기고 있었다"고 비난을 퍼부어올까? 두 경우 모두 있을 수 있다. 하지만 비록 비난을 받을지라도 발견되는 것이 낫다.

병동에서 비슷한 경험을 할 수 있는데, "너는 그런 곳에 숨겨놓고, 속상하다"는 말을 들어도 나는 태연하다. "아, 기껏 도와줬는데 그런 말씀을 하신다니까. 저, 이제 삐질 거예요"라고 밝은 어조로 받아 넘기고 있다. 그런데도 여전히 노인은 중얼중얼 하고 있고, 이쪽은 뺀들뺀들한 태도다. 때를 보아 말을 걸어보지만, 노인은 노려본다. 이에 나는 "바깥 날씨가 좋네요. 지갑도 찾았고, 멋진 날이죠"라고 촐랑거리며 말을 건넨다. 거기서 금세 화해가 일어날 만큼 세상은 호락호락하지 않다. 단,

(1) 낙천적인(기탄없는) 태도

(2) 상황이나 기분을 나레이션narration하는 듯한 말투

이상의 2가지로 결국 사태는 악화되지 않고 정리될 것으로 생각된다.

● **짜증나지 않기 위한 방법을 생각하다**

하지만 이것은 내 캐릭터와 관련된 부분이 있고, 또 해당 노인과는 생판 남이라는 점이 중요할 것이다. 오랜 세월 함께한 고부지간이라면, 이제 와서 뺀질뺀질한 태도로 대하기에도 곤란할 것이다. 그렇다면 남겨진 방책에는 어떤 것이 있을까?

며느리 혼자서 대응하게 된다면, 망상이 며느리에게 향하는 것은 당연하다. 개호에는 다른 사람들도 섞어 관계성이 줄어드는 것을 막는 것

이 현명할 것이다. 노인의 불안감이 사라지거나 기분 전환이 가능한 궁리(대화 상대 존재나 데이케어 참가)도 필요할 것이다.

그리고 조금 매정한 표현일지도 모르지만, 현상을 타파하려면 더욱 인지증이 깊어지기를 기다리는 것이다. 인지증이란 고정된 상태가 아니라 유동적인 것이기 때문이다.

고통에 처한 인간은 어떻게 할까? 그것이 인지증 노인의 언행이다. 마치 악의가 있는 것처럼 또는 피해자처럼, 아무 일도 없었던 것처럼 행동할 수도 있다. 결과만을 보면 한숨 쉬고 싶어지겠지만, '어떻게 해야 할지 모를 때 도움을 요청할 수 없는' 인지증 노인의 입장을 상상하면 적어도 짜증은 안 나지 않을까?

5) 주위와 당사자와의 상호작용

● 가족의 '분위기'가 결정적인 영향을 미친다

인지증 노인이 불안정하거나 공격성이 두드러질 때, 어떻게 대응해야 할까?

하나는, 약물 치료가 있다. 염산티아프라이드나 리스페리돈(상품명: 리스페달) 등을 잘 조합하면, 특히 공격성 등이 놀라울 정도로 개선될 수 있다. 비정형 항정신병약물은 종종 효과가 있다. 다만 효과에는 개인차가 있어, 오히려 부작용으로 휘청거릴 수도 있다. 야간 섬망도 적절한 처방으로 조절되는 경우가 많고(할시온과 같은 초단기 작용형 수면제는 야간 섬망을 유발하기 쉽다. 내과를 주체로 하는 일차진료의 중에는 자각하지 못한 채 위의 수면제를 처방해 버리는 경우가 있다), 환시(다른 사람에게는 보이지 않는 누군가가 집안에 있다고 호소한다)를 특징으로 하는 루이소체 치매(예상외로 많으므로, 환시 확인은 필요)에는 억간산抑肝散이라는 한방약이 의외로 효과를 나타내는 경우가 많다.

또 하나는, 생활 리듬의 개선이다. 불안정한 노인의 다수는 야간에 수면이 얕거나 짧다. 그만큼 낮잠을 자거나 꾸벅꾸벅 조는 시간이 길다. 즉, 수면과 각성의 탄력성이 없는 것이다. 이런 상태라면 조금 전 얘기한 야간 섬망(잠에 취한 상태가 병적으로 발생하여 엉뚱한 말을 하거나 흥분이나 불온을 동반하는 경향이 있다)이 일어나기 쉽거나, 정신 상태가 안정되지 않는다. 낮에 TV를 켜두면 어김없이 '선잠'을 잔다. 어떤 자극이 필요하며, 그래서 대화 상대나 데이케어 필요성이 강조되는 것이다. 낮에는 충분히 심신활동을 하고, 그만큼 밤에는 피곤해서 잠을 자는 것이 인간 본래의 모습이니까.

다른 또 하나는, 가족의 정신 안정이다. 인지증 노인은 지능에서는 극단적으로 떨어지지만, 그래서 감성이 둔한 것은 아니다. 겁을 먹거나 두려워해서 그것이 그대로 표현되지 않고 문제행동으로 결실되어 버리는 것이 그들의 특징이다. 이른바 문제행동이란, 내면의 혼란이나 곤혹이 지능 저하와 맞물려 생기는 부적절한(그리고 고통스러운) 행동이다.

그들은 표현수단을 갖지 못하고, 기억력이나 인지력 저하로 인해 시간이나 장소와 같은 좌표축을 갖지 못해 오로지 겉돌 수밖에 없는 경우가 많다. 그런 인지증 노인들에게는 자신을 둘러싼 분위기나 공기, 기색 같은 것들이 결정적인 영향을 미친다.

● 탄광 속 카나리아

분위기, 공기, 기색 같은 것들을 형성하는 것은 함께 살고 있는 가족이다. 아니, 가족의 감정이나 기분, 무의식속에서의 소망 같은 것이 형성된다고 하는 편이 옳을 것이다. 그런 의미에서 인지증 노인의 정신 상태는 탄광 속 카나리아처럼 예민하게 가족 문제를 반영한다.

가족이 짜증내고 불안해하는 것을 느끼거나 하면, 집안 분위기는 불온함이 감돌고 공기는 긴장된다. 그런 '눈에는 보이지 않지만 기척으로 전해지는 것'이 노인을 위협하고 몰아붙이는 것이다. 누구나 긴장감이 감도는 상황에서는 실패하거나, 평상시라면 결코 하지 않을 것 같은 실수를 저지르기 쉽다. 마찬가지로 인지증 노인도 기색에 압도되어 문제 행동을 일으키기 쉽다. 그러면 가족은 그 일로 짜증과 불안을 부추기고, 점점 공기는 긴장되어 분위기는 답답해진다. 거기에서 노인은 결국 문제행동으로 뛰어들기 쉽다. 악순환이 생기게 된다.

특히 요즘 가정에서는 '핵가족화'와 '밀실화'가 두드러지기 때문에, 집안 공기는 문자 그대로 긴장되어 버린다. 그야말로 의사소통(개방성)이 나쁘고, 온 가족이 객관적인 시각을 갖지 못한 채 혼란에 빠지게 된다.

흥미로운 것은 가정 내에서는 질식할 수도 있는 상태여도 일이나 쇼핑하러 밖에 나갈 때는 가족 누구나 평범하게 행동할 수 있다는 점이다. 거기에 인간으로서의 여력이랄까, 정신의 복원력 잠재가 시사되고 있는 것일까? 그러나 어쨌든 집으로 돌아가면 그곳은 긴장감이 팽팽한 불편함에 지배되고 있다.

● 죄책감 불식이 포인트

이런 상태에 가족 자신은 알아차리지 못한다. 주변이나 지인들도 눈치채지 못한다. 인지증 노인과 가족과의 악순환은 은폐된 채 이어진다.

원조자가 집을 방문하는 것은, 밀실 상황에서 가족과 인지증 노인과의 악순환이 끊어질 가능성이 있기 때문에 비약적인 첫걸음이다. 그럼 원조자는 무엇을 해야 할까?

팔을 걷어붙이고 어려운 일을 할 필요는 없다. 어쨌든 가족이 원조자라는 타인을 맞아들일 각오를 하게 된 것만으로도 평가할 만한 사태이니까.

'지도를 한다'거나 '비평을 한다'는 식의 태도는 좋지 않다. 가족이 원조자에게 도움을 청하기까지는 상당히 분투해 온 경위가 있으며, 설령 그 방식이 의외의 것이었다 해도, 우선은 그것을 위로하며 "이렇게 하면 더 잘 될 것입니다"라고 조언해주고 싶다.

다른 가정에서의 실정에 대해 얘기하는 것도 중요하다. 그러나 우리가 당연하게 생각하는 것이라도, 가족이 그렇게 인식하고 있는 것은 아니다. 자신들의 방식이 잘못된 것은 아닌지, 비난받을 짓이 아니었는지 민감하게 반응하는 경우가 많다. '다른 곳에서도 그런 방식이었구나'라고 알게 되는 것은, 가족들 어깨의 짐을 내리는 것과 동시에 원조자에 대한 신뢰와 친밀감으로 이어진다. 정직한 가족이었다면, 그들의 감정에 있어서 가장 무거운 것은 죄책감이라고 생각한다.

가족이 노인을 인지증에 걸리게 한 것도 아니고 나름 간병 노력을 거듭해 왔겠지만, 어쨌든 자신들만으로는 처리할 수 없었던 것이다. 거기에 수치심이나 무력감, 오히려 부정적인 일을 저지른 것은 아니었을까라는 우려, 우회해버렸다는 아쉬움이 겹쳐져 일종의 죄책감이 생긴다.

따라서 그것을 팔로업하여 그들의 악전고투가 무의미하지 않았음을 보여주는 것이 중요하다. 그런 점에서는, 가족의 고생담이나 푸념에 귀 기울이는 것은 필수적일 것이다. 그들을 긍정하고, 때로는 휴식을 취하거나 정도껏 하는 것에 대한 의의를 전해야 할 것이다. 가족의 정신적 여유가 노인에게 얼마나 긍정적인 영향을 미치는지 설명하는 것도 잊어서는 안 될 것이다.

● **상냥함과 성의가 통하지 않을 때**

하지만 가족 구성원은 다양하다. 감정이 결핍된 성격장애 같은 사람도 있고(정신적으로 너무 피폐한 나머지 감정이 없는 가족도 가끔 있지만), 사이가 좋지 않은 친척에게 욕설을 퍼붓거나 유산을 목적으로 인지증 노인을 '흥정의 도구'로 삼기 위해 가두고 있는 사람도 있다.

인지증 노인을 개호하는 것을 마조히스틱하고 왜곡된 '삶의 보람'으로 여기는 사람도 있다. 인지증 노인을 일가 모두의 적이자 애물단지로 간주함으로써 오히려(노인 이외의) 가족의 결속이 강해지는 기묘한 밸런스가 지배하는 집조차 있다.

그런 가족들에게 원조자는 하녀나 하인 이상으로는 보이지 않을 수도 있다. 자칫 자신들의 치부를 폭로할 수 있는 '방심할 수 없는 인물'로 경계될지도 모른다.

도움이 된다면, 자신들의 '삶의 보람'을 앗아가는 셈이니 "당신 같은 사람은 도움이 안 돼"라고 비난하고 자기 가족들을 자화자찬하기 위해서만 원조자를 필요로 하는지도 모른다. 원조자는 말하자면, 알리바이 공작을 위해 필요한 것일 뿐(즉, 자기 가족들은 이렇게 고생하고 있다고 주위에 어필하기 위해), 사실은 조금도 활약 따위는 원하지 않는다고 생각할지도 모른다.

원조자가 불려갔다고 해서, 그것은 원조라는 행위가 요구되고 있기 때문이라고 할 수 없다. 사정은 더욱 비틀어져 그로테스크할 가능성은 얼마든지 있다. 상냥함이나 성의만으로 통용되는 세상이 아니다.

그러면, 예를 들어 인지증 노인으로 고생하는 것이 가족의 왜곡된 삶의 보람이며, 개호자는 그들의 '노력이나 고생'의 증인이자 찬양자라는 존재로만 기대되는 경우에 "그런 것이라면 우리는 철수합니다"라고 표명해야 하는지, '그것이 바로 원조의 여러 가지 일들일지도 모른다'라고 생각할지는 어려운 문제이다. 이쪽에서 감정적으로 납득이 가느냐의 여부는 중요하며, 노력을 할애한다는 점에서 우선순위의 어디쯤에 둘지도 평가가 상당히 나뉠 것 같다.

그러나 그런 사례야 말로 사례 검토회에서 논의되어야 하며, 전형적인(고정관념적인) 원조론이나 비현실적인 성선설에 구애받지 않는 토론이 필요하다.

그리고 이런 사례에 대한 나름의 스탠스를 정하고, 다른 사람에게도 그것을 설명할 수 없다면 매일의 원조 활동을 거듭할수록 답답한 부전감(불만족)이 쌓여가게 될 것이다.

우리는 진부한 양식론에서만 근거를 찾아서는 안 된다.

6) 질환으로서의 인지증

● 우울증과의 감별이 중요

때때로 인지증과 다른 정신질환과의 구별방법에 대해 물어 온다. 의학적 의미로 인지증은 낫지 않지만, 예를 들면 우울증이라면 낫기 때문에 이것은 큰 차이다. 단 구분법은 사실 꽤 어렵다.

하세가와식 테스트HDS-R를 시행했다며 인지증 노인이라고 '속이려고 하거나 변명을 하거나 화를 내는' 일이 종종 있다. 하세가와식을 포기할 수밖에 없다는 것도 알아 두었으면 한다(다만, 왜 포기할 수밖에 없었는지 제대로 코멘트 해 두는 것은 중요할 것이다).

하지만 역시 CT 등을 포함해 제대로 의료기관에서 검사를 받는 것이 중요하다고 생각한다. 신체에 대한 것도 정밀조사가 필요할 것이고, 의식수준 저하가 인지증과 혼동되기 쉬운 경우도 있다. 시설 등을 이용할 때 진찰을 받은 적이 있는지의 여부로 문턱의 높이가 전혀 달라질 수 있다.

인지증과 헷갈리는 첫 번째에는 우울증이 있다. 우울에서 유래된 무기력이나 자폐적 경향은 인지증으로 인한 능력저하와 구별하기 어려울 수 있기 때문인데, 노년기에 생기는 중증 우울증은 인지증으로 이행되기 쉽다는 보고도 있다.

뇌가 상당히 위축되어 있고 인지증 증상이 나타날 법도 한데, 그게 눈에 띄지 않는다는 사례도 있다. 대학병원에 있을 때, 우울증 진단으로 소개된 노인이 있었다. 두부 CT는 연령에 상응한 견해라고 차트에 적혀 있었기 때문에(꽤 무책임한 내용을 써오는 차트가 많다) 검사를 생략하고 치료하고 있었지만, 조금도 우울상태가 개선되지 않았다. 그 사이에 요로 감염으로 발열이 일어나, 그것을 계기로 단숨에 인지증이 발현되었다.

놀라서 CT를 찍었더니 틀림없이 뇌는 현저히 위축되어 있었다. 하지만 가족들 입장에서 보면 대학병원에서 치료를 받으면 인지증이 되어버린다는 것이 되니, 설명에 상당한 애를 먹었다. 지금 생각하면 태만으로 인한 오진이라고 비난을 받아도 어쩔 수 없다.

이처럼 인지증은 서서히 증상이 나오는 경우도 있고, 감기에 걸렸다거나 폐렴에 걸렸다거나 그런 신체질환을 경계로 갑자기 멍해지는 사태도 있다. 뇌가 위축되더라도 위태로운 곳에서 표면적으로는 보통처럼 보이는 경우가 의외로 많다.

조현병은 과거에는 조발성치매라고도 불렸던 까닭에(그 후, 정신분열병이라는 명칭을 거쳐 조현병이 되었다), 치료가 부적절한 채 인격적 황폐가 진행되어 인지증과 헷갈리는 증상을 나타내는 경우가 있다. 이런 경우에는 생활사를 조사하지 않으면 판별하기 어려운 일도 있을 것이다. 다만, 실제로 인지증'도' 나타나면서, 현재 상태가 조현병에 의한 것인지 인지증에 의한 것인지 양쪽이 섞여 있는 것인지 분명하지 않은 경우도 있다.

● 신체적 스크리닝을 잊지 않도록

그렇다면 원조나 개호라는 관점에서, 인지증처럼 보이지만 확정 진단이 서지 않은 노인에 대한 대응에 유의해야 할 것은 있을까?

특별한 것은 없다고 생각한다. 지금까지 언급한 대응이, 오히려 마이너스로 작용하는 경우도 없을 것이다. 다만, 반복하지만, 한 번은 검사와 진찰을 받아야 한다. 또, 노인의 특징은 신체증상과 정신증상이 서로 섞였다는 특성이 있다. 신체의 불편함이나 고통을 직설적으로 호소하지 않고 정신증상으로 표현되거나, 반대로 정신증상이 마치 신체 문제처럼 호소되기도 한다. 그런 점에서도 신체질환에 대한 스크리닝이 동시에 이뤄지는 것이 바람직하다.

인지증 자체를 치료하는 약은 없지만 알츠하이머 진행을 억제하는 약은 있다. 131p에서도 언급했듯이, 흥분이나 폭력을 약으로 조절할 수 있다. 또 생활 리듬을 정돈할 방안의 일환으로, 수면제 사용이 효과적일 수도 있을 것이다.

한편, 노인들은 신체질환으로 이런저런 약이 투여되는 경우가 많다. 그 부작용으로 인지증 같은 상태를 초래하거나 인지증을 악화시키는 경우가 있다. 진찰 시에는 무관하다고 생각되는 약물이더라도 반드시 지참해 정보를 의사에게 제공해야 한다.

또한, 비교적 빠르게 인지증 증상이 나올 경우, 뇌종양이나 만성 경막하혈종일 가능성도 제법 있다. 어쨌든 제대로 된 검사(특히 CT나 MRI)가 필요하지만, 적어도 만성 경막하혈종이라는 병명은 알고 있어도 손해는 없을 것으로 본다.

뇌 속 혈관이 끊어지면 뇌출혈이지만, 뇌를 감싼 거미막과 경막 사이의 혈관이 끊어져 출혈하면 두개골에 둘러싸인 공간에는 도망갈 곳이 없으므로 혈액이 점점 고여 뇌를 압박하게 된다. 이 때문에 기명력記銘力 장애나 의식수준 저하, 휘청거림 등이 발생하여 인지증처럼 혹은 우울증처럼 비춰질 수 있다.

본인도 눈치채지 못할 정도로 머리를 부딪친 것뿐인데, 고령자에서는 쉽게 출혈이 발생하여 만성경막하혈종을 일으킬 수 있다. 머리를 부딪친 후 3주에서 3개월 사이에 증상이 나타난다. 치료법은 머리에 구멍을 뚫어 혈종을 꺼내는 방법으로, 그리 어려운 수술은 아니라고 한다. 또, 간혹 정상압 수두증 사례가 있는데, 이것 역시 뇌 외과적 대응으로 개선이 기대된다.

어쨌든 인지증 주변에는 혼동하기 쉬운 질환이 적지 않다. 원조의 노력이 빗나가지 않게 하기 위해서라도, 철저한 진찰은 빠뜨릴 수 없는 것이다.

7) 노스탤지아 nostalgia

● '그리움'이라는 키워드

인지증에 대한 강연을 의뢰받은 적이 있다. 청강자로부터 "저도 요즘 잘 잊어버리는데, 인지증인 사람과 저의 결정적인 차이점은 무엇입니까"라는 질문을 받았다.

그러나 나는 "그리움(노스탤지아)을 느낄 수 있는가"라는 질문을 던져보았다.

어쩌면 내가 잊어버린 것을 제대로 인식하고 있는지, 그런 질문을 던질 수 있는 객관성이 유지되는지, 등의 다양한 대답이 가능할지도 모른다.

● '지금 여기'와 '먼 과거'를 구별할 수 있을까

인지증 노인들도 어렸을 적, 젊었을 적 얘기를 활발하게 한다. 유도하면 옛날이야기를 하고 싶어 하는 인지증 노인은 많다.

그런데 그곳에 향수(노스탤지아)가 동반되어 있을까? 오히려 '지금 여기'와 '먼 과거'가 융합되거나, 구별되지 않는 기색이 강하지는 않을까?

우리가 그리움을 느낄 때, 거기에는 몇 가지 조건이 전제되어 있어야 한다. ① 과거는 더 이상 손이 닿지 않아 재현할 수 없다는 체념과 씁쓸함, ② 과거와 현재 사이에는 희로애락을 포함한 시간의 층이 두껍고 리얼하게 쌓여 있다는 실감, ③ 되돌릴 수 없는 과거를 긍정하는 동시에 지금 현재가 최선이라고까지는 생각하지 않더라도, '현재'도 머지않아 노스탤지아에 의해 긍정될 수 있을 것이라는 예감. 그런 것들의 복합이 우리의 가슴을 애수와 안타까움으로 채운다.

즉, 그리움이라는 것은 인생을 걷고 있다는 반응이 자기 긍정적인 맥락에 놓였을 때 비로소 일어나는 것이다.

나는 의사의 입장에서 인지증을 광의의 질병으로 간주하고 있고, 핸디캡이라는 키워드도 염두에 두고 있다. 하지만 '삶의 방식' 상태로서는 많든 적든 '노스탤지아(향수)가 없는 세계'라는 점에 인지증의 특수성이 지적되는 것은 아닐까 생각한다.

4
성격장애

1) 성격장애란 무엇일까

● 극단적으로 개성적인 사람?

일상생활에서 마주치는 다양한 사건에 대한 느낌이나 수용법, 해석 방식이나 반응 방식에는 사람마다 특유의 편향이나 '습관(버릇)'이 있다.

예를 들어, A씨는 항상 피해적으로 사물을 파악하고 삐치거나 원망하는 경향이 있고, B씨는 항상 자신이 주역이 아니면 내켜하지 않거나 비협조적인 태도와 이의만 제기하여 결과적으로 다른 사람들에게 기피대상이지만 본인은 혼자 유달리 고상함을 뽐내고 있다. 이런 식이다.

때문에, '이 장면에서 그 사람이라면 분명히 이렇게 말하거나 행동할 것이다'라고 타인의 행동을 예측할 수 있게 되는 경우도 있다. 그런 정신 구조 벡터를 '성격'이라고 칭한다.

일상의 정신적 일에 있어서 편향이나 습관이 극단적으로 비뚤어지고, 특히 대인관계에서 문제를 반복하며, 본인도 실패에서 배우겠다는 자세가 전혀 없고, 매번 같은 패턴으로 트러블을 반복한 끝에 일상생활이 만족스럽게 영위되지 못하게 되면, 여기서 그 사람은 '성격장애' 영역으로 진입하게 된다(예전에는 인격장애라고 불렀지만, 그 명칭은 너무 생생하다고 해서 최근에는 성격장애로 바꿔 부르고 있다).

따라서 '개성적인 사람'과 '성격장애' 사이에 명확한 선을 긋기는 어렵다. 예를 들어, 연예계나 접객업 세계에서라면 스타나 '인기인'으로 일할 수 있지만, 만약 공무원이나 은행원 등으로 일하려 한다면 분명 비상식적이고 엉터리로 간주될 경우가 드물지 않을 것이다.

나중에 설명하겠지만, '경계성 성격장애'라는 개념은 프랑스에서는 조금도 받아들여지지 않는다고 한다. 프랑스인 모두가 경계성 성격장애라는 뜻은 아니지만, 그런 사람들을 '사회에서 벗어난 사람'으로 이물시하는 국민성은 없다는 것이다. 협력성이 없더라도, 그래서 통용되는 세상에 살면 성격장애 같은 진단은 성립되지 않는다.

그러나, '경계선'이야말로 모호하지만 임상적으로 실감하기에는 어딘가에서 틀림없이 양이 질로 전환되고 있다는 인상을 받을 수밖에 없다. 정상과 그라데이션이 되고 있다고 해서, 그래서 성격장애라는 '이상한(비정상) 사람들'이 세상에는 존재하지 않는다는 이론은 성립되지 않을 것이다.

● 어항 속 C씨

내가 외래에서 팔로업하던 C씨(40대, 남성)에 대한 얘기다.

그는 생활보호를 받으며 임대료가 낮은 아파트에서 혼자 살고 있으며, 가끔 병원 데이케어에 얼굴을 비추지만 외롭고 비생산적인 일상을 보내고 있었다. 책도 TV도 별로 관심이 없고, 기껏해야 라디오를 들으며 멍한 때가 많았다.

과거에는 택시기사를 하기도 했고 그 정도의 능력과 사교성도 발휘했을 것 같은데, 사회생활을 영위하던 시절을 떠올리면 본인으로서는 매우 고통스러운 나날이었다고 했다. 아르바이트를 하면 어떨까? 하다못해 작업에 참여하도록 유도해도 뒷걸음질을 칠 뿐이었다. 꿈도 자존심도 없고 현상에 대한 위기감이나 자기혐오 같은 것도 없었다.

어느 날, 복지 담당자가 찾아와 취직시험 면접에 대한 얘기를 나누었다고 했다. 담당자는, 말하자면 응시자의 마음가짐으로서 "면접에서는 응시자가 대기실에서 어떤 태도로 기다리고 있는지 살피면서 체크한다고 합니다"라고 조언해 주었다. 그런데 C씨는 그것에 대해 "저 복지담당자는 무서운 말을 하는구나 라고 생각했습니다. 소름이 끼쳤습니다"라고 소감을 털어놓는 것이었다. 그래서 나는 "복지 담당자는 일종의 상식으로 그런 일이 있다고 친절하게 조언해준 것 뿐이잖아요. 그 사람이 음험한 일을 꾸미고 있다는 얘기와는 다르죠?"라고 대답했는데, C씨는 진지한 표정으로 "아니요, 복지 담당자는 정말 무서운 말을 한다고 생각했습니다"라는 말뿐이었다.

이런 상태로는 어떤 직장에도 취직할 수 없을 것이고, 지극히 평범한 대인관계도 유지할 수 없을 것이라고 나는 생각했다. 상처받을 것이 두려워 오로지 도피를 도모하고, 고독하고 무위한 삶을 감내할 수밖에 없다는 것을 이해했다.

C씨의 그런 성향은 분명히 '평범함'에서 일탈하고 있었다. 게다가 그것을 극복하고 싶어하지도 않았다. 싫은 일이 있으면 더 이상 다가가려 하지 않는다는 것이 C씨의 행동원리이며, 그 때문에 그의 세계는 터무니없이 좁아지고 있었다. 그런데 왜 내 외래에 다니는가 하면, 하나는 복지로부터 보호비를 받는 이상은 통원이 필요하다고 들었기 때문이었고, 다른 하나는 안정제를 받고 싶어서였고, 다른 또 하나는 설교하거나 쓴 소리를 하지 않고 이야기 상대가 되어 주는 사람이 나 정도이기 때문이었다.

진찰실의 대화라 해도 화제는 정말 궁핍했다. 십년 동안 하루처럼 같은 생활 패턴이라 에피소드가 생기지 않았다. 과거는 묵은 상처를 건드리는 것 같아 화제로 올리기 싫어했다. 장래에 대해서는 좀 더 상황을 보고 싶으니 관망해 달라며 역시 말하고 싶어 하지 않았다.

한 번은 서로에게 그다지 성과 있는 대화도 성립하지 못하고, 면담을 잠시 쉬어 보는 게 어떻겠냐고 제안한 적이 있었다. 그러나 C씨는 "네? 그럼 저는 방출되는 건가요?"라며 망연자실한 표정을 짓기에, 어쩔 수 없이 지금까지도 성과 없는 면담을 2주마다 거듭하고 있다.

그는 거의 집에서 밥도 해먹지 않고, 거리에서 선 채로 메밀국수나 소고기 덮밥 종류로 끼니를 때운다. 친척과도 교제하려 하지 않는다. 섹스에 대한 관심은 없는가 싶어 넌지시 물어보면, "그런 천박한 얘기는 입에 올리지도 마세요"라며 핀잔을 듣는다.

나에게 있어 C씨의 내면을 상상하는 것은 금붕어를 향해 '매일 어항 속을 헤엄쳐 다니는 것만으로 지루하지 않을까?'라고 신기해하는 것과 별 차이가 없는 것이다.

● 그럼에도 성격장애로 진단하는 것의 의미

이윽고 C씨가 나이가 들어 거동이 부자유스러워지거나, 병이 들어 케어를 받는 날이 올지도 모른다. 그때 그의 새하얀 생활력을 확인하고, 아마 헬퍼는 당황하지 않을까? 상식 밖에 있는 생활 모습이었으니까.

어느 정도 정신과적 지식을 가진 사람이라면, 혹시 조현병의 잔류증상(80p 참조)이 아닐지 의심할 수도 있다. 우울증이 길어졌다거나, 중증 '은둔형 외톨이'로 생각할 수도 있다. 어쨌든, '뭔가 납득할 수 있을 만한 설명이 없다면, 어떻게 대응해야 할까?'라는 불안을 느낄 만하다.

정신과 진단으로는 '회피성 성격장애', 그 범주 내외에 있지 않을까 생각된다.

하지만 그렇게 진단했다고 해서 사태가 바뀌는 것도 아니고, 효과적인 치료방침이 서는 것도 아니다. 다만, 그로 인해 C씨의 공허한 생활방식에 대한 일단의 해석이 가능하다(혹은 해석이 된 것 같은 기분이다). 그러면 개호하는 측에서는 다소나마 뜬구름 잡는 듯한 감각으로부터 해방되는 것이며, 바꿔 말하면 '전례가 없다!'에서 '전례는 있다'로 상황이 옮겨가는 것이다.

관계자들끼리도 의견 일치가 쉬워지고 대응 전략을 세우는 데도 공통된 인식을 갖게 되어 대화 진행이 쉬워진다. 거기에 성격장애라는 진단을 내리는 것의 의미가 있다.

2) 경계성 성격장애

● 의료 · 복지종사자도 적지 않다

교과서나 계몽서 내용에도 성격장애 항목에는 몇 가지 하위분류가 열거되어 있다. 그것을 일일이 세세하게 기억할 필요는 없다고 생각한다. 어떤 특수한 정신구조가 있는 것, 기이한 생활 방식이 있는 것, 그것이 '성격장애'라는 맥락에 있다는 것만 알면, 그것으로 충분하다.

대응방법은 큰 차이가 없고 약물로 치료가 가능한 것도 아니며, 십중팔구 입원 대상이 되기도 어렵고, 만약 범죄를 저질러도 심신상실이나 심신쇠약에는 해당되지 않는다는 의미에서는 '정상'(즉, 본인에게 책임을 지게 하는 형태로의 대응이 적절)이라는 것을 알고 있으면 충분할 것이다.

그렇기는 하지만, 경계성 성격장애(borderline personality disorder, BPD. borderline이나 border라고 칭하는 경우도 종종 있다)에 대해서는 어느 정도 자세히 말해두고 싶다. 이유는 몇 가지가 있다.

(1) 경계성 성격장애는 사회의 도시화와 핵가족화와 관련이 깊다. 현대의 젊은이들은 많든 적든 어느 정도 이 경계성 성격장애 기질을 가지고 있다고 한다. 그런 점에서 사회병리를 이해하는 데에도 지

식이 필수적이다.

(2) 그들은 때때로 격렬한 충동이나 공격성을 나타낸다. 또, 다른 사람을 농락하거나 조직을 혼란에 빠뜨리는 트러블 메이커적 측면이 강하다. 무방비 상태에서 접하면, 열의와 사려 깊은 스태프일수록 그들의 표적이 될 수 있는 위험이 있다. 소위 진상 고객이나 몬스터 페어런츠monster parents, 몬스터 페이션트monster patient, 심지어는 스토커의 상당수가 경계성 성격장애에 해당된다.

(3) 성격장애자는 개호나 치료를 '받는' 측에만 존재하는 것은 아니다. 가족이나 친척이 성격장애로 인해 사정이 복잡해지는 것은 드물지 않다. 또, 경계성 성격장애적인 성향의 소유자는 의외로 의료나 복지 종사자에게 발견된다. 그들은 자신의 고된 점을 다른 사람에게서 보고 어떻게든 해 주고 싶다거나, '원조자의 일이란, 항상 상냥함과 친절함을 유지하는 것'이라는 오해(예: "상냥함과 친절만으로 시종할 수 있다면, 고생하지 않을거야!")를 해서 이 분야를 동경하는 경우가 꽤 있다. 따라서 직업상 알게 된 사람들 중에 경계성 성격장애적 성향의 인물이 있을 가능성을 미리 각오해 두는 편이 현명하다.

● '경계성'이란?

사족이지만, 왜 '경계성' 성격장애라는 명칭인지 그 이유를 살펴보자.

많은 사람들은 이 장애가 정상과 비정상 사이의 경계borderline 부근(근처)에 위치해 있기 때문에 경계성 성격장애로 불리는 것이라 생각한다. 분명 평소에는 언행에 문제가 없고 올바르다가, 일단 이성을 잃거나 정신적으로 궁지에 몰리거나 하면 정상궤도를 벗어나버리는 것 같은 모습을 떠올리면 이해가 잘 될 것이다.

하지만 이 명칭은 사실 역사적인 경위에 근거하고 있다. 경계성 성격장애라는 개념이 아직 없을 무렵, 이는 신경증 카테고리로 다루어졌다. 종종 애를 태우거나 다루기 어려운 일군의 신경증 환자로 알려져 있었던 것이다. 그런 그들에게 로르샤흐 검사Rorschach test 같은 심리검사를 해보니, 안정되어 있을 때 '언뜻 정상'인 상태일지라도 예상 외로 깊은 병리성을 엿볼 수 있었다. 그래서 오히려 신경증(노이로제)과 조현병 사이의 경계선 부근에 위치한 예상외로 심각한 질환이 아닌가 생각되어 경계성으로 불리기에 이르렀다. 그뿐이다.

현재는 신경증과 조현병 사이의 경계선상에 있는 병으로 간주되지 않고 성격장애 중의 하나로 파악되고 있으며, 단지 역사적인 경위로 인해 '경계성' 성격장애라고 불리게 된 것뿐인 얘기이다.

또한 WHO에 의한 『정신 및 행동장애/임상기술과 진단 가이드라인(통칭 'ICD-10'으로 불리는 병명 매뉴얼)』에서는 경계성 성격장애를 '정서불안정성 성격장애'라고 칭하고 있다. 이것이 리얼한 명칭이다.

● 당신 직장의 D씨

어떤 사업장에 근무하는 여성에 대한 사례이다.

올해 27살이 된 D씨는 면학인이다. 자비로 강습회에 자주 참가하고, 참고서도 열심히 구입해 자기계발에 여념이 없다. 지식이 풍부한 것은 좋은데, 난처하게도 그녀는 선배와 겨룬다. "이런 식으로는 납득할 수 없어요!"라고 도전적인 말투로 대결해 보거나(그녀의 의견은 다소 형식주의에 불과했다. 과연 선배의 방식은 교과서 그대로는 아니었을지 모르지만, 결코 잘못된 것은 아니었다), "이런 방식이라면 모두 고생한 게 물거품이 될 거예요"라며 주위 사람들을 선동해 협동성을 어지럽힌다. 때로는 자신의 정당성을 주장한 나머지, 눈물을 글썽이며 상사(그것도 직접 상사인 계장이 아니라, 굳이 부장)에게 직접 하소연하기도 한다. 일종의 항의 표시로 돌연 당일 휴가를 내기도 한다.

격한 성미치고는 종종 억울한 표정으로 책상 앞에 앉아 있는 일이 드물지 않아서(우울증이 아닌가 하는 동료도 있었다), 필시 스트레스가 쌓였을 것이라고 주위는 이해하고 있다. 동료 중에는 카페에서 어느 날 갑자기 D씨로부터 어린 시절 부모에게서 받은 '트라우마'에 대한 고백을 받고 당황한 사람이 있다.

대체로 D씨는 주변 사람들에 대해 좋다 · 싫다(그녀는 유능·무능 같은 분류를 언급하는 경우가 많지만)가 분명해서, 싫어하는 사람에게는 밑도 끝도 없는 정론으로 밀어붙여 일부러 소란을 일으키는 경향이 있다. 송년회에서는 일부러 계장(멋진 외모에 가정이 있는) 옆에 앉아 "저, 계장님 팬입니다"라고 말해 주위를 쓴웃음 짓게 했지만, 한 달 뒤 실수를 지적받게 된 것을 계기로 계장을 적대시하게 되었다. 계장 책상 위로 서류를 내동댕이치듯 내려놓거나 그야말로 유치한 적의를 표현하는 방법이다. 계장 집으로 심야에 무언의 전화가 계속된 적이 있었는데, D씨라는 소문이 사내에 슬며시 돌았다고 한다.

이 D씨, 나름 직장에도 다니고 있어서 굳이 성격장애라고 규정하기에는 망설여진다. 하지만 살아가기 힘들다는 점(본인에게나, 주변사람들에게나)이나 과격함이나 트러블 메이커적인 점에서는, 어쩌면 경계성 성격장애적 성향을 지적할 수 있을지도 모른다.

그녀의 문제점을 정리해 보면 다음과 같지 않을까.

(1) 대인관계가 별로 매끄럽지 않다. 적 아니면 아군이라는 식으로 극단적으로 달리기 쉽다. 또 사소한 일로 태도가 돌변한다.

(2) 주변을 동요시키거나 남을 의식한 과장된 행동stand play을 하고, 또는 당돌하게 비밀을 고백하거나 남을 부추기고 교사하는 점이 눈에 띈다.

(3) 어떤 충동성이나 격렬함, 때로는 스토커가 될 수 있을 정도의 위험함을 내포한다.

(4) 열성과 근면함은 있지만, 어딘가 땅에 발을 디딘 인상이 희미하다. 열정을 쏟

는 것 치고는 리얼리티가 동반되지 않는 듯한, 왠지 공허한 마음을 안은 채 억지로 버티는 것 같은 부자연스러운 톤을 지울 수 없다.

⑸ 감정이 불안정하다. 때로는 '우울'처럼 보이기도 하고, 격앙되기도 한다.

이러한 요소들이 일도 제대로 할 수 없는 수준까지 심화되어 버리면, 경계성 성격장애라고 불려도 이상하지 않게 된다.

● 적인가 아군인가

⑴이 극단적으로 되면 어떻게 될까? 자칫 경계성 성격장애인 사람들은 상대를 아군으로 간주하고 바짝 다가온다. 상대를 극찬하거나, "이렇게 멋진 사람을 만나서 행복해!"라는 식으로 마구 치켜세운다. 그런데 뭔가 장단에 맞지 않은 일이 생기면, 손바닥 뒤집듯 태도가 바뀐다. 이번에는 상대를 적으로 간주하고, 욕을 하기 시작하거나 보복을 하려 한다(마음대로 칭찬해놓고도 그것에 대해 보상하라는 심정이 작용하는 것 같다. 완전히 제멋대로인 얘기지만). 정말 어지럽다.

이러한 태도 급변을 이해하는 키워드는 '버리는 것'이다.

경계성 성격장애 환자들은 항상 버림받는 것을 두려워하는 사람들이라고 생각해야 한다. 그들은 버림받기 전에 상대를 칭찬하거나 아첨하며 관심을 끌려고 한다. 하지만 사소한 일로 자기 뜻대로 상대가 행동하지 않으면 금세 '버림받았다'고 느낀다. 그래서 그들은 화를 낸다. 마치 자신이 속았거나 배신당한 것처럼 생각하고 복수한다. 그들의 아첨이나 환심을 사려는 태도는 불안과 분노의 반대(뒤집음)이다.

또한 경계성 성격장애는 자살미수(리스트컷 증후군wrist-cut syndrome이나 대량 복약 등)를 반복하는 경향이 있는데, 이것은 주위 사람들이 자신을 얼마나 소중하게 생각하고 있는지, 버리거나 하지 않을까 '시험'하는 것으로 이해되어야 할 경우가 많다. 혹은 '암시'나 자포자기 경우도 있지만.

● 동료를 휘두르다

(2)가 극단적으로 되면 어떻게 될까? 헬퍼 E씨에게는 살짝 동료 헬퍼 F씨의 욕을 하고("당신에게만 털어놓는데……"라는 식으로 정말 교묘하게 심리를 조작한다), 반대로 F씨에게는 "E씨는 정말 지독한 사람이야. 우리끼리 비밀로 해 두면 좋겠어"라는 식으로 이상한 정보를 흘린다. 그런 식으로 자신에게 유리하게 사람들을 휘두르고, 또 패싸움이나 반목 등이 생기는 것을 즐기는 행동을 한다. 아마 그런 조작 행위를 통해, 자신이 세상에서 버림받은 무력하고 약한 존재가 아니라는 것을 확인하고 싶을지도 모른다. 정말 왜곡되고 음흉한 태도이긴 하지만.

그런 까닭에 종종 스태프들끼리 같은 인물에 대해 얘기하는 경우에도 각자가 품고 있는 인상이 엇갈리는 사태가 일어난다. 어떤 사람에게는 다친 작은 새처럼 가여운 사람으로, 다른 사람에게는 이기적이고 거만한 사람으로, 또 다른 사람에게는 개성적이고 흥미로운 사람으로 비친다. 이런 식의 이야기는 열거하면 끝이 없다. 그들의 감언에 얼떨결에 우쭐대서는 프로라고 할 수 없다.

● 무시무시한 분노

(3)이 극단적으로 되면 어떻게 될까? 경계성 성격장애의 분노는 무시무시하다. 끝없이 항의를 해 오거나, 여기저기에 호소하거나, 집요하게 불평을 쏟아내는 모습은 가히 정력적이면서도 성과가 없다. 게다가 방식이 실로 '야비하다'. 분노뿐만 아니라, 모종의 천박함에 질리는 경우가 적지 않다.

그들은 종종 우울한 모습을 보이지만, 일단 분노 모드로 바뀌면 대체 어디에 그만한 파워가 숨어 있었는지 놀라울 정도의 공격을 해온다. 스토커 중에서도 평상시에는 정상인으로 보였는데 사소한 교착상태에서 복수의 화신으로 변하는 유형의 상당수는 경계성 성격장애이다.

● 공허감

(4)가 극단적으로 되면 어떻게 될까? 경계성 성격장애인 사람들은 만성적인 공허감을 항상 안고 있는 것 같다. 그 때문에 평소에는 허무함이나 우울함에 지배되기 쉽다. 그리고 그것을 떨쳐버리듯 무언가를 시작하면, 그것이 끝도 없이 이어진다. 극단으로 치닫고 강렬해진다. 하지만 무엇을 해도, 어딘가 '그냥 역할을 하고 있을 뿐'과 같은 미묘한 위화감이 있다. 때때로 그들의 패션은 최첨단이거나, '지나치다'고 생각될 정도의 화려함으로 채색되어 있다. 잘 되면 아티스트적인 분위기, 반대로 엉뚱하게 투박하고 루즈한 모습으로 아무렇지 않게 굴기도 한다.

그들은 자살을 쉽게 시도한다. 그것은 주변에 대해 '시험'하는 것도 있지만, 만성적인 공허감으로 인해 살아 있다는 실감이 극도로 희박해졌다는 원인도 있는 것 같다.

● 불안정한 정서

(5)는 어떨까? 정신과 외래로 "저, 성격에 문제가 있는데 괜찮을까요?"라고 진료받으러 오는 경계성 성격장애 환자는 없다. 자칭 '우울증'이거나 자살미수로 응급실을 거쳐 들어오는 경로가 대부분이다. 분명히 기분이 가라앉아 있을 때는 우울증과 비슷하지만, 미묘한 위화감이 동반되는 경우가 많다. 본인이 말하는 '우울' 증상에 비해 화장이 정성스럽거나(진짜 우울증이라면, 화장할 여유가 없다), 미리 인터넷으로 조사해 약을 지정해오거나(묘하게 고집스럽게 주장한다), 불과 1주일 만에 '우울'이 사라지거나. 공황장애나 해리 증상*, 섭식장애가 합병하는 비율도 높다.

※ 심인성 건망이나 혼미, 다중인격 등 가벼운 해리상태 하에서 무의식 중에 리스트컷이 이루어지는 경우도 적지 않다.

● 경계성 성격장애는 왜 생기는가

(당사자에게 있어서도, 주위에 있어서도) 이런 귀찮은 사람들은 어떻게 생기는지 명확한 인과관계를 지적할 수 있는 이야기는 아니지만, 유아기 모자관계는 꽤 큰 영향을 미치는 것 같다.

애초에 유아는 말을 못 한다. 의사표시를 할 수 없는 무력 그 자체의 존재이다. 배가 고프면 울 수밖에 없고, 기저귀가 젖어 기분이 나쁘면 역시 울 수밖에 없다. 몸 상태가 나쁘거나 아파도 울 뿐이다. 그러나 어머니는 아이의 울음소리를 구별할 필요가 없다. 아이가 울고 있으면 일단 '젖'을 입에 물려 본다. 그래도 울면 기저귀를 체크해 본다. 그래도 여전히 울고 있기에 안색을 보니 이상하다 싶어 황급히 소아과에 데려간다 — 이 정도면 어떻게든 육아는 성립하는 것이다.

그리고 그것을 아기 입장에서 보면, '아기인 나는 곤란한 일이 있어도 우는 것밖에 할 수 없다. 그렇지만 엄마는 내가 울면 반드시 어떻게든 해 준다'라고 실감할 것이다. 그것은 모든 것에 대한 무조건적인 신뢰감, 안정감, 일종의 능동성, 낙천성이나 성선설적 감각, 나아가 '희망을 지닌 힘'의 기반으로 작용할 것이다. 그것이 타인과 협조하면서 스트레스를 받지 않고 살아가기 위한 중요한 요소가 된다.

하지만 세상에는 자식에게 무관심하거나 미워하는 어머니도 있다. 아니 그보다도 태도에 일관성이 결여된 어머니는 의외로 많다. 마음이 내키면 자식을 애완동물처럼 아끼지만, 마음이 내키지 않거나 자신의 마음에 여유가 없으면 자식이 아무리 울어도 상관하려 하지 않는다. 이런 태도를 보이면, 아기로서는 '울어도 다 되는 것은 아니다'라는 인식을 갖기에 이른다.

이것은 심각한 사태이다. 여유나 의젓함, 낙천성이나 신뢰감, 그런 것들을 익히지 못하게 된다. "어떻게든 될 거야"가 아니라 "어떻게 될지 알 수가 없다"는 심성이 뿌리내린다. 그것은 공허감이나 허무감으로 이어지는 마음 상태이며, 무력감과 분노가 팽창하고 남을 신뢰할 수도 없다. 의심이 강해지고, 남을 시험하고, 사소한 일로 버림받았다고 충격을 받아(1인 씨름 상태이며, 그것이 증가하면 망상적으로 변하기도 한다) 보복이나 자포자기로 달린다.

자신에게 잘 대해주는 사람은 과도하게 평가하며 매달리지만, 조금이라도 뜻에 맞지 않으면 '역시 이 녀석은 적이었구나'라며 손바닥 뒤집듯 무시나 공격으로 돌아선다. 기분은 오르락내리락 안정되지 않고, 주위를 휘젓거나 컨트롤함으로써 버림받은 느낌을 미리 회피하는 수단으로 삼으려 한다. 본인 나름대로 합리적이며 필사적인 행동이지만, 관련된 사람은 질려버린다.

그럼 경계성 성격장애가 생기는 책임은 모친에게 돌아가는 걸까? 모친의 정신적 안정이나 태도의 일관성을 뒷받침하는 것은 배우자일 것이고, 아기가 좀 더 성장하면 부친의 태도 여하에 따라 바뀔 수도 있을 것이다. 또, 충동성에 대해서는 (이것은 완전한 내 느낌이지만) 어딘가 생물학적 요소가 얽혀있는 느낌이다.

3) 경계성 성격장애자와 어떻게 지내야 할까

● 시간이 해결한다⋯?

일반적으로 경계성 성격장애는 젊은 여성에게 많은 것으로 알려져 있지만, 남성도 결코 적지 않다. 젊은이들이 록스타의 파멸적인 삶의 방식에 공감하는 것은 드물지 않지만, 그런 미래 없는No future 삶의 방식에는 이미 말했듯이 '경계성 성격장애적인 격렬함, 극단성, 반사회성'의 요소가 삽입되어 있는 것이다. 귀찮긴 하지만 적어도 재능이 있고 외모가 좋다면, 이런 성향의 사람들은 오히려 매력적으로 보일 수도 있을 것 같다.

약 같은 것을 써도 나을 리가 없다. 정신요법이라 해도 장기간 치료 관계를 이어가는 것 자체가 어렵다. 의사 쪽도 몹시 애를 먹거나 휘둘리다가, 대개는 지긋지긋해한다. 그러면 그들은 평생 어쩔 도리가 없는 걸까?

역시 '젊음'이라는 팩터가 크게 관여하고 있는 것이다. 나이가 들면 에너지도 시들어 간다. 경험으로부터 배우는 것이 있어, 적어도 극단성은 자취를 감춰간다. 그들은 부모와의 사이에 격렬한 증오나 트러블을 개입시키는 경우가 많지만, 그런 것들도 시간이 해결해 주는 부분은 크다(부모의 수명이 다하는 경우도 포함). 따라서 장기적으로는 의외로 어떻게든 수습이 되겠지만, 당분간은 어쩔 수 없어 주위가 골머리를 앓게 될 일이 많다.

때문에 내가 강조하고 싶은 것은 다음과 같다.

● **교제 방법의 포인트**

❶ **의협심은 일으키지 않는다**

그들을 치료하거나 발 벗고 나서거나, 조금이라도 뭔가 해 주고 싶다며 의협심을 일으켜서는 안 된다. 그런 수수께끼 같은 선의가 효과를 불러올 만한 타입의 상대가 아님을 먼저 자각하자.

❷ **붙지 말고 떨어지지 말고**

상대방으로부터 '상냥한 사람', '믿음직한 사람'으로 과대평가 받지 않도록 한다. 기껏해야 '차가울 정도는 아니고, 나름 성실할지 모르지만 어딘가 건조하고 서먹서먹한 사람' 정도로 여겨지는 것이 가장 안전하다. 즉, 상대와 거리를 두는 것이 중요하다. 너무 붙으면 과도하게 기대되며, 그 기대에 부응하지 못하면 원한을 사거나 버림받았다는 원성을 들게 된다. 하지만 너무 멀어지면 원조도 할 수 없다.

❸ 드라이하게, 소프트하게(건조하게, 부드럽게)

상대에게 '해줄 수 있는 것'은 한도가 있다. 그런데도 상대는 "나를 버리지 않을 거라면 좀 더, 더!"라고 끝없이 요구해 온다. 이에 설득 당해서 "그럼 이번에만 특별히 해줄게"라든가 "어쩔 수 없지, 사실 이렇게 해주는 건 안돼"라는 식으로 상대를 특별 취급하거나 특례를 만들거나 하면, 이미 상대의 페이스에 말려들어 수습할 수 없게 된다.

'배려'나 '친절함', '구분'이나 '룰'을 혼동하는 것은 절대 피해야 한다. 할 수 있는 것은 할 수 있고, 무리인 것은 무리이며, 일에는 한계도 있고 이쪽 사정도 있다는 것을 알려줘야 한다 — 단, 그것은 상대를 버리는 것과는 다르며, 불성실한 것과도 다르다. 그런 것을 상대에게 이해시키도록 한다. 즉, 상대로부터의 과도한 요구를 얼마나 드라이하고 소프트하게 거절하는가가 승부가 된다. 이 승부는 어려운 일이지만, 패배하면 나중에 농락당해 혼이 난다.

"융통성이 없어 관공서 일처럼 느껴질지 모르지만, 그 외에도 나를 필요로 하는 사람들이 많이 기다리고 있어요. 매정해 보일지 몰라도, 어딘가에 선을 그어야 해요. 나도 고용된 몸이기 때문에 당신이 힘든 건 알지만 내 괴로움도 헤아려주면 좋겠어요" 등의 말로 발뺌할 수밖에 없을 것이다.

이런 상황에서는 정말이지, 우리 자신의 정신적인 터프함을 묻게 된다(대응에 대해서는 316p의 Q31 "클레이머에 대한 대응"도 참조하기 바란다).

❹ 동료와 정보교환을

상대방 말에는 때때로 과장이나 왜곡이 담겨 있다. 특히 "당신에게만 얘기할게요"라는 식으로 말할 때는 조작하려 하는 경우가 있을 수 있다.

여러 사람이 관련되어 있을 때는 서로 정보를 교환하고, 스태프들 사이에 당사자에 대한 인상이 크게 다를 때는 그 이유에 대해 토의하는 것이 현명할 것이다.

❺ 당황하지 않는다

상대가 이성을 잃어도 당황하지 않을 것. 변명은 적게, 그리고 담담하게.

흥분하거나 뒷걸음질 치면 상대는 더욱 혼란스러워서 불난 집에 부채질하는 꼴이 되어 버린다. 태도는 냉정하고 일관성을 유지한 채, 적당히 맞장구를 치며 꾹 참는다. 시간을 번다. 그것밖에 없다. 섣불리 양보하거나, 필요도 없는데 사과하는 것은 오히려 마이너스다.

애초에 그들은 과거의 분노나 원한을 잊을 수 없는(혹은 항상 머릿속에서 반복하고 있다) 경향이 있다. 일단 분노에 불이 붙으면, 이미 지나가버린 과거의 불쾌한 기억이 모두 활성화되어 지금 현재의 분노에 추가된다. 그래서 설령 그럴만한 이유가 있었다 하더라도, 그것에 대해 너무나 어울리지 않는 격렬한 분노를 나타낸다.

화를 낼 뿐만 아니라 분해서 눈물을 보이기도 한다. 상대가 눈물을 글썽이면, 잠자코 티슈 상자를 내민다. 어쩌면 상대는 그 상자를 이쪽으로 휙 던져버릴지도 모르지만, 작은 목소리로 "눈물 닦아요"라고 조용히 말하며 주워서 한 번 더 상자를 내민다. 그런 톤이 좋을 것 같다.

이상은 경계성 성격장애로 불리는 사람들과 교제하는 방법의 포인트이다. 어느 정도 일을 계속하다 보면 경계성 성격장애뿐만 아니라, 반드시 성격장애자와 마주할 수밖에 없다. 기본적으로 경계성 성격장애에 대한 대응이 준수된다면 그다지 실수는 없을 것이다.

상대의 과대평가로 인해 지쳐버리는 것보다는 차라리 의지할 수 없는 사람으로 여겨지는 것이 낫다. 성격장애자를 마주했을 때, 아무래도 자신이 상대에게 좋은 사람 또는 사랑받는 대상이 되고 싶다면 그것은 그렇게 바라는 원조자 자신의 내면에 문제가 있다고 생각하는 쪽이 정답이다.

성격장애자와 교제해서 얻을 수 있는 교훈이란, 아래와 같은 것이다.

원조 대상이 환자든 그 가족이든 열정이나 한결같음을 강조함으로써 상대를 나의 페이스로 끌어들이는 것이 요령이 되는 경우와, 반대로 상대와 거리두기를 유의하지 않으면 내가 상대 페이스에 말려들어가 파탄해 버리는(결국, 상대의 과도한 기대나 요구에 응할 수 없게 되기 때문에) 경우, 그 두 가지가 있다는 것을 알아둬야 한다. 특히 성격장애자를 상대할 때는 후자에 상당하는 경우가 많다.

열의와 상냥함만으로 원조가 가능하다고 생각하는 것은 아마추어에 불과하다.

4) 환자의 가족 중에 성격장애자가 있을 경우

여기서 다시 '가족에게 성격장애자가 있던 경우'에 대해 생각해 보자. 그런 경우에는 도대체 어떤 트러블이 일어날까?

(1) 가족이 원조를 거부한다. 객관적으로 보았을 때 아무래도 원조를 필요로 하는 환자가 존재함에도 불구하고, 성격장애로 생각되는 가족이 개입을 거부해 손을 내밀 수가 없다.
(2) 가족의 요구가 현실에 필요하다고 여겨지는 것과 어긋나 있다. 그것을 지적해도 듣지 않고 화까지 낸다.
(3) 가족에게 양면성이 있고 표면적으로는 우리와 무난하게 접하고 있지만, 평상

시에는 학대나 방치 등을 환자에게 행하고 있을 가능성이 있다.

(4) 도무지 말도 안 되는 클레임을 걸어오거나, 불쾌한 태도를 보여 우리를 당황하게 하거나 분노하게 한다.

대략 이런 경우이며, 순서대로 검토해보기로 하자.

● **가족이 도움을 거부할 경우**

한 마디로, 그들 성격장애자에게 있어서 사물의 우선순위가 우리와는 다르다는 것이다.

예를 들면, 환자의 개호가 불충분한 상태보다도 집 안에 들어온 다른 사람에게 실내가 흩어져 있거나 더러운 모습을 목격당하는 것이 더 견딜 수 없다고 생각하는 사람이 있다. 터무니없는 자존심이나 수치심에 얽매여 있는 것이다. 혹은, '남(공공 권력)에게 신세지는 것은 싫다'라는 발상이 있고, 그 연장으로 간호 · 지역사회 센터와도 관계를 맺고 싶어 하지 않는지도 모른다.

아니면 약간의 액수라도 돈을 내기가 싫어서 (우리 입장에서 보면 밸런스가 맞지 않는 얘기지만) 환자의 건강보다는 돈이 더 중요하다고 판단하는 것인지도 모른다. 그들은 우리가 상상할 수도 없는 이유로 원조를 거부한다.

설령 이유를 안다고 해서 우리가 이들을 설득할 수 있을까? 우선 무리다.

성격장애자는 기본적으로 타인을 믿지 않는다. '속지 않을까?', '손해 보는 것은 아닐까?'라는 의심이 가득하다. 설득을 반복할수록 점점 의혹은 깊어질 것이다. 배려나 마음의 온기는 매우 닿기 어렵다.

대응법의 하나는, 다른 '정상'인 가족이나 친족에게 접근해 보는 것이다. 그들에게 설득과 협력을 부탁한다. 다만 때로는 가족 모두가 '뭔가 이상한' 사람들인 경우도 있다.

만약 그래도 안 된다면, 더는 적극적인 수단이 없다. 적어도 우리로서는 무리한 일을 하거나 프라이버시를 들춰내는 그런 일을 할 생각은 없다. 어쨌든 필요하다고 느끼면 바로 연락해서 함께 케어에 대해 생각하고 싶다고 '길'을 제시하고 대기할 수밖에 없을 것이다.

그러나 그렇게 느긋해도 좋냐는 반론도 있을 것이다. 대기하는 것은 사실상 환자의 수명을 단축하는 것이며, 우리도 편치 않겠지만 억지로 강요해도 꼬일 뿐이다.

환자 A는 건강했던 시절부터 수년 동안 성격장애자 B 때문에 골치 아프고 고통받아 온 가족 역사가 아마 있을 것이다. 그리고 그 쐐기 같은 형태로, 지금 A는 B 때문에 개호도 받을 수 없다. 이것을 불합리나 부조리라고 칭하기는 간단하다. 하지만 생각을 바꾸면, A는 B씨로부터 고통을 받아오던 긴 시간 동안 현상에 만족해 왔던 것이다. 그 부담이 돌아왔다.

가족의 길고 어두운 역사를 갑자기 전환시키는 것은 어렵다. 급격한 변화를 가져오면 나중에 반드시 반동이나 왜곡이 발생할 수 있다. 따라서 조급해 봤자 소용이 없다. 냉정한 것 같지만, 나라면 정보 수집을 하거나 해프닝이나 상황의 급변 가능성을 고려하면서 어쨌든 대기할 수밖에 없다고 판단할 것이다. 이런 경우라면 나는 운명론자의 입장을 취한다.

● 가족의 요구가 어긋나 있는 경우
현실에서 필요한 것과 다른 것을 가족으로부터 요구받을 때가 있다. "식사만 만들어 주면 된다. 나머지는 아무것도 하지 말라"거나, 환자 일은 내팽개치고 자신의 말동무가 되어 줄 것을 요구하거나 등.

그런 요구에는 따를 수 없다고 분명히 말하는 것이 본래의 대응법이다. 다만, 앞에서도 말했듯이 그들은 우선순위가 어긋나 있다. 따라서, 우선순위가 가장 높은 요구를 받아들이고 난 후에 이쪽에서 제안해 가는 방책도 이론적으로는 성립된다.

뭐, 현실에서는 유연하게, 본래 업무에서 벗어나는 일도 다소 하면서 어느 정도의 타협을 도모해 갈 수밖에 없을 것이다.

● 뒤에서는 학대하고 있을 가능성이 있는 경우

표면적으로는 아무렇지 않은 척 가장하고 있어도, 아무래도 평상시에는 학대나 무시 등을 하고 있을 가능성이 있는 경우가 있다. 술에 취하지 않았을 때는 좋지만, 일단 술을 마시고 취하면 곧바로 환자를 향해 폭력을 휘두르는 사례도 여기에 포함된다. 학대가 너무 심하면 경찰과 상의할 수도 있겠지만, 거기까지 가지 않는 경우는 어떻게 해야 할까?

첫째는, 환자를 병원이나 시설에 일시적으로라도 수용하여 물리적으로 격리시키는 것을 생각할 수 있다. 그러기 위해서는 보건사나 의료 관계자를 포함해 제대로 연계를 취하도록 한다. 친척을 찾아내 협조를 구할 필요도 있을 것이다.

또, 가족 쪽에서는 본래 학대 등을 가할 마음이 없지만, 자신의 감정을 컨트롤할 수 없어 그렇게 하는 경우가 드물지 않다. 즉, 본인도 좋지 않다고 생각하고 있다. 이런 경우, 대응법으로서 어쨌든 가정 내의 원활한 소통을 생각할 수 있다.

폭력 등을 휘두르는 것은, 말하자면 가정이 막다른 곳에 부딪친 상태인 것이다. 선후책을 강구하거나, 다른 선택지를 생각하기 전에 손쉬운 발산을 하여 그것이 학대로 이어진다. 그들이 현실감과 희망을 갖기 위해서는, 다양한 사람들이 기회가 있을 때마다 얼굴을 내비치거나 말을 거는 등의 어프로치를 보여주는 것이 중요할 것이다.

가족과 어느 정도 관계를 맺을 수 있다면 설교나 비난할 게 아니라,

어쨌든 그들 나름대로 노력해 왔다는 것을 인정하고 평가하는 자세를 보여줘야 한다. 그렇게 되면 "모처럼 가족들은 노력해 왔는데도 개호가 제대로 진행되지 않았던 것은 왜일까?"라는 이야기에 필연적으로 전개를 해 나간다. 그리고 이쪽이 '상대를 비난하는 자세'가 없다는 것이 제대로 전해진다면 아마 그들은 '아무래도 억제할 수 없는 마음'에 대해 말할 것이다.

그런 고백에 대해서는 어떻게 받아들일까?

"당신 같은 경우는 의외로 많고, 비슷한 일로 고통받고 있는 사람을 나는 여러 명 만났어요. 그들은 자신의 여림을 인정하고, 어떤 사람은 상담을 받기도 하고, 어떤 사람은 개호자 모임에서 스트레스를 풀면서 꽤 어깨가 가벼워진 것 같아요. 그러니 당신도 분명 현재 상태에서 벗어날 수 있을 것이라고 생각해요. 제 경험으로 말씀드리면"

그런 식으로 '다양한 아수라장을 목격해 온 스태프' 입장에서, 조언이라기보다 체험담을 통해 시사해 주는 것이 적절할 것이다.

이 경우, '나는 실제로 많은 경험이 없어서'라고 묘하게 우직해지는 스태프가 있는데, 설령 동료들로부터 들은 이야기라도, 검토회에 참가하거나 책에서 읽은 사례라도, 우리 입장에서 보면 리얼함에 있어서 실제 체험과 동등하게 다뤄도 되지 않을까 생각한다. 입에서 나오는 대로 하는 말은 아니니까.

● 클레이머에 대해서

이해할 수 없는 클레임을 걸어오거나 불쾌한 태도를 보이는 사람들에 대해서는 어떨까?

내가 아는 한 가족은 피해의식으로 굳어 있었다. 개호를 하지 않을 수 없는 자신은 세상에서 가장 불행하고, 헬퍼는 애초에 남을 돌봐줄 만큼 '여유'가 있으니 좋겠다는 발상을 갖고 있었다. 그래서 일종의 앙갚음 같은 마음으로, 헬퍼에게 엉뚱하게 화풀이하는 태도를 계속 취하고 있었다.

참으로 씁쓸한 이야기지만, 분함이나 무력감의 반대로 피해의식에 사로잡혀 있는 가족은 많다. 그런 정신 상태에서는 헬퍼를 '맘 편한 위선자'로 간주하거나, 옛날로 치면 가정부나 하녀 같은 존재로 생각함으로써 위산과다증을 다스리려고 한다.

성격장애자는 타인의 기분을 헤아릴 수 없다. 그것이 가능하다면, 좀 더 사회에 순응해 갈 수 있을 테니까. 그리고 원망이나 불평이 가까운 사람에게로 향하기 쉽다. 이런 경우에 취해야 할 태도는 두 가지다.

어차피 좋지 않은 마음의 소유자일 뿐이고, 우리는 가족이 아닌 환자를 돕기 위해 활동하고 있다. 이들 가족은 탁한 공기나 더러워진 이불, 상한 음식과 마찬가지로 '환자의 건강을 저해하는 한 요소'일 뿐이다. 그러니 담담하게 일해 가자는 태도다.

또 하나는, 일단 철수를 도모하는 것이다. 우리는 많은 사례를 동시 진행으로 다뤄 나가야 한다. 정신적으로나 물리적으로나 너무 고민스러운 일이 많다면, 언제까지나 매달려 있을 수는 없다. 다른 사례의 발목을 잡는 결과가 될 수도 있기 때문이다.

다만, 이런 발상은 환자를 저버리는 것으로 이어질 수도 있다. 가족이 결국 난감해하거나 재차 의뢰를 해온다면 모를까, 직무 유기로 오해받을 수 있는 위험이 있다.

따라서 All or Nothing과 같은 극단적인 생각이 아니라, 부분적 철수로 흔들어 보는 정도가 적당할 것이다.

어쨌든 어떤 방침을 취해야 하는가는 자기 혼자만이 아닌 동료와 속내를 털어놓고 결정해 가는 것이 중요하다. 우리도 늘 냉정한 판단을 할 수 있는 것은 아니고, 동료가 수용해 주는 것으로 생각이 바뀌는 경우도 있다. 다소의 리스크가 따르는 선택을 할 때는, 동료들 또한 그 사실을 알고 응원해 줌으로써 마음의 안정을 유지할 수 있을 것이다. 혼자서 견디거나 판단하는 것은 피해야 한다.

5) 상처받은 우리 자신에 대해서

● 이상한 것은 내가 아닐까?

다양한 형태의 성격장애를 접하며, 우리는 종종 마음의 상처를 받는다. 나 역시 강렬한 경계성 성격장애가 진찰실에서 떠들거나 하면, 사흘은 기분이 좋지 않다.

그들이 유명한 기피인물로서 등장했다면, 이쪽에서도 각오가 선다. 하지만 그들은 보통 '정상인 사람'처럼 등장하는 경우가 많다. 그런데 돌변하니 곤혹스럽고, 내가 무언가 착각하거나 간과한 것은 아닐까 불안해진다. 게다가 상대가 결혼했거나 제대로 된 직업을 가지고 있거나 하면, 그것은 상대를 좋아하거나 평가하는 인간이 있었다는 것이다.

"혹시 이상한 것은 내가 아닐까?"라고 마음이 흔들린다. 게다가 문제가 될 때는, 나에게도 얼마간의 실수나 부적절함이 있었다고 '말할 수도 있다'라는 미묘한 뉘앙스가 섞여 있는 경우가 많다. 그러면 더더욱 문제가 있는 것은 상대인지 자신인지 애매해진다. 보통은 어느 쪽인가? 당연한 것은 어느 쪽인가? 하물며 그들 중에는 달변가가 많아서 위화감을 느끼면서도 상대의 페이스에 넘어갈 수도 있다.

결국, 그들을 앞에 둔 우리는 우리 안에 있는 자신감 부재나 애매함과 불안을 드러내고 만다. 그래서 상대가 나쁘다는 생각과 동시에, 자신에 관하여 무언가 꺼림칙함과 자신의 괴로움이 튀어나온다. 그들에게는 거울 같은 데가 있다. 그래서 우리는 상대를 마음속으로 매도하는 것으로 직성이 풀리는 단순한 것이 되지 않는다.

분하지만 화를 내는 동시에 겸허한 마음도 발동하지 않으면, 그들과의 만남은 불모지에 불과하게 된다. 그렇게 생각해 주셨으면 한다.

● '세상 일반'의 대표가 되다

다음은 여담이다. '우울'하거나 불안감이나 불면을 주소chief complaint로 외래에 찾아오는 경계성 성격장애에 대해, 나는 어떻게 목표를 정하고 있는가? 물론 '낫는다'고 기대하지는 않는다. 대개는 나이가 들면 서서히 에너지가 떨어지기 때문에, 그때까지 별 탈 없이 살아갈 수 있도록 변변치 않은 힘이나마 지지해 갈 뿐이다. 즉, 상대가 늙기를 기다린다는 것이다. 물론 나도 동시에 늙어가는 터라 뭔가 잘못 짚은 것 같아 지긋지긋할 때가 있다.

경계성 성격장애와의 관계성에 있어서 가장 좋은 것은 나 자신이 '세상 일반의 생각이나 의견'의 대표가 되는 것이라고 생각한다. 그들은 세상 사람들이 평범하게 느끼거나 생각하는 내용을 알지 못하고, 미묘하게 어긋난다. 아니, 그 알 수 없는 것을 자기애적으로 해석하여 자신을 특별시하고, 아이덴티티(정체성)로 삼는 흠이 있다.

그러니까 평상시에는 독특하고 '고고한 나님'으로 괜찮지만, 일단 불안해지면 '세상의 보통'을 잘 모르기 때문에 더욱 불안해지거나 의심암귀疑心暗鬼가 된다. 그렇다 하여, 이제 와서 "보통 이런 경우, 세상에서는 어떻게 느끼나요?"라고 물을 수 없다. 자존심이 허락하지 않는다. 속을 터놓고 말할 수 있는 친구도 없다.

길을 걷다가 미용실 점원이 티슈를 나눠주고 있었지만, 자신에게는 주려고 하지 않았다. 왜일까? 타이밍 문제인가? 나를 못생긴 놈이라고 판단해 대상 외로 본 것인가? 이유 없이 안 주는 경우가 있는지 그런 것을 두고두고 신경 쓰며, 그 과정에서 기분이 언짢아지는 인간이 경계성 성격장애인 것이다. 고작 티슈 하나 가지고 말이다.

그럴 때, 아무런 편견이 더해지지 않은 의견으로서 "너를 일부러 대상 외로 삼았다는 생각은 들지 않아. 그냥 우연이지. 그런 일은 누구에게나 흔히 있어"라고 아무렇지 않은 듯 말한다. 즉, "일반 사람들은 그렇게 느끼거나 생각하며 지내는 것이지, 너처럼 구애받는 것은 부자연스러워. 그러니까 스트레스가 쌓이는 거야"라고 말할 수 있는 존재가 되는 것이 예상 이상으로 중요한 것이 아닐까 생각하고 있다.

경계성 성격장애는 자신이 특별한 존재이고 싶은 나머지 평범한 것의 편안함이나 안정감을 경멸하면서도 평범한 것을 동경하고 있는 성가신 사람들이다.

5
알코올 의존증

1) 알코올 의존증이란 무엇일까

● 원조의 '기본'이 여기에 있다

독자가 헬퍼라면, 아마도 '알코올 의존증'으로 진단받은 사람을 돕는 경우는 드물 것이다. 왜냐하면 의존증 환자 대부분은 적어도 술을 마시지 않을 때는 일을 하거나 신변 처리가 가능하기 때문에 헬퍼 파견의 대상이 되지 않는다.

단, 정신장애나 인지증 환자가 있는 가정에 가면 가족에게 알코올 의존증 환자가 있고, 그 때문에 귀찮은 문제(예를 들면, 환자에 대한 학대라든지, 헬퍼 파견을 마음대로 거부한다든지, 불필요한 참견을 해 온다든지)들이 초래되는 경우가 꽤 있을 수 있다.

혹은 직접적인 관련은 아니더라도, "친척에게 알코올 중독이 있는데"라고 조언을 구할 수 있는 기회는 있을지도 모른다. 또 알코올 의존증에 대한 생각은 이 책에서 반복적으로 언급되는 개념(특히 '기다림'이라는 발상)과 밀접한 관련이 있다.

그런 의미에서, 알코올 의존증에 대해 여기에서 언급해 두고자 한다.

● 음주량의 문제가 아니다

"하루에 마신 술의 양이 얼만큼이어야 알코올 의존증이라고 할 수 있습니까?"라는 질문을 자주 받는다. 이 질문은 알코올 의존증의 실태를 오해하고 있다. 주당과 의존증과는 분명 서로 겹치는 부분이 크지만, 단순히 음주량만으로 진단되는 것은 아니다.

정의는 '술을 마셔서 여러 문제(신용을 잃거나, 직장에서 실패를 거듭하거나, 가정이 붕괴 상태에 빠진다거나, 친구가 떠나버리거나, 건강을 해치는 것)가 야기되고 있는 것을 알면서도 여전히 음주를 컨트롤할 수 없는 상태'를 말한다.

말하자면 자멸을 향한 벡터 그 자체이며, 술을 끊고 사태를 개선하자는 상식과 정반대로 '그러니까 술을 마시고 현실에서 도피하자'는 악순환이 특징이다.

알코올 의존증 환자는(혹은 그 배우자가 되는 인물) 자란 가정 역시 의존증 환자가 있는 가족이거나(그래서 알코올 문제를 보고 그 비참함을 알고 자랐을 텐데, 결국은 익숙한 패턴으로 끌려 들어가도록 마음속에 각인현상이 일어나고 있는 것일까), 모종의 삐뚤어진 자기애가 엿보이는 경우가 종종 있고, 또 체질이나 유전적인 요소도 무시할 수 없지만 일괄적으로 해명이 가능할 만큼 단순한 것도 아니다. 자업자득인 사람들이라면 딱 맞는 말이다.

하지만 이상한 표현이지만, '운명에 농락당해' 알코올 의존으로 빠져들어가는 듯한 인상을 동반하는 경우가 드물지 않다.

● 이른바 '치유'는 없다

그런데 알코올 의존증 치료에 대한 '오해' 중 다음 두 가지는 짚고 넘어가고자 한다.

(1) 알코올 전문병원이나 정신과에 입원시키면, 환자는 '치료되어' 퇴원한다.

(2) 혐주약嫌酒藥, alcoholphobic을 이용하면 사태는 해결된다.

정말이지, 이렇게 간단하게 일이 진행된다면 고생하지 않을 것이다.

애초에 알코올 의존증에 치유라는 건 없다. 술을 끊고 있는 동안만큼은 문제행동이 다스려지는 것뿐이다. 10년 동안 술을 끊고 정직한 생활을 보내고 있던 어느 날 다시 술을 마시기 시작하면(축하 자리에서 건배를 거절하지 못했다거나), 그 시점에서 의존증은 재시동된다. 따라서 본인이 알코올을 끊겠다는 의지가 없는 한, 어쩔 수 없다. 요컨대, 절주라는 방책은 통용되지 않는다. 적당한 곳에서 술을 끊을 수 있을 정도면 처음부터 아예 의존증이 되지 않는다. 어쨌든 음주를 컨트롤할 수 없는 것이 알코올 의존증이기 때문이다.

따라서 입원해 있는 기간은 술을 마실 수 없을지 모르지만, 본인에게 그럴 생각이 없다면 퇴원하자마자 음주는 재개될 것이다. 강제 입원이라도 시키면 세뇌되어 치유되겠지 등의 '안이한' 생각은 환상일 뿐이다.

● 혐주약嫌酒劑도 효과가 없다

또, 분명 혐주약이라는 것이 존재하지만, 이것은 쉽게 취하게 하는 약이나 다름없다. 원래, 소량의 술로 충분히 취하게 할 수 있는 약은 없을까 하여 개발되었지만, 기분 좋게 취하지 않고 고약하게 취하게 할 뿐이어서 치료 목적으로 전용된 것이라고 한다. 게다가 매일 복용해야 한다. 따라서 본인 몰래 살짝 복용하게 하면 술을 싫어하게 되고, 더 이상 마시지 않게 된다는 것은 말이 되지 않는다. 게다가 사고 우려도 있어서 의사는 환자가 모르게 약을 복용시키기 위해 혐주약을 처방하거나 하지 않는다.

그럼 왜 혐주약이 있는가 하면, 금주를 계속하려는 의존증 환자가 자신이나 가족에게 "오늘도 술을 마시지 않을 거야"라고 결의를 표명하기 위한, 말하자면 의식으로 이용되는 것이다.

이렇게 본인이 술을 끊으려고 하는 마음이 생기지 않으면 어쩔 도리가 없다. 상당한 각오를 본인이 하지 않는 한, 술은 끊을 수 없다. 그러니까 "술로 죽을 수 있다면 만족한다"라고 큰소리치는 환자를 향해 설교나 설득을 해도 효과는 없다.

2) 알코올 원조의 '보편성'

● 환자 본인이 아니라 '곤경에 처한 사람'에게 주목하다

그럼 어떻게 해야 할까? 어쩌면 본인은 곤란하지 않을 수도 있지만, 주변에는 곤란해하는 사람이 존재한다. 그렇기 때문에 사례로 다뤄지는 것이다. 그래서 우리는 곤란해하는 사람들(보통 가족)과 의존증 환자와의 관계성을 생각해 본다. 그러면 그곳에는 왜곡된 형태의 커뮤니케이션이 성립하고 있는 것을 알 수 있는 것이다.

예를 들어, 남편이 알코올 의존증인 가정을 상상해 보자. 우선 가장 곤란한 사람은 아내일 것이다. 그녀는 "곤란하지만 어떻게 할 수가 없습니다"라고 말할 것이다. 아마 그녀로서는 그 말이 바로 본심일 것이다.

하지만 아내의 말과 행동이 과연 알코올 의존증자에게 "이대로는 역시 좋지 않다. 술과 인연을 끊고, 새로운 인생을 살자"라는 반성을 재촉할 가능성으로 작용하고 있을까? 사실 대개는 정반대로, 점점 더 알코올로 빠져들게 작용하고 있는 것이다.

예를 들어, 숙취로 남편이 이튿날 아침 회사에 갈 수 없는 상태일 때 아내는 어떻게 행동할까?

대부분의 아내가 회사에 전화를 걸어 "남편이 감기에 걸려 출근하지 못합니다"라고 변명한다. 아내 입장에서는, 무단결근을 하게 되면 정리

해고가 될 수도 있고, 그러면 가정 자체가 곤란해지기 때문에 어쩔 수 없다는 발상일 것이다. 그렇게 되면 남편은 자포자기하게 되어 더욱 술에 빠져들 것이다. 혹은 회사에 변명의 전화를 걸지 않으면, 남편으로부터 폭력을 당할 것이라는 불안감 때문일 수도 있다. 아내에게는 아내의 주장이 있다.

그렇다 하더라도, 이처럼 남편을 옹호하는 행동은 역효과이다. 남편에게 있어서 그 행위는 '아내가 뒤처리를 해주니, 아직 계속 마셔도 괜찮아'라는 긍정으로 받아들여진다. 정말 제멋대로라고 할 수 있다. 뻔뻔스러운 생각이지만, 그들은 그런 응석과 뻔뻔함과 협박(강압)과 자기연민이 혼합된 정신구조의 소유자다. 아내는 그런 마음의 소유자를 받아들이는 모친(어머니)화 되고 있다.

아내는 '나만 참으면 돼'하고 비장한 각오를 해 보거나, '이 사람은 술만 마시지 않으면 착하고 좋은 사람인데'라며 남편을 이상적인 대상으로 삼기도 하며 자신을 달래려고 한다. 마음 한 구석에서는 그런 것 따위 무의미하다고 생각하면서 말이다.

집안에서 술을 빼앗는 등의 행동으로 알코올에서 남편을 떼어내려는 아내도 있다. 하지만 그렇게 하면 남편은 고집을 부려 술을 계속 마실 것이다. 왜냐하면 그는 현실을 원망하고 도피하기 위한 수단으로 술을 이용해 왔기 때문이다. 그렇다면 아내의 거부적인 태도로부터 벗어나고, 또 그녀에 대한 비난이라는 의미로써도 남편은 술을 마시지 않고 들어가지는 않을 것이다.

● 이네이블링enabling을 그만두게 하다
결과적으로 음주 행동을 계속하게 하는 인물, 금주를 원하면서도 역효과를 불러오는 인물을 '인에이블러'라고 한다. Enabler (조력자)라고 쓰고, 직역하면 '(음주를) 가능하게 하는 사람'이라고 할 수 있다. 바로 앞에서 말한 아내가 해당할 것이다. 그래서 당분간은 의존증자에 대한 직접적인 접근은 포기하고, 인에이블러에게 작용하는 것을 생각해 본다.

아내는 인에이블러로서, 결국은 남편이 알코올에 매달리도록 계속 행동해 왔다. 여기서 그런 방식을 고치게 한다. 기본적으로 남편에 대한 집착을 포기하고, 의존증을 없애려고 분투하는 데서 손을 떼는 것이다. 숙취 뒤치다꺼리를 하거나, 잔소리를 하거나, 술병을 감춰 보거나, 문제 행동을 남에게 은폐하려고 노력하거나, 폭언이나 폭력을 참는 등의 행동을 그만두게 한다.

물론 그에 따른 리스크는 있을 것이다. 회사에서 해고당하거나, 친척으로부터 책망을 듣거나, 일시적으로 남편의 주량이 늘어나거나, 폭력이 심해질지도 모른다. 따라서 아내는 상당히 각오를 다져야 한다. 폭행당하면 집을 나오거나 경찰에 통보한다는 단호한 태도도 필요하다.

● '바닥 체험'으로

그러나 좀처럼 아내는 거기까지 결단을 내리지 못한다. 곤란하다고 하면서, 질질 현상 유지로 기운다. 공동의존(46p 참조) 상태로 된 경우가 많은 것이다.

그러니 우선은 그녀가 지금까지 남편과의 관계성이 잘못되었다는 것을 이해해야 한다. 말과 행동을 개선해야 한다. 남편에게 끌려간 채 잃어버렸던 자신의 인생을 되찾지 않으면, 인에이블러 역할에서 내려올 수 없다. 만약 잘 되면, 남편이 금방 알코올 의존으로부터 벗어날 수 있는 것은 아니더라도 그 가능성은 높아진다. 만약 남편이 결국 알코올로부터 벗어나지 못한다 해도 가족까지 얽매일 의무는 없으니, 적어도 아내나 자식만이라도 의존증자에게 농락당하지 않는 '당연한 생활'을 보내는, 그들 나름의 행복이 추구되어야 할 것이다.

아내가 남편과 거리를 두고 나름대로 살아갈 수 있게 되면, 그때까지

아내에게 기대어 '토라지거나', '비뚤어지거나' 해 온 남편은 예전처럼 하지 않게 된다. 그렇게 했을 때 현실을 직시하고, 원래 마음속에 있던 '이대로는 좋지 않아'라는 마음이 의료기관을 방문하거나 상담을 원하는 행동으로 연결될지도 모른다.

하지만 대개의 경우 그렇게 잘 되지는 않는다. 결국은 실직하거나, 아내가 떠나거나, 간에 문제가 생기는 등 위기적 상황이 되었을 때 때마침 적절한 접근이 이루어짐으로써 겨우 술을 끊어야 할 필요성을 순순히 인정하게 된다.

그런 식으로 이러지도 저러지도 못하는 상황까지 몰리는 것을 '바닥 체험'이라고 한다. 자칫 목숨을 잃거나 인생을 망치게 되는 것이지만, 그 정도의 일을 겪지 않으면 생활 방식을 전환할 수 없는 것이 인간의 슬픈 점이다.

● '여유'와 '기다림'— 지름길은 없다

이상의 내용으로 알코올 의존에서는 다음의 두 가지가 중요하다. 지름길은 없다. 억지 방법도 없다.

(1) 가족을 지지하고 조언하여 정신적 여유를 갖게 한다.
(2) 필요한 때 곧바로 접근할 수 있도록 준비를 갖춘 다음, 전개를 '기다린다'.

그리고 이런 방법론에는 문제가 있는 가족에 대한 대응법으로서의 보편성이 있다. 어떻게 보편적인지에 관해서는 19p나 33p의 내용과 비교하여 자연스럽게 이해할 수 있을 것이다.

덧붙여, 알코올 의존증 환자와 인지증 노인, 2인 거주가정에서 학대가 존재할 경우, 현실적인 문제로서 가족요법적 접근이 어려운 경우도 있다. 이론적으로는 '문제를 느낀 원조자 자신이 클라이언트가 되어 접근이 이루어져야 한다'고 했지만, 그것은 다소 비현실적이지 않을까?

그렇게 되면 오히려 학대라는 사실을 부각시켜 사법적 개입이 필요할지도 모른다. 또, 정신장애나 인지증에 알코올 의존증이 겹쳐지는 경우도 있고 가족요법이 더 이상 불가능할 수도 있어, 이런 경우 입원과 같은 방안이 더 중요할 수도 있다.

어쨌든 각 기관이 참여하는 형태로 사례 검토회를 열어, 방침을 세워야 한다.

6
스트레스·불안·분노

　원조에 종사하다 보면 조현병이나 우울증, 인지증 같은 심각한 질환에 직면하는 한편, 스트레스에 관한 상담을 받는 일도 많지 않을까? 특히 개호를 하고 있는 가족으로부터 말이다.

　그리고 원조하고 있는 우리도 스트레스나 불안, 분노와 같은 것에 시달린다. 물론 정신이 아픈 사람들 역시 이런 마음의 삐걱거림(불화)과 무관하지 않다.

　우리가 직면하는 영역은 목가적인 세계가 아니다. 어떤 의미에서는 극한에 가까운 세계이기 때문에 스트레스 관련 문제가 소용돌이치고 있는 것은 당연할 것이다. 하지만 그렇다고 몸부림치며 괴로워만 해서는 신도 부처도 없지 않을까? 스트레스라는 애매모호한 것에 대해 우리는 어떤 대응책을 생각해 가야 할까?

1) '세계를 좁히는' 방법

● 예를 들면, 은둔형 외톨이(히키코모리)

정신과나 심리학 교과서를 읽으면 신경증(노이로제)과 관련해서 갈등이나 불안감 등을 중심으로 몹시 어려운 것들이 쓰여 있다. 읽다 보면 점차 머리가 아파온다. 왜 그렇게 어렵게 말해야 하는지 이해할 수가 없다. 그런 이유로, 나 나름대로 이해하고 있는 것을 아래에 적는다.

우선 사람은 괴로움이나 고통을 마주하고 있으면, 무의식적으로 하나의 대처법을 강구하는 것 같다. 그것은 '자신의 세계를 좁히는' 대처법이다.

괴로움이나 고통에 허덕이면 마음에 여유가 없어진다. 유연성이 사라지고, 머리도 제대로 움직여주지 않는다. 그럴 때면, 평소와 다름없이 세상의 삼라만상을 상대해 나갈 능력 등을 바랄 수 없다. 도무지 정신력이 없고 지혜도 돌지 않는다. 첫째, 기분적으로도 우울하다.

그 시점에서 자신이 직면하고 다루어야 할 세계를 지나치게 좁혀서 한정한다. 그러면 일단 사물은 단순화되고 간략화된다. 어떻게든 스스로 처리할 수 있을 정도로 세계를 구분하고 한정하는 것이다.

아마 그것이 일목요연한 모습으로 실현되는 것이 이른바 '은둔형 외톨이'다.

그들에게는 문자 그대로, 자신의 방이 세상의 전부다. 자신의 방 안이라면 구석구석까지 눈길이 미치고, 자신의 뜻대로 된다. 자신을 위협하는 존재도 없다. 실내는 편안하고 안전하며, 단순하고 이해하기 쉽다. 그들은 실내라는 작은 세계의 왕으로서 하루하루를 영위한다.

대체로 그들은 집에서는 폭군처럼 행동하여, 가정 내 폭력은 다반사다. 그러나 일단 밖에 나오면 빌려 온 고양이처럼 얌전하다. 본인의 방에 틀어박혀 안도감과 함께 '이대로는 사회에서는 통용되지 않는다'는 마음도 갖고 있다. 불안과 초조함이 심해지지만 밖에 나갈 기력은 없다. 한심함과 자기혐오, 억울함과 죄책감이 섞여 그들은 막다른 곳에 이르게 된다.

그들이 은둔형 외톨이라는 수단을 선택한 배경에는, 가족과의 관계성이 깊이 자리하고 있다. 간단하게 말하면 공동의존이라는 '인력引力'으로부터 벗어날 수 없기 때문에 필연적으로 방에 틀어박히는 스타일을 취하기에 이르는 것이다. 이해와 해결의 힌트에 대해서는 46p에 기술한 공동의존 항목을 참조하기 바란다.

● **여러 가지 '좁히는 방법'**

자신의 세계를 좁히는 방법에는 좀 더 다른 스타일로, 해리증상이라고 불리는 것이 있다. 예를 들어 심인성 건망, 즉 스트레스성 기억상실이다. 무의식적으로 기억을 잃고 과거의 '굴레(얽매임)'를 잘라 버린다. 더이상 부모도 친구도 학교도 직장도 일절 관계없다. 자신이 관리해야 할 세계는 눈앞의 현상만으로 끝날 것이다.

혹은 다중인격이 있다. 평소 우리는 다양한 생각이나 감정, 욕망이나 속마음을 잘 감추거나 살짝 보여주는 등 컨트롤하면서 사회에 적응해 간다. 하지만 그런 컨트롤을 버리고 몇 개의 인격을 구분해 사용하여 감정을 드러낸다. 순간적으로 자신의 세계는 인격의 수만큼 분리되고 단순화된다.

이런 극단적인 것이 아니더라도, 소위 퇴행이라고 불리는 것 또한 자신의 세계를 좁히는 방법 중 하나이다(인격이나 지성이). 아이처럼 퇴행하게 되면, 원래 아이들이 직면해 다뤄야 할 대상은 지극히 좁고 단순하기 때문에 자신도 그것에 준하게 된다. 정신연령을 거슬러 올라감으로써 세계가 좁아지는 것이다.

강박증이라고 불리는 것은 손을 아무리 씻어도 아직 더러운 것처럼 느껴져 몇 시간이나 손을 계속 씻는다든가, 외출하면 금세 문단속이나 불단속 등이 신경 쓰여 불안해지거나, 가끔 주문 같은 것이라도 외우지 않으면 나쁜 일이 일어날 것 같아 걱정되는 등의 증상을 들 수 있다. 스스로 바보 같다는 생각을 하면서도, 불안해서 아무래도 그만둘 수 없다.

이런 증상에 시달리는 사람들은 종종 내면에 공격적인 격렬함을 숨기고 있다고 한다. 그런 격렬한 것을 무심코 해방시켜 버리면 사회적 신용도, 인간관계도 망쳐버릴 수도 있다. 하지만 격렬함을 그대로 내면에 놔두는 것도 고통스럽다. 그래서 무의미한 행동을 고집함으로써, 에너지를 낭비시키려 한다. 물론 손을 씻거나 필요 이상으로 화재를 걱정하는 등 어떤 증상이 출현하는지 그 경위에 있어서는 정신 분석적인 이유가 잠재되겠지만, 요컨대 무의미한 행동을 빌미로 세계를 좁히고 있는 것이다.

● 고통에 의존하여 세계를 좁히는 방법도 있다

막연한 불안감에 시달리거나, 호흡곤란이나 패닉, 병이나 사고에 대한 과도한 걱정, 사소한 신체적 컨디션에 대한 극도의 집착 — 이런 증상도 분명 본인에게 있어서는 고통이다. 하지만 증상에 시달려 '얽매이는' 것에 의해 어느새 당사자에게 세계는 좁아지고 있다. 단순화되고 있는 것이다. 그때까지 안고 있던 많은 어려움이나 염려는 제쳐 두고, 일단은 '이 증상만 낫는다면'이라는 형태로 설 자리가 주어진다.

우울증 항목에서 투약으로 우울증 자체는 치료되더라도, 그때까지 애매하게 잠재되어 있던 가정 문제 등이 병 요양 중에 현재화되어 버리고, 그로 인해 앞으로 한 발짝 더 나아가면 언제까지나 우울증이 낫지 않는다는 '신경증화된 우울증'에 대해 적었다(109p 참조). 이것 또한 환자에게 '병자인 나'라는 좁은 세계에 있는 동안에는 문제를 미룰 수 있다는 긍정적인 면이 있기 때문이다.

스트레스로 인해 여러 증상이 생긴다. 정말 괴롭다. 그러나 자신이 스트레스로 인해 환자가 되었다는 것을 자각했을 때, '나'는 동정되어야 할 입장에 서게 된다.

시어머니를 개호하느라 늘 부조리한 기분에 사로잡혀 있던 주부에게, 그것은 남편에 대한 자기주장이 될 수 있으며 자신을 비극의 주인공으로 인식하는 힐링 스토리가 될 수도 있다.

오히려 긍정적인 측면이 있기 때문에 사정은 다소 복잡해진다. 총체적으로 보면 마이너스로 기울어진다 해도, 다소 긍정적인 면이 있다면 거기에서 벗어나기 위해서는 상당한 정신력이 필요하다. 고통스러운 대로 '스트레스에 시달리는 나'라는 포지션에 안주해 버릴 수도 있다.

2) '좁은 세상의 거주자'에게 어떻게 다가갈까

● 환자의 성격에 따라 방법도 달라진다

따지고 보면 스트레스의 원인을 끊으면 해결이 된다. 다만 그런 것은 실제적 문제로서 무리이다. 그러나 수학 문제를 풀 듯 반드시 해답이 나오지 않더라도, 언젠가는 자연스럽게 상태가 개선된다. '흐지부지'된다고 할까, 그렇게 애매하고 어정쩡한 면이 있는 것이 사람의 마음인 것이다. 그래서 구원이 있고, 접근에도 의미가 있다.

접근 방법은 환자의 성격에 따라 적합·부적합이 있을 것이다. 신경증 메커니즘을 이해하는 이성적인 프로세스가 본인에게 정신적인 여유나 관점의 변환을 가져올지도 모른다. 그보다는 남들이 자신의 고통을 깨닫고, 이해하고 공감해 주는 것이 무엇보다 구원이라고 느끼는 환자도 있을 것이다. 고독감, 고립감, 의지할 곳 없다는 것들이 심각한 테마인 환자도 있다. 고통이나 원한을 화려하게 어필해야 직성이 풀리는 사람, 공격적인 말과 행동으로 가스를 빼야 직성이 풀리는 사람도 있을 것이다. 다양한 유형이 있지만, 우리가 일단 실행할 수 있는 현실적인 것은 다음 세 가지 정도일 것이다.

❶ 상대의 말을 경청한다.
❷ 상대의 감정에 대해서는 공감을 표시한다.
❸ 적어도 고독감이나 고립감으로부터 상대를 구한다.

좀 더 멋진 내용은 없을까 실망한 독자도 있을지 모르겠다. 그러나 상황을 타파하기 위한 구체적 방안 등은 제시하기 어렵다. 또 그런 것까지 우리가 할 필요는 없다. 그런 류의 정도가 심해지면, 상대를 구하기 위해서라며 돈을 빌려주는 일까지 해야 한다. 또, 점쟁이처럼 매일 동쪽을 향해 주문을 외우라는 등의 조언을 할 수 없다.

● 상대의 말을 경청한다
❶에 대해 살펴보자. 상대가 얘기하게 하는 것(언어화)은, 카운셀링의 기본이다. 말을 하려면 본인이 가슴 속 '응어리'에 대해 나름대로 정리를 해야 한다. 애매한 것, 감정 수준에 머물러 있는 것에 대해서도 제대로 말해 주고 상호관계를 명확하게 해야 스토리가 된다. 그런 절차를 거치고 나서야 본인은 자신의 감정에 제대로 맞서 쓸데없이 혐오감이나 원망이나 분노에 끌려가던 사태를 다시 보고, 냉정하게 음미할 계기를 얻게 된다. 최종적으로는 '본인이 어떻게 자기 자신을 납득시키고 각오를 다져서 세계를 넓혀 가는가'라는 것이 되는 것이며 그 프로세스로서 ❶은 필수이다. 180~181p의 테크닉도 참고해 주었으면 한다.

● 상대의 감정에 공감을 표시한다

다음은 ❷이다. 신경증의 증상에는 메시지에 가까운 성질이 있다. 나는 괴롭다, 불만이다, 분하다, 절망감에 빠질 것 같다, 죄책감에 견딜 수 없다……. 그런 기분이 바로 표출되지 않고 증상이라는 '간접적(에둘러서)'인 형태로 표출되고 있다. 직설적으로 내놓지 못하는 곳에 본인 나름의 괴로움이 있다. 그러므로 상대의 생각이나 발상에 동의할 필요는 없지만, 감정에 대해서는 공감을 보여줌으로써 본인은 겉돌고 있는 것 같은 불완전감이나 '이해받지 못한다'는 무력감으로부터 구출된다. 34p도 참고해 주었으면 한다.

● 고독감, 고립감으로부터 구한다

그럼 ❸은 어떤가? ❶이나 ❷를 실천하면, ❸은 달성할 수 있다는 이론이다. 단, 상대를 받아들이거나 공감을 표시할 뿐이라는 것은 어딘가 불편하다. 재치 있는 조언 등은 할 수 없더라도, 다소나마 치료자도 무언가 말하지 않으면 어색한 것이다. 경청하는 데는 의외로 강인한 정신을 필요로 한다.

그렇다고 너무 어렵게 생각할 필요는 없다. 아마 독자 여러분 중 상당수는 맥주를 마시면서 동료와 싫은 상사의 욕을 하고 속이 시원해진 경험이 있지 않을까 생각한다. 이 경우, 욕설은 구체적이고 디테일이 세밀할수록 분위기는 고조된다. 욕을 했다고 그것이 저주가 되어 상사에게 재앙이 닥치는 것은 아니다. 단지 '말했을 뿐', 그리고 그것에 동조하고 긍정해 주는 인간이 있다는 것만으로도 마음이 후련하다. 사람의 마음은 쓸데없이 복잡한 반면, 의외로 간단하기도 한 것이다.

● 우리에게는 '경험'이라는 무기가 있다

우리에게 무기는 무엇일까? 많은 사례를 취급했고 많은 가정을 봐 왔다는 경험일 것이다. 반드시 해결책을 제시하지 않더라도, 그런 경험에 근거한 이야기를 자연스럽게 상대에게 전달하는 것은 고독감이나 고립감에 대한 처방전이 될 것이다. 같은 일에 고민하고 고통받는 게 자신만이 아니라는 것을 알게 된다는 것은 당사자의 부담을 몹시 가볍게 해 준다.

원조직에 근무하는 사람은 많은 아수라장을 목격한다는 전제가 있기에, 이야기에는 설득력이 있다. 이 경우, 화제로 든 사례의 전말까지 자세히 알고 있을 필요는 없다. 그야말로 '도중에 담당이 바뀌었지만, 소문에 의하면 사태는 잘 수습되어 지금은 평온하게 살고 있다고 한다'는 결말이면 충분하다.

또, 어느 정도 경험을 쌓다 보면 반드시 '똑같은' 사례가 아니어도 자신의 체험을 각색하여 상대의 상황과 비슷한 사례에 대해 말할 수 있게 된다. 날조할 필요는 없지만, 이야기를 임기응변으로 각색할 수 있는 능력은 중요하다고 생각한다.

이상 3가지를 실행할 수 있으면 충분하다. 그런데도 상대의 고통이 전혀 경감되지 않았다면, 의료기관에서의 진찰을 권해보는 것도 하나의 방법이다. 단, 정신요법으로는 ❶~❸에 덧붙여 정신과의사가 특별히 새로운 접근을 할 수 있는 것은 아니다. 기껏해야 안정제를 사용해 보는 것과, 차라리 정신과 진찰을 받아보자는 본인의 결의 속에 새로운 전개 가능성이 잠재해 있다는 것을 기대할 수밖에 없을 것이다.

3) 우리 자신의 고통에는 어떻게 대처할까

● 울지 않는 두견새

반면 우리가 스트레스나 불안, 또는 분노에 시달릴 때는 어떻게 하면 좋을까? 간혹 도대체 무엇을 착각했는지, 나를 '직업상 스트레스를 별로 받지 않고 초연하다'고 생각하는 사람이 있다. 그것은 터무니없는 실수로, 수면제가 없어서는 안 되고 위가 아파오는 일도 자주 있다. 이른바 '스트레스 해소' 같은 수단에는 관심이 없고, 다른 사람과 있으면 그것만으로 지친다. 아내에게 푸념하는 것과 고양이를 안아주는 것과 책을 쓰는 것만이 대처법이다.

아내와 고양이는 그렇다 치고 글 쓰는 것에 대해서는, 즉 사례에 대해 르포라이터적인 시선을 가진 부분이 있다는 점에서, 그것이 과도한 '빠져듦holic'이나 휩쓸리는 것을 막고 있는지도 모른다. 기본적으로 나는 게으른 것이다.

'두견새가 울지 않으면 울게 하자'와 같은 발상을 하지 않는다. '두견새가 울 때까지 기다리자'는 커녕, '울지 않는 두견새도 있다' 정도인 것이다.

나에게 '행복의 절대 기준' 같은 것은 없다. 자기 세계를 좁히고 왜곡시켜 분재 같은 세계에 사는 것이 고통스러운 것은 아니다. 망상 속에 사는 기쁨이나 증오를 양식으로 살아가는 쾌감, 피해의식에 젖어 사는 편안함, 쓰레기에 묻혀 사는 안일함, 자기 연민에 사는 충실감 같은 것들이 틀림없이 존재하고 있다고 생각하기 때문에, 마음속으로 그런 상황에서 벗어나고 싶다면 "자~"하고 손을 내밀기는 해도, 이쪽에서 상대의 손을 잡거나 하지는 않는다.

세상에서 흔히 말하는 '불행'을 스스로 선택하고, 거기에 안주하고 싶어 하는 인간은 얼마든지 있다. 그런 '불행하지만 행복'한 사람들을 관찰하는 것은 나의 취미이다. 그리고 상대가 바라면 힘을 빌려주는 데 주저하지 않지만, 다가가 마누라 같은 행동을 할 생각은 없고 하물며 동반자살할 생각은 추호도 없다.

● 행복의 강매는 하고 싶지 않다

이 책에서 나는 반복하여 '기다린다'라는 것을 말하고 있다. 방법론으로서 우선은 적극적인 자세로 접근해 보지만, 거기서 원활하게 진행되지 않았다면 아마 당사자가 무의식 레벨로 현상 유지를 바라고 있을 것이라고 생각한다(물론 나의 대응법이 부적절할 가능성은 있기 때문에 자성은 중요하지만). 그렇게 되면 할 수 있는 것은 하고, 나머지는 형편에 맡기자는 것이다.

다만 할 수 있는 것에는 어떤 것이 있는지 생각해보는 것, 혹은 주변 인간의 정신상태가 미묘하게 전개에 영향을 미치기 때문에 그런 부분들의 조정에서야말로 기량이 시험당할 것이라고 생각한다. 값싸고 통속적인 '행복'의 강매 같은 것은 할 생각이 없는 것이다.

따라서 독자 여러분에게 추천하는 스트레스에 대한 대응책이란, 스테레오타입인 가치관이나 도덕관에 얽매이지 말라는 것이다. '~여야 한다'거나 '~가 아니면 이상해'와 같은 생각에 사로잡히면, 바로 설교를 하고 싶다. 비판을 하고 싶다. 꾸짖고 싶다. 하지만 나처럼 '사람은 불행에 안주하기 십상이다'라는 인생관도 조금 극단적일지도 모른다.

부질없는 표현으로 송구하지만, 인생의 다양성을 인정하는 방향으로 사고해 가는 것이 결국 스트레스를 줄이는 요점이라고 생각한다.

우리들의 곤란 ─ 그래서 정신과는 어렵다

1
원망을 받는다(미움 받는다)는 것

　고생하거나 노력한 만큼 상대가 기뻐하거나 바람직한 결과가 나온다면, 우리의 일은 참으로 충실하고 멋진 활동일 것이다.

　그런데 실제로는 앙심을 품는 사람도 있고 아무리 극진하게 대해줘도 불평밖에 못하는 사람도 있다. 뻔뻔스러운 인간, 염치없는 인간, 어리석은 인간, 마음이 뒤틀린 인간이 세상에는 넘쳐 난다.

　그리고 때로 우리는 반드시 상대의 희망대로 행동할 수는 없다. 상대의 판단이 부적절하거나, 완전한 '집착'에 기인해 있을 뿐이거나, 상식을 전혀 분별하지 못한 상태이거나…….

　그러면 비록 상대의 행복을 바라고 있어도, 결과적으로는 원망 받거나 미움을 받는 일은 얼마든지 있다. 사실 그래서 우리는 '의기소침한' 기분에 사로잡히거나, 자존심이 현저히 상처받거나, 전직을 생각하는 경우가 종종 있는 것이다.

　더구나 이렇게 '성실하게 최선을 다하고 있음에도 원망이나 미움을 받거나 클레임을 받는' 사태는, 그 경위나 감정의 엇갈린 요인을 남에게 제대로 설명하기 어렵다. 또 미묘한 뉘앙스가 얽혀 있는 경우가 많다. 어려운데도 그것을 열심히 설명하고 있다 보면, 바보스러움이나 허무함이나 부전감이 점점 마음속으로 퍼지며, 결국에는 "이젠 아무래도 상관없어", "네네, 제가 잘못했습니다"라고 내팽개쳐버리고 싶을 때도 있을 것이다. 우리가 옳다 해도 이야기가 간단하다고는 할 수 없다. 하물며 상대가 "나는 환자다, 약자야!"라고 큰 소리로 주장할 때에는 말이다.

그래서 우리가 지긋지긋하거나, 오해를 받거나, 고민할 것 같은 사례를 '원망을 받다'는 관점에서 몇 가지 예로 들어, 조금이라도 기분 좋게 일을 해 나갈 수 있도록 머릿속을 정리해보고 싶다. 더 복잡하게 뒤섞여버렸다고 느끼는 독자도 있을지 모르지만, 적어도 예시한 사례에 대해 자기 나름대로 생각해봄으로써, 일상의 업무를 보다 원활하게 극복해 가기 위한 연습은 되지 않을까 생각한다.

1) 우리 자신의 프라이버시에 관하여

병원에서 일어난 일이다.

외래의 초진접수는 아침 9시에 시작하는데, 8시 반쯤 와서 "상태가 안 좋아! 빨리 진찰해!"라고 떠드는 환자가 있었다. 기분이 초조해서 진료를 받으러 온 것이다.

당직의가 9시까지 기다리라고 전했지만(즉, 긴급한 상태가 아니었던 것이다) 받아들이지 않았다. "나는 환자다! 몸 상태가 나빠서 왔는데 당장 진찰하지 않다니 무슨 짓이야!"라며 거만한 태도로 불평했다. 경우에 따라서는 응급으로 대응해도 되지만, '짜증이 나서 대기실에서 진료개시 시간까지 기다리는 것이 싫다'라는 주장은, 다소 이기적인 얘기다. 게다가 당직의사 멱살을 잡고 불평하는 것이다.

폭력이라는 맥락에서 보안요원에게 와 달라고 해도 좋겠지만, 그냥 원만하게 끝내자는 뜻에서 내가 간호부장에게 불려가 진찰하게 되었다.

병동에서 당직 간호사 전달을 듣고 있는 중이었기 때문에 큰 민폐였다.

그 남자는 30대 후반의 마르고 독신에 무직이었다. 옷차림은 그리 나쁘지 않았다. 어떤 이유에서인지 모친과 함께 와 있었다. 대학도 나왔지만 직업은 자주 바꾸고 있었다. 대인관계 충돌로 인해 전직을 반복하고 있는 것 같았다. 외래에서의 그 이기적인 태도로 추측건대, 직장에서 오래 있지 못하는 것이 당연하게 생각되었다. 불쾌한 사람이었다.

그는 뇌파와 두부 CT를 찍어 달라고 주장했다. 뭔가 인터넷에서 얻은 지식을 자랑스럽게 말하면서, 자신에게는 이런 검사가 필수라고 말했다. 이야기하면서도 묘하게 기가 죽거나, 갑자기 위압적으로 나오거나 감정이 불안정했다. 그러나 톤은 뭔가 어리광을 부릴 것 같은 구석이 있었다. 내 표정에 대해, "당신의 그 상냥한 '척' 하는 얼굴 표정이 마음에 안 들어요"라고 말했다. 환자가 아니었다면 후려칠 뻔했다.

예약 없이 갑작스럽게 검사하는 것은 힘들었지만, 어쨌든 CT만큼은 찍어서 이상이 없음을 확인했다. 뇌파에 대해서는 긴급히 검사할 필연성이 없음을 설명해도 납득하지 않았다. 오기로 납득하려 하지 않았던 것이다.

증상에 관해서는 특별히 그 날에 한해서 짜증의 성질이 다른 것이 아닌 모양이었다. 이따금 진료가 생각나고 그 다음에는 그저 기다리는 것이 싫었을 뿐, 즉 '이기적'이고 '성급'할 뿐이었다. 여러 가지 얘기를 듣고 있는 동안에, 아마도 그는 경계성 성격장애(145p 참조)일 것이라고 짐작했다. 30대 후반이라면 좀 더 성격장애 나름의 분별이 갖춰졌어도 괜찮았을 것이라고 생각되었지만, 그런 점에서는 매우 어리석은 인물이었다는 것이다.

검사 절차나 동행 등을 포함하면 3시간 가까이 이 남자에게 농락당했다. 이쪽이 인내에 인내심을 발휘해서인지, 그도 다소 마음을 열어 오는 기색이 보였다. 이윽고 (아마 그로서는 최대급의 친밀감을 표시한 것은 아니었을까)이런 말을 했다.

"저는요, ○○대학을 졸업했어요. 학생시절에 여러 가지 일도 있었지만 그립네요. 선생님은 어느 대학을 나오셨어요?"

그의 물음에 대답하면, 그때부터 이야기는 상응하는 규모로 전개될 것이다. 생각하기에 따라서 그것도 정신요법의 일환일 수도 있고, 소위 수용적인 태도에 속하는 것일 수도 있다.

하지만 나는 이런 녀석에게 사적인 말을 하는 것이 싫었고 생리적으로 불쾌한 일이었다. 나는 그의 출신 대학 같은 것은 묻지 않았다. 문진을 하며 학력을 간단하게 묻긴 하지만, 구체적인 학교명을 알려 달라고 했던 기억은 없었다. 게다가 문진은 이미 끝났다.

충동적으로 본인의 출신 학교를 말하고(성적이 높은 학교였기 때문에, 좀 자랑하고 싶은 마음도 있었을 것이다) 내가 말했으니까 너도 이름을 대라는 태도에 익숙해질 리 없다. 그러나 내가 출신 대학을 가르쳐주지 않으면, 그는 자신을 부정당한 것 같은(혹은 버림받은 듯한) 기분에 분노모드로 돌입할 것이라는 것을 쉽게 상상할 수 있었다.

하지만 나는 굳이 거부했다. "사적인 것은 알려주지 않기로 했습니다. 그것이 제 방식입니다"라고 쌀쌀맞게 대답했다. 아무래도 그는 거절당할 것이라고는 예상하지 못했던 것 같다. 그 순간 침묵이 흘렀다. 나는 내심 '꼴 좋다'라고 생각하면서 시치미를 떼고 있었다.

아니나 다를까, 남자는 허를 찔린 듯한 표정을 짓더니 이내 분노하기 시작했다. 자신이 출신 대학을 말했는데 당신은 말하지 않다니 공정하지 못하다는 등의 아이 같은 논리를 전개했다.

나는 상대하지 않았다. 그리고 다시 한번 검사 결과를 전하고, 가벼운 안정제를 처방하겠다며 기계적으로 약 설명을 하고 진찰을 중단했다. 남자도 진찰이 아직 불충분하다거나 클레임을 걸 수도 없어, 몹시 불만스러운 표정으로 처방전을 낚아채 진찰실을 나갔다. 나는 밖에서 허둥지둥하고 있던 모친을 불러 대강 안내해 두었지만, 그녀는 아들의 심기가 좋지 않음에 당황스러워할 뿐이었다.

그런데 며칠 후, 병원을 통해 내 앞으로 엽서가 도착했다. 수신인명에는 거친 글씨로 '△△ 대학 출신 · 가스가 다케히코 대선생님'이라고 쓰여 있다. 뒤집어 보니 진찰을 받고 돌아오는 길에 역에서 안정제를 먹고 휘청거리다가 역 홈에서 떨어질 뻔했다, 그건 살인미수에 해당한다, 각오해라 등이 적혀 있다.

안정제의 부작용으로 휘청거릴 수 있으니 집에 가서 먹으라고 지시했는데, 남의 조언에 귀를 기울이지 않으니 일이 이렇게 된 것이다. 자업자득이다. '내가 살인미수라면 너는 위력 업무 방해에 명예훼손일 텐데, 무슨 뻔뻔스러운 짓을!'이라는 생각이 들며 화가 났다.

인터넷을 이용하면 나의 프라이버시 등을 간단히 알아낼 수 있기 때문에 출신 대학을 조사한 내용 정도로 위협한 셈 치겠다는 낮은 수준이 엿보였지만, 어쨌든 귀찮은 놈이었다.

그리고 다음날, 이번에는 의사과장이 호출했다. 병원으로 투서가 전해졌다고 했다. 워드프로세서로 작성된 꽤 장문의 투서였다. 아니나 다를까, 쓴 인물은 그 남자였다. 자신의 주소와 이름까지 적어 놓았는데, 아마도 스스로는 정정당당한 태도를 취하고 있다고 생각했기 때문일 것이다.

투서의 내용은, 요컨대 공립병원으로서 주민 입장에서의 진료를 하고 있지 않다는 '꾸중'이었다. 자신은 피해자라며 하고 싶은 말은 다 한다. 물론 나도 지명하여 '어처구니없는 의사'로 규탄하고 있었다. 실제 있었던 일을 모두 자신에게 유리한 뉘앙스로 바꾸거나 조작해 놓았다.

그 투서에 의하면, 그가 괴로움을 필사적으로 호소하는데 정작 나는 귀찮다는 듯 대할 뿐이었고 그래서 그는 어떻게든 '제대로 된' 진찰을 받고 싶다는 간절한 마음으로 내 마음을 끌기 위해 굳이 출신 대학을 물어보기도 했다는 것이다. 이렇게까지 시간을 낭비한 것은 대학 이름을 가르쳐 주길 거절당한 것이 너무나 억울했던 것이리라. 우습기 짝이 없는 투서였다.

나는 의사과장에게 이 투서 내용을 믿을 것인지, 아니면 내 말을 믿을 것인지, 어느 쪽인지를 따져 물었다. 이성을 잃은 것이었다. 지금 당장 외래 간호사를 불러서 당일의 일을 증언해 달라 하겠다고 했다.

나는 기본적으로 점착질粘着質*이다 보니, 말도 안 되는 누명으로 귀찮아질 것 같으면 목소리 톤이 낮아진다. 과연 과장도 사전에 트러블에 관한 얘기는 듣고 있었는지, 오히려 나에게 이런 투서가 들어왔다는 것을 알려 두고 싶었을 뿐이라고 했다.

그렇다 쳐도 집요하고 음험한 남자다. 얼마나 한가한 남자인가? 그날은 집에 돌아와서도 기분이 언짢았다.

이상의 사례에서 몇 가지 '생각하기 위한 재료'를 도출할 수 있을 것이다.

● 사적인 질문을 받았을 때
하나는, 환자나 그 가족이 이쪽 프라이버시에 해당되는 것을 물어왔을 경우의 대응이다.

대답하고 싶지 않으면 대답하지 않아도 된다는 것이 원칙인 것은 물론이다. 다만, 상황 상 거절하기 어려운 경우는 있을 것이다. 혹은, 우선 대답해도 지장은 없지만 일단 대답해 버리면 공사의 구별을 할 수 없게 될 것이 예상되는 경우가 있을 것이다.

"그 사람은 가르쳐 주었다"라는 말을 들으면 주저하지 않을 수 없게 될 수도 있고, 어떤 일이든 거부되는 것에 대해 상처받는 사람이 있을 것이다. 내 경우는 오히려 원한을 품게 될 것을 미리 예상하고 있었다.

'구분'이라는 의미에서는, 기껏해야 교토 태생이라거나 그 정도만 대답하는 것이 무난하다. 어느 정도 관계가 유지되고 있고, 상대가 이쪽 생활에 파고 들어올 가능성이 없다는 것을 알지 못하는 한, 개인정보와 '인정', '마음의 교류', '라포 형성'을 혼동해서는 안 된다.

사적인 정보를 알려주는 데서 생기는 관계성은, 최종적으로는 개호자가 일과는 별개로 발 벗고 나서 주기를 기대할 수도 있다. 그렇게까지 해 줄 각오와 여유가 있다면 모르지만, 그렇지 않다면 오히려 '무엇이든 기대에 부응할 수 없다'는 것을 자연스럽게 알려줄 좋은 기회인 것이다. 그 주위를 분별해 두지 않으면 상대는 개호 전문가를 단순한 '친절한 아저씨, 친절한 아줌마'로 잘못 대하게 될 것이다.

● 비방 · 중상에 어떻게 대응할까

또 하나는 인격적으로 문제를 가진 인간에 의한 비방, 중상이나 앙심이다.

앞의 남자는 내가 출신 대학을 알려 달라는 것을 거부한 것에 대해 감정을 자극받아, 비열한 공격으로 돌아섰다. 만약 내가 그에게 가르쳐줬더라면 어떻게 되었을까? 머지않아 가족에 대한 것이나 어디에 살고 있는지, 더 나아가 다양한 것을 알고 싶어 했을 것이다. 그는 그것이 우호적인 대화라고 생각하고, 알고 싶어 할 것이다. 그리고 조만간 그는 성격장애자이기 때문에 외래 통원 과정에서 무언가 강한 불만을 느낄 것이다.

그것은 병동에서 환자 병세가 급변하는 바람에 내가 약속된 진료시간에 늦어 버렸다든가, 처방약의 효과가 자신의 기대에 어긋났다든가, 상담 도중에 내가 손목시계에 살짝 시선을 준 것을 '그런 행동은 이 따위 진찰을 빨리 끝내 버리고 싶다는 무의식적 소망의 표시다'라고 의심을 품고 추측해보거나, "새로운 일을 찾고 있나요?"라고 무심코 물은 것에 대해 "직장이 없는 것을 비난하듯 말하는 것은 월권행위다"라고 화를 내거나 하는, 뭐 그런 종류이다.

그렇게 일단 분노모드로 돌아서면, 이번에는 지금까지 얻은 사적인 나의 정보를 악용할 가능성이 있다. 적어도 그런 패거리에게 이것저것 개인정보가 알려졌다고 생각하는 것만으로도 기분 나쁜데, 위험성도 높아진다. 스토커 같은 행위를 할 가능성도 부정할 수 없다. 내 가족(고양이를 포함)이 표적이 될 수도 있다.

성격장애라는 것을 알면서도 일부러 상대를 자극한 나의 대응은 조금 문제였다. 좀 더 부드럽게 거절할 수도 있었던 것이다. 다만, 그럴 때 굳이 불난 집에 부채질하고 싶어지는 것이 나의 결점이다.

따라서 나의 굴절된 부분은 흉내내지 말고, 문제는 '구분(구별)'이라는 것에 있다는 것을 이해해 주었으면 한다. 그리고 아무리 주의하더라도, 앙심을 품거나 비겁한 투서를 조직이나 상사에게 보낼 만한 인물은 있다는 점도 알아둬야 한다. 그것은 피할 수 있는 일이 아니다. 그러나 그런 일이 있었다고 해서 과도하게 자신을 반성하거나 끙끙거려서는 안 된다.

만약 상사나 동료에게 오해받을 것 같을 때, 이 글을 읽어 달라고 하면 어떨까? 그리고 사적인 것에 대하여 질문을 받고 거절했다거나, 그런 불씨가 될 수 있는 에피소드에 대해서는 반드시 다른 사람에게도 알려두거나 기록으로 남겨 둬야 한다. 그런 자기방어를 하지 않으면 은혜를 원수로 갚는 사람이 반드시 나올 것임을 경고해두고 싶다.

나는 그런 점에서는 성악설을 신봉하고 있다.

● 경계선이 애매모호한 사람은 조심하라!

여담이지만, 『인기있는 기술(원제: How to Succeed with Women)』(데이비드 코프랜드/론 루이스 저, 오사와 아키코 옮김, 소프트뱅크 문고 NF, 2008)이라는 책이 있다. 제목 그대로 어떻게 여자를 설득해 침대로 데리고 들어갈지를 친절하고 자상하게 해설한 책으로, 이런 책을 읽고 있는 나는 자기혐오에 빠지지 않을 수 없지만……. 그건 그렇고 꽤 흥미로운 것이 쓰여 있다.

'피해야 할 여성의 네 가지 타입'이라는 항목이 있고, 그 안에 '만나자마자 세세한 것까지 말하는' 타입은 위험하다고 적혀 있다. 인용해 보자.

만나고 곧바로 세세한 것까지 말한다: 이런 특성은 학대를 받고 자란 여성에게서 자주 보인다. 만약 그녀에게 학대받은 과거가 있고, 처음 만난 그 날 그 일을 화제로 삼았다면, 그것은 나쁜 징후이다. 이것은 아마도 이 여성의 타인과의 경계선이 애매모호함을 나타내는 것이다.

타인과의 경계선이 애매모호한 것의 장점은 그녀를 침대로 유인하는 것이 간단하다는 것이다. 그리고 결점은 그녀가 자제심을 잃었을 때는 그 이상으로 큰 대가를 지불하게 된다는 것이다.

꽤 대담한 것이 쓰여 있지만, '타인과의 경계선의 애매모호함'이라는 지적은 꽤 날카롭다. 학대 운운은 그렇다 치고, 앞의 남자 또한 '타인과의 경계선이 애매모호함'이 있어서, 그에게 영합하는(즉 요청받는 대로 사적인 것을 가르쳐주고, 구별 없이 요구에 응하는) 것은 '피해야 할 여성'을 침대로 유인하는 것만큼 위험하다는 것이다. 하기야, 나처럼 일부러 거절의 태도를 취해도 역시 위험하다는 것은 말할 필요도 없다.

업무에 있어서 사적인 것에 대해 질문받았을 때 어떤 태도를 취할지,

어떤 식으로 '주고받을지'는, 미리 머릿속에서 시뮬레이션 해두는 편이, 허를 찔려도 당황하지 않게 된다. 그것 또한 원조자로서의 독자의 자세에 제기되는 중요한 일이기도 하다.

몇 가지 힌트

○ 사적인 질문을 거절할 때, 상대는 질문 내용뿐만 아니라 자신이 부정당했다고 느낄 수 있다는 점에 문제가 있다. 그 때, "냉정하게 생각하실지 모르겠지만, 개인적인 것은 일과 별개이니 이해해 주시겠습니까? 회사 방침으로서 일률적으로 정해진 것이니 서운해하지 않으셨으면 합니다"라는 정도로, 개인적인 감정으로 거절하는 것이 아님을 강조해야 할 것이다(그 부분의 요령은 자신이 서비스업에 종사하는 여성이 되어 손님에게 설득당하는 모습을 상상해보면 좋을 것이다).

그런데도 물고 늘어지면, 곤란한 표정으로 "정말이지 고용된 입장은 힘들다"라고 말할 수밖에 없을 것이다. "정말 그런 규칙이 있는가?"라고 되물을 것 같은 사람도 있으므로, 평소 상사와 이러한 사례를 상정해 말을 맞춰 두는 것이 현명할 것이다.

○ 훗날 클레임이라도 생길 것 같은 의구심이 들면, 신속하게 상사나 동료에게 경위를 전해두자. 감정을 섞지 않고 담담하게(섣불리 감정을 섞으면 '둘 다 나쁘다'라고 받아들여질 수도 있으니) 전하는 것이 좋다. 상대가 선수를 치면, 진실을 말해도 변명조로 들리고 만다.

○ '타인과의 경계선이 애매모호한' 사람과는 거리를 두는 것에 유의해야 한다. 이런 종류의 사람과 접하고 있으면, 특히 첫 대면에 직감적으

로 모종의 위화감(기묘한 친근함, 그 사람의 과거가 걱정되는 무방비함, 불안정한 감정, 매달리는 듯한 표정 등)을 느낀다. 타인과 접해서 어떤 위화감이나 부자연스러움을 막연히 느끼는 경우가 있는 법이지만, 그런 감각은 소중히 여기고 싶다. 그리고 그 위화감이나 부자연스러움의 정체를 밝혀내는 것은 의외로 어려운 경우가 많다(대개는 트러블이 일어나고 나서 '아, 그런 일이 있었구나'라고 알게 된다). 그러나 적어도 이유의 하나로서 '타인과의 경계선이 애매모호한' 사람일 가능성은 없을까? 그렇기 때문에 자문하는 습관은 가져야 할 것이다. 자기 자신을 지키기 위해서.

여담이지만, 대부분의 의료사고도 당사자는 미묘한 위화감이라는 형태로 사고를 희미하게 예감하고 있었던 경우가 많다. 원래 확인을 해야 할 상황이지만, 급한 용무가 있었고 과거에 트러블 같은 건 일어난 적이 없었다는 이유로 확인하는 것을 패스하고 장소를 떠나버린다.

그러나 그것이 주저나 불안함이나 죄책감을 확실하게 희석한 감정 — 즉, 위화감으로서 마음 한 구석에 걸려 있다. 그래서 실제 의료사고가 일어나면, 놀람과 동시에 마음속에서는 "역시……"라고 중얼거리는 경우가 결코 적지 않은 것이다. 스스로 자신을 설득하고 위화감을 지워버리려는 태도는 머지않아 후회를 부른다.

2) 강경수단에 대해서

늙은 모친은 신체질환으로 와병 상태, 동거 중인 중년의 외아들은 조현병으로 치료 중단 상태, 관여해 줄 만한 친척은 아무도 없다. 모친를 돌보기 위해 헬퍼가 들어왔지만, 아들은 정신상태가 썩 좋지 않다. 자기 식의 기묘한 생각을 고수하며, 헬퍼에게 이런저런 참견을 한다. 그것도 마이너스가 되는 것만.

그런 식으로 성가신 일이 하나뿐만 아니라, 두 개가 되고 세 개가 되는 경우는 많다. 단순하게 원조에 전념할 수 있으면 얼마나 마음 편하겠느냐고 한숨 쉬고 싶을 때가 정말 많다.

그런데 와병 중인 어머니는 상태가 나빠져, 점점 쇠약해져 간다. 입원이 필요하게 되었다. 그런데 아들이 입원을 강하게 반대한다. "입원 같은 걸 하면 엄마는 살해당한다"라는 비현실적인 것을 주장하는 것이다. 의사까지 나서서 아무리 설득해도, 아들은 자기 의견만을 고집할 뿐이다. 이대로 가다가는 노모를 빤히 보며 죽게 할 수도 있다.

노모는 의사소통도 제대로 할 수 없는 상태여서, 그녀 자신의 의견을 들을 수 없다. 아들은 이대로 집에 어머니를 두고 싶다고 둘러대지만, 그의 현실 검토력이 충분하다고 보기는 어렵다. 뚜렷한 환각 망상이 있는 것은 아니지만, 사고장애나 인격수준의 저하는 불가피하기 때문에 그의 의견을 그대로 따르는 것은 망설여진다.

그렇다면 강제로 모친을 데려가서 입원시키는 것은 어떨까? 상황을 감안할 때, 결국에는 그것이 가장 올바르지 않을까? 모친의 상태가 개선되어 다시 집으로 돌아오면 아들의 걱정은 기우였던 것이 판명되지 않을까?

데려갈 때 말썽이 생길 것은 분명하다. 하지만 모친의 생명이 달려 있다. 트러블을 회피하기 위해 "아드님은 거부하고 있으니까"라고 원조자가 자신을 속이고 사태를 방치해 두다가 후회로 남지 않을까?

어느 병원으로 모친을 옮겼는지 밝히지 않으면, 아들이 쫓아오는 일은 없을 것이다. 만약 아들이 어떤 방법으로든 병원을 알아내고 들이닥쳐 트러블을 일으켰다면, 그 시점에서 경찰을 불러 이른바 44조 통보(40p 참조)로 아들을 정신감정에 의뢰해 이번에야말로 정식으로 정신과 입원치료를 받게 하면 되지 않을까? 그런 사태는 충분히 예상되기 때문에 미리 경찰에도 알려두면 좋지 않을까? 그런 생각이 일단 성립한다.

하지만, 만약 모친의 상태가 개선되지 않고 실제로 입원 장소에서 죽게 되면 아들은 격노할 것이다. 또 입원지인 병원도 정신병자 아들이 말썽을 부릴 수 있다는 것을 알게 되면 입원을 거부할지도 모른다. 또, 아무리 아들에게 책임능력이 없다 해도 강경수단에까지 호소하는 것은 괜찮을지 소박한 의문도 들게 될 것이다. 게다가 모친을 데리고 간 뒤에 아들의 원한의 화살이 헬퍼나 간호사 또는 보건사에게 향해 올 가능성도 부인할 수 없을 것이다.

아들을 정신과 진찰로 연결시키면, 어쩌면 정신증상 개선에 의해 사정을 납득하고 사태는 원만하게 진행될 수도 있으나 현재로서는 어렵다. 시간적 여유도 얼마 없다. 모친은 죽어가고 있다. 자, 어떻게 할까?

이 사례는 어떤 사람으로부터 복도에서 나눈 대화 중에 들었던 얘기로, 의견을 요구받은 적이 있었다. 그 상황에서 나라면, 기본적으로 모친을 입원시킬 것을 목표로 사전 공작을 할 것이다. 입원 후에도 아들에 대한 팔로업에 따라 반드시 사태가 수습되지 않는다고는 할 수 없을 것이라고 대답해 두었다. 그렇다 해도, 다시 생각해 보면 상당히 귀찮은 사례다. 관계자 회의를 열었지만 의견은 일치하지 않았다고 한다.

후일, 사례 전말을 듣게 되었다. 강경수단을 생각하며 준비는 진행하고 있었지만, 그 순간에 모친은 어이없이 돌아가셨다고. 그 결말을 듣고, 솔직히 나는 '결국 이것이 최선의 마지막 단계가 아닐까'라고 생각하며, 몰래 가슴을 쓸어내렸던 것이다.

그런 내 감상에 얼굴을 찌푸리는 독자도 있을 것이다. 하지만 모친의 승천에 의해, 결국은 누구도 상처받거나 귀찮은 일에 말려들지 않게 되었다. 내가 노모의 입장이었다면 이제 와서 몇 년 간의 수명을 연장하는 것보다 원만하게 사태가 수습되는 쪽을 희망했을 것 같은 느낌이 든다. 남겨진 아들의 치료만이 아쉬울 것이다. 음, 그것은 내 멋대로의 상상에 불과하지만.

현실적으로 검토해 보자. 포인트는 세 가지이다.

'강경수단에 대한 망설임'과 '정신장애인의 판단능력'과 '원망 받을 수 있다는 것에 대한 두려움'― 이것들이 우리를 곤혹스럽게 하는 것이다.

● 섣부른 실행은 주의

정신장애인인 아들의 판단능력에 대해서는 경위 상 '판단능력 없음'이라고 할 수 있다. 다만, 이론과는 별개로 아들의 의향을 짓밟는 데는 거북함이 따르고, 트러블을 초래할 가능성이 높다.

강경수단이라 해도 주의하지 않으면 원조자 측이 이웃으로부터 오해를 받아 비난받거나, 부상자가 나올 수 있다. 틀어졌을 때 관계자 중에서 "저는 반대했습니다만" 등의 배신자가 나오면 화가 난다. 또, 어쩌면 아들이 되레 앙심을 품어 이쪽이 귀찮은 일을 겪을 위험도 부정할 수 없다.

역시 관계자 회의를 열어 제대로 토의하는 수밖에 없을 것이다. 그 때서로가 얼마나 속을 터놓고 얘기할 수 있느냐가 결국 모든 것을 결정하게 될 것이다. 노골적으로 책임을 회피하는 사람이 있거나, 실정에 맞지 않는 동정론이나 이상론을 끝없이 피력하는 사람이 있다면 강경수단은 먹혀 들어갈 보장이 없기 때문에 그만두는 편이 낫다.

섣불리 시작하면 역효과가 났을 때 누군가가 이유 없이 책임을 지게되거나, "아들에게 원망받으면 향후 팔로업에 지장이 있기 때문에" 등과 같은 허울 좋은 말로 '실력 행사'를 남에게 강요하려는 사람이 나오게 될 수도 있다.

● 회의 분위기에 따라 결론은 달라진다

현실에 맞추면 "이것이 올바른 결론이다"라고 단언할 수 있는 방침은 없을 것이다. 그럼 어떻게 생각해야 할까?

내가 경험한 바에 따르면, 회의 때 어떤 멤버가 모여 어떤 분위기에서 의논이 진행되는가에 따라 결론은 전혀 다르다. 실제로 모여보지 않으면 알 수 없다. 다소 래디컬radical하더라도 "이건 할 수밖에 없어요"라는 식으로 자연스럽게 이야기가 정리되어 가는 경우도 있고, 서로가 묘하게 부조화되어 시종일관 어색한 분위기로 흘러가는 경우도 있다. 누군가의 의견에 따라 갑자기 흐름이 바뀌는 일은 별로 없는 것 같다.

과거의 나는 래디컬한 측에 서서 "그럼 모친을 죽게 내버려 둬도 아무렇지 않다는 것이군요", "반대라면 제대로 대안을 내세요, 네?"라고 씩씩거렸지만, 그런 형태로 압박해가도 상대가 내심 저항하고 있는 한은 잘 진행되지 않는 것이다. 공전만 할 뿐, 이론으로서는 자신이 옳다고 믿는 만큼 더욱더 초조해진다.

전원의 의견이 일치해 래디컬한 측으로 기운다는 것도 왠지 폭풍전야를 연상시키는 것 같아서, 그럴 때일수록 자숙이 필요하겠지만, 역시 모종의 "흐름을 탔다(분위기를 탔다)"는 반응이 나오지 않는 한 강경수단으로 가는 것은 자제하는 쪽이 현명하다.

● 자각만 하고 있으면 무사 안일주의도 상관없다

다만, 자제한다는 것은 잠자코 노모가 죽기를 기다리는 것이 아니다. 아들을 향한 접근은 계속해야 할 것이고, 강경수단의 타당성에 대해서도 항상 되새겨야 할 것이다. 독자가 무조건 성가신 일은 싫다거나 귀찮은 일은 피하는 것이 인생 신조라면, 그것을 정의나 윤리 이야기로 바꾸지 않고 솔직하게 "나는 그런 인간이다"라고 밝힌 뒤, 강경책에 이의를 제기해도 그것은 비겁하지 않다. 훌륭한 견해다. 어쩌면 묘하게 고조되고 폭주하고 있던 관계자들에게 '나로 돌아가게 하는' 작용을 불러올지도 모르기 때문이다.

관계자가 머리를 맞대고 "곤란합니다"라고 탄식하고 있는 사이에 모친이 사망하여 어느 틈엔가 문제가 해결되었다는 영문 모를 끝(종료)이 되었다 해도, 그건 그것으로 하나의 성립이고 운명인 것이다. 될 만해서 된 결말인 것이다. 그러한 전말을 긍정적으로 받아들일지 어떨지는 모르겠다.

예전의 나라면 단호히 부정적이었겠지만, 요즘은 탈진주의로 주장을 바꾼 탓인지 긍정적으로 변화하고 있는 것이다. 이것은 타락인지, 어른으로서 한 꺼풀 벗겨진 것인지, 도대체 어느 쪽인 걸까?

☀️ 몇 가지 힌트

⬀ 장기將棋처럼 생각해 보았자 결론이 나지 않는 일이 비일비재하다. '정답'은 없고, 어떤 결론을 내든 역효과가 날 가능성은 늘 따라다닌다. 그럴 때는 무조건 혼자 결론을 내기보다 반드시 기관 연계를 도모하고, 회의에 통해 방침을 내도록 한다.

⬀ 회의에서 중요한 것은 전체의 흐름이랄까, 분위기이다. 특히, '효과적이지만 억지로, 그 때문에 트러블이 발생할 리스크도 있다"라는 선택지가 있는 경우, 그것을 채택할 지의 여부는 전체 흐름에 따라야 한다. 만약 뒷걸음질치거나 밑도 끝도 없는 정론을 펴는 참석자가 있다면, 스스로는 완고한 방안에 가담하고 싶더라도 그런 것은 피하고 무난하게 하

는 쪽이 좋다. 그렇지 않으면 생각지도 못한 책임을 지게 되거나 나쁜 사람 취급을 받을 수도 있기 때문이다. 원조자가 난처한 입장에 처할 까닭은 없다. 어쨌든 우리는 많은 이용자를 안고 있기 때문에, 단 한 건의 사례로 곤경에 처할 수는 없는 것이다. 설령 '초조(안타까움)'하더라도 회의의 흐름이 기회주의적이었다면, 일단 그것에 따르는 모습으로 가는 것이 현명하다. 그것 또한 운명이라고 결론지어야 한다.

❍ 망설임이 있다면, 자신을 보호하는 것을 제일 우선으로 한다. 다만, 그 때 본심을 숨기고 잘난 척하며 폼을 잡는 태도는 부당하다.

❍ 여담이지만 비즈니스맨을 대상으로 한「프레지던트」라는 잡지가 있는데, 매년 정월호에는 일이나 인생에 관하여 다양한 Q&A 특집으로 구성된다. "자식의 '나쁜 친구와의 교제'를 알게 되면 어떻게 해야 할까"라든가, "자신에게 운이 없다고 생각하면 어떻게 해야 할까"라든가, "경영 간부에게 위기 감각이 없으면 어떻게 해야 할까" 등의 질문에 다양한 분야의 사람이 대답하는 것으로, 꽤 재미있다. 그리고 그런 질문 중에 "전철 내 폭력 상황을 마주하면 어떻게 해야 할까"라는 질문에 답한 작가 야마모토 이치리키의 글이 감명 깊었다.
요약하면, '자신에게 부끄러워하지 말고 용기 있게 그 자리를 떠나라'라는 것이다. '당사자와 제3자, 어느 경우도 상대에게 맞서는 것은 만용이라고 나는 생각한다. 부딪친 사태로부터 도망치려면, 맞서는 것 이상으로 용기가 필요하다. 도망쳤다는 것을 누구보다도 자신이 비난하기 때문이다. 하지만 무사함이 중요하다. 가족을 생각하면, 나는 도망치는 것을 망설이지 않는다"라는 글이었다. 완전히 그대로다.
그리고 '가족을 생각하면'을 '자신이 맡고 있는 다른 이용자를 생각하면'으로 대체시켜 읽음으로써 때로는 우리도 결과적으로 기회주의가 되지 않으면 안 되는 것을 알아야 한다.

다만, 경우에 따라서는 회의 전체의 흐름으로서 "여기는 무리가 되더라도, 모두 함께 해냅시다"로 정해지는 경우가 있다. 이럴 때는 자신의 속마음에 비추어 찬성일 경우, 강경책을 선택하는 것도 나쁘지 않을 것이다.

3) 또 하나, 강경수단에 대해서

이것은 이전에 내가 쓴 『병든 가족, 어질러진 실내』(의학서원, 2001) 책에서도 소개한 사례이다. 여러 가지로 배울 것이 많은 사례이며, 또 '원망스럽다'는 측면에서 다시 생각해 보는 것도 의의가 있을 것 같아 다루기로 했다. 또한, 아직 개호보험 제도가 도입되기 전의 이야기였음을 덧붙인다.

환자는 하반신불수의 노파다. 지금은 완전히 쇠약해서 와병상태인 채 대소변을 가리지 못한다. 놀랍게도 진찰 경력은 한 번도 없다. 원래 외고집 성격이었지만, 노화에다 신체의 부자유스러움이나 장래의 불안으로 더욱 까다로운 성품을 보이고 있다. 생활보호는 받고 있지 않다. 살고 있는 곳은 작은 '폐가'로, 자가 주택이다. 좁고 낡아서 지저분하지만 오랜 세월 정든 우리 집인 셈이다. 가족이나 친척은 없다.

겨울이 되었다. 외풍이 심한 집은 시베리아같이 춥다. 난로를 놓아도 냉기를 따라잡을 수 없다. 친절한 인근 주민, 보건공무원, 보건사들이 자원봉사자처럼 번갈아가며 도움을 주고 있지만, 아무래도 이대로는 노파가 겨울을 날 수 없을 것 같았다. 환경이 너무 열악하고, 의료도 만족스러운 제공이 어렵다. 특히 연말연시가 되면 아무래도 충분한 원조는 보장하기 어렵다. 어느 날 갑자기 방문했더니 냉기가 느껴졌다는 장면이 쉽게 상상된다. 그렇게 되면, 원조자 측으로서는 어쨌든 입원이 최선일 것이라고 판단하게 된다. 밝고 따뜻한 환경에서 의료적 처치도 충분히 해줄 수 있다면 그야말로 이상적이지 않을까? 그 후에 시설 입소를 고려하는 것도 한 가지 방법일 수 있다. 인적자원 측면에서도 이 노파에게만 전력을 쏟을 수도 없는 노릇이기 때문이다.

그런데 노파는 자기 집에 머무르기를 고집하는 것이다. 예전부터 익숙해진 집을 떠나는 것은 단연코 싫다고 하였다. "입원이라니 농담하지 마! 나는 옛날부터 의사를 싫어했어. 이대로 죽더라도 내 집 다다미에서 죽고 싶어"라고 그녀는 주장한다.

뭐, 그런 희망도 분명히 경청할 만한 일이긴 하다. 기분은 안다. 그러나 어쨌든, 그녀는 앞으로 오래 살 수 있을 것 같지 않다. 그렇다면 본인도 희망하는 것이고, 아마 그녀 자신과 일심동체인 그 낡아빠진 집에 수명이 다할 때까지 살아 주는 것은 그녀의 뜻을 존중하는 것이 될 것이다.

하지만 병원에서 극진하게 케어해 주겠다는 선택지를 아무리 본인이 거부한다고 해서 그렇게 쉽게 포기해야 할까?

인간이 장수하면 무조건 축하한다는 것은 아니지만, 본인의 뜻을 그대로 받아들여 열악한 환경에 노파를 두는 것은 역시 '망설임'을 느끼지 않을 수 없다. 더구나 병원에 수용한다고 해서, 모니터나 링겔 튜브로 스파게티 증후군spaghetti syndrome (임종이 임박한 환자에게 인공호흡기 등의 관을 마치 스파게티처럼 몇 가닥씩 달고 연명을 꾀하는 일)을 만들자는 얘기가 아니다. 시베리아를 방불케 하는 집에서 죽게 되면, 우리로서는 다소 암담한 기분을 느끼게 될 것이다.

긴급 대피에 준하는 형태로 노파가 입원하고, 다시 봄이 되면 집으로 돌아오면 되지 않을까 하는 생각이 가장 타당할 것이다. 그러나 병원에 들어가도 그것으로 겨울을 날 수 있다는 보장은 없다. 어쩌면 그녀의 소망대로 '자택 다다미 위에서 죽을 수 없게 될' 공산이 크다. 그리운 우리 집을 떠나 숨을 거두게 된다는 것 또한 가슴 아픈 이야기다.

결국 본인이 싫어해도 입원시켜 버리든지, 아니면 본인의 의사를 존중해 집에 머물게 하든지 둘 중 어느 한 쪽으로 결정해야 했다. 전자에서는 일종의 강요와 온정주의가 느껴진다. 후자에서는 예를 들면 자살을 원하는 사람에게 '본인이 원하니까' 자살을 도와주는 역설을 느끼지 않을 수 없다.

다양한 경위로 인해, 회의할 틈도 없이 내가 결정을 위임받았다. 그때 나는 어떻게 했는가? 노파를 이불 채 병원으로 옮겨 입원시켜 버렸다. 본인은 가냘픈 목소리로 항의했지만, 억지로 집에서 데리고 나와 입원시켜 버린 것이다. 그리고 노파는, 안타깝게도 겨울을 넘기지 못하고 병원에서 돌아가셨다.

● 선택지와 그것을 음미할 수 있는 능력이 있었는가

내가 그녀를 입원시키려고 판단한 그 근거는 어디에 있었는가? 왜 노파의 결정권을 무시했을까?

일반적으로 일을 결정하려면 가능한 한 선택지를 늘어놓고 비교 검토하는 작업이 필요하다. 그러기 위해서는 상응하는 정보나 지식, 또 상상력이 필요할 것이다. 그렇다면 노파는 과연 입원이라는 선택지에 대하여 얼마나 많은 것을 알고, 또 머릿속에서 얼마나 시뮬레이션 해 볼 수 있었을까?

내가 만난 그녀의 인상을 종합해 보면, 아마 노파는 잘못된 선입견이나 부적절한 이미지에 근거해 "병원 따위 당치않아!"라는 판단을 내리고 있었다고 밖에 생각할 수 없었다. 그러므로 노파의 희망에 따랐다 해도, 그것은 그녀의 잘못된 상상과 판단에 영합한 것일 뿐이다. 그러면 그녀의 행복을 바라는 것은 되지 않을 것이다.

그녀 앞에 선택지는 제시되어 있어도 그것을 제대로 검토할 수 없다고 한다면, 노파는 나(즉 전문가)의 생각에 따르는 편이 보다 균형 잡힌 처우를 받을 수 있는 것이다. 게다가 그녀도 사회에 사는 이상, 타인의 의견을 들을 의무가 있을 것이다. 어쨌든 우선 내 의견을 따라 보고, 그래도 싫다면 집으로 되돌아가는 것을 검토하면 되지 않을까?

● **"원망해도 괜찮아요, 할머니"**

이런 사정으로 나는 억지로 노파를 이불 채 옮겨 버린 것이다. 이 방식에 대해, 아마 그녀는 나를 원망할 것이다. 다만, 실제로 병원에 들어가서 편하게 지내다 보면 나를 계속 원망하지는 않을 것이다. 그렇게 예측하고 있었다.

그녀를 옮길 때 나는 마음속으로, "원망해도 괜찮아요, 할머니. 하지만 원망받고 싶지 않아서 이대로 할머니를 집에 머물게 했다가는 어쩌면 내가 나를 비난해야 할지도 몰라요. 양쪽 다 싫어요. 그러니까 조금 내 체면을 세워줘요"라고 중얼거렸다.

한편 그녀로부터는, 가냘프게 항의를 하면서도 다른 사람이 결정을 내려줘서 조금 안심한 기색이 느껴지기도 했다. 막상 입원해 보니 예상 외로 편안하고 아늑한 생활로 인해 그녀는 집으로 돌아가고 싶다고 주장하지 않았다. 친구도 생겼고, 제법 즐겁게 병원에서의 날들을 보내고 있었다. 그러나 유감스럽게도 봄을 앞두고 그녀는 천수를 다했다.

결국 다다미 위에서는 죽을 수 없었다. 고인이 되고서야 겨우 집으로 돌아올 수 있었던 것이다. 하지만 그것은 그것대로 어쩔 수 없었다. 모든 일이 제대로 돌아가는 것은 세상에는 좀처럼 없으니까. 그렇다면 마지막 날들을 따뜻하고 편안하게 보낼 수 있는 쪽이 훨씬 기쁜 일이었을 것이라고 나는 생각했다.

몇 가지 힌트

❂ "상대의 기분을 존중한다"는 표현에는 함정이 있다. 왜냐하면 상대의 판단 능력이 반드시 충분하다고는 할 수 없기 때문이다. 상대가 하라는 대로 하는 것이 곧 상대를 존중하는 것은 아니다. 자칫 '기분을 존중했기 때문'이라는 표현이, 우리 자신의 사고정지의 변명(핑계)이 될 수 있음을 주의해야 한다.

하지만 "우리 말만 들으면 틀림없으니, 순순히 따르세요"라는 태도 또한 오만할 것이다. 상대가 하라는 대로 하지 않고 강경수단으로 나오면, 아마 상대에게 원망을 사게 될 것이다.

그러나 그 사실을 자각한 후에 더욱 상대의 의향을 따르지 않는 처우를 실행하지 않을 수 없는 장면은 있을 수 있다. 그때는 전문가로서의 자긍심에 걸 수밖에 없지 않은가.

"원망해도 돼요, 할머니. 하지만 원망받고 싶지 않아서 그냥 집에 당신을 놓아두면, 어쩌면 내가 나를 비난해야 할지도 몰라요. 양쪽 다 싫어요. 그러니까 조금만 내 체면을 세워 줘요"라고 중얼거리지 않을 수 없는 일이 있다면, 우리는 단단히 각오를 다질 필요가 있을 것이다.

❂ 이것이 옳다!라는 절대적인 판단의 방법은 존재하지 않는다. 하지만 언제까지나 생각에 잠겨 있을 수는 없다. 어떤 의미에서 우리는 '확신범'으로 일관하지 않는 한, 기합으로 극복한다는 곡예를 부릴 수 없게 된다.

비과학적인 말을 하는 것처럼 들릴지 모르지만, 결국은 상대의 행복을 바라면서 주저하지 않고 진지하고 강력한 태도로 '기합으로 극복한다'— 그것밖에 없는 일이 드물지 않다.

결과가 반대로 나오면, 타인에게 비난받을지도 모른다. 하지만 절대적인 판단 방법이 존재하지 않는 이상, 자학적일 필요는 없다. 반성해야할 것은 자신에게 행운을 불러올 힘이 없었던 것뿐이다.

◑ 여담이지만, 명의의 조건에는 지식이나 기능 같은 수준 외에, 모종의 강운이나 행운을 불러오는 힘 같은 것 또한 요구될 것이다. 뭐, 아주 진지한 얼굴로 그런 말을 하면 머리가 이상한 사람이라고 생각될 수도 있지만, 그런 요소가 실은 중요한 것이다. 그리고 그것은 원조자들에게도 또한 적용될 것이라고 나는 생각한다.

2
우리 자신의 분노, 억울함, 불쾌감

1) 오는 말에 가는 말

　우리는 다양한 상황에서 불쾌한 일을 겪는다. 이쪽에 실수가 있거나 굳이 싫어하는 일을 저질렀다면, 상대에게 욕설을 듣거나 욕설을 퍼붓는 일도 어느 정도는 어쩔 수 없을지도 모른다(그래도 절도라는 것은 있겠지만).

　그러나 이쪽에 잘못이 없음에도 무례한 태도를 보이거나, 알 수 없는 클레임을 당할 수도 있다. 그럴 때는 화가 난다기보다 오히려 당혹감이 앞서 버릴 것이다.

　단순한 오해나 착각으로 인해 상대가 분개하고 있다면 대화의 여지도 있을 것이다. 그러나, 특히 정신과 영역에서 활동하다 보면 부조리라고밖에 할 수 없는 비난을 뒤집어쓰는 일이 비일비재하다. 게다가 '가해자'는 환자라고 할 수 없는, 정상인이어야 할 가족이 가해자인 경우도 자주 있다.

　"이런 일을 조우하는 것도 월급의 일부"라고 딱 잘라 말하거나, "저런 태도를 취하는 것도 결국은 마음에 여유가 없기 때문일 테니 오히려 동정해 줘야지"라고 자신의 기분을 순조롭게 달랠 수 있을 것이란 장담은 할 수 없다. 원래 싫은 일은 연달아 일어나기 십상이며(그런데도 기쁜 일이 거듭해서 일어나는 경우는 결코 없다……), 그렇게 되면 아무리 본인이 '여유'를 가지려 해도 마음은 갈라져 간다. 거칠어져 간다.

마음이 내키는 대로 하자면, 이쪽도 무언가 통렬하게 한마디 반격하고 싶어진다. 다만, 이성에 따라 그 기분을 꾹 참는 것이다. 하지만 정말로 이쪽이 반격해 보면 어떻게 될까?

경계성 성격장애인 젊은 여성이 병원 외래에서 소란을 피우고 있었다. 이전부터 가끔 진찰받았지만 그 날 담당 의사는 학회 일로 부재중이었다.

그녀는 전날 밤부터 짜증이 가라앉지 않아 병원에 온 것인데, 담당 의사는 없고, 하는 수 없어 데리러 와달라고 모친에게 전화를 했더니, 쌀쌀하게 받았다. 그것 때문에 이성을 잃고 외래에서 소란을 피운 것이다.

간호사 태도가 나쁘다느니, 담당 의사가 학회 때문에 없다느니, 무책임하다느니, 의자가 더럽다느니 생트집을 잡으며 욕을 했다. 그곳에 운 나쁘게 지나가던 내가, 외래 간호사의 의뢰로 상대를 하게 되었다. 그녀의 고압적이고 비현실적인 주장에 귀를 기울이면서 머리를 식혀주자는 것이었다. 이에 1시간 이상이 걸렸다.

나의 인내가 효과가 있어 일단 그녀의 감정은 가라앉았지만, 몸이 나른하다고 갑자기 진찰실에서 잠이 들어버려 어쩔 수 없이 담요를 덮어주었다. 약 15분 후에 눈을 뜨더니 추운 곳에 방치해둬서 감기에 걸린 것 같다고 또 다시 불평하기 시작했다. 이쪽도 지긋지긋해서 어쨌든 돌려보내기로 했다.

현관 앞으로 택시를 불러 태우려고 했는데, 도어가 열리는 순간 그녀는 갑자기 흥분의 텐션이 높아지며 소리를 질렀다. 놀라서 돌아보는 사람들을 의식하면서 그녀는 나를 향해 집게손가락을 내밀며, "이 의사는 환자의 고통을 무시하고 병원에서 내쫓으려고 해요"라고 하였다. 또, "기억해 둬. 너도, 이 병원도 세상에서 꺼져버려!"라고 사납게 욕설을 퍼부었다. 긴 머리카락을 흩날리고 눈을 치켜뜨며 정말 보기 흉한 표정으로 마구 떠들어 댔다.

어쨌든 '지나쳤다(야비했다)'. 차마 들을 수 없는 말도 내뱉었다(그녀의 친가는 고향에서도 웬만한 명문인데).

결국 나 역시 화가 나기 시작했다. 당신에게 시간도 노력도 충분히 기울이지 않았나. 그것에 대해 원망한다는 태도밖에 보일 수 없는 건가? 이 정도로 매도 당할 일은 없어. 아무리 정신적인 균형을 잃었다 해도, 이젠 당신의 언행이 허용되어야 될 이유가 없어요. 농담 아냐, 적당히 해(이는 마음속으로 그렇게 생각했을 뿐).

분노에 이른 나는 의도적으로 잠시 침묵을 지킨 후, 상대 얼굴을 가만히 응시하며 낮은 소리로 말했다.

"당신, 정말 천박한 사람이군"

순간 멍하니 서있던 그녀는 그야말로 얼굴이 온통 '시뻘개졌다'.

분노의 열기가 한층 높아졌다. 무리도 아니겠지. 백의를 걸친 인간에게 그런 말을 정면에서 들은 적이 없었을 테니까.

그러나 그녀의 반론은 의외였다.

"뭐라고, 내가 천박하다고? 그럼 당신은 음란한 짓 따위 한 번도 생각한 적 없어!? 어!? 잘난 척이나 하고 말이야!"

이번에는 내가 어리둥절했다. 도대체 그녀는 무슨 말을 하는 걸까.

한참 후에야, 아무래도 그녀가 말의 의미를 잘못 이해했다는 것을 알게 되었다. 아마 그녀는 '천박하다'는 말을 외설이나 추잡한 섹스 관련의 의미로밖에 몰랐을 것이다. 그래서 자신을 천박하다고 지적한 말은, 즉 음란하거나 호색이라는 지적을 받은 것처럼 느꼈을 것이다. 그런 차원에서의 모욕이라고 느꼈을 것이다. 과연 그럴지도.

그것을 깨닫자, 그때까지 끓어오르던 나의 화는 거짓말처럼 진정되어 버렸다. 천박하다는 말의 의미조차 제대로 이해할 수 없는 사람을 상대해 보았자 소용없겠다는 생각이 들었다. 이렇게까지 얄팍한 상대였다니, 처음부터 뻔했던 거 아닌가 — 그런 당연한 것을 겨우 깨닫게 된 것이다.

순간 나는 여유를 되찾고, 능글맞은 미소를 지으며 명랑하게 대답했다.

"아아, 음란한 것이라면 하루의 반은 생각하고 있어요. 그러니까 너무너무 바빠요. 아쉽지만 당신과의 대화는 이것으로 끝입니다. 안녕"

갑자기 싱글벙글 상냥해진 내 태도에 어안이 벙벙해진 그녀를, 기세를 몰아 차 안으로 밀어 넣었다. 그리고 택시 운전기사에게 출발해달라고 신호를 보냈다. 기다렸다는 듯 액셀이 밟혔다. 차체가 부르르 떨리며 뒤 창문으로 의아스럽다는 듯 돌아보는 그녀를 태운 채, 노란 택시는 병원 현관에서 점점 멀어져 갔다.

● 상대 페이스에 넘어가버린 것이지만…

이상이, 나의 '의료자로서의 부끄러운 추억'의 하나이다(그 밖에도 여러 가지가 있다).

아무리 경계성 성격장애라지만, 어차피 젊은 여성이며 환자이다. 그럼에도 의사인 내가 '오는 말에 가는 말'과 같은 행동까지 이르게 된 것은 점잖지 못하고, 꼴불견이었다.

게다가 결국 '화가 나는 것은 자신과 상대와의 거리감을 잃어버렸기 때문이다. 자신을 객관적으로 바라볼 수 없기 때문에, 감정적으로 변한다'는 교훈을 새삼 인식했을 뿐이다.

냉정함을 유지하지 못했던 나는, 분명히 그녀의 페이스에 말려든 것이다. 의료진이 냉정하고 흔들림 없는 상태를 지키고 있어야만, 혼란스러운 그녀는 이윽고 눈앞에 변함없이 지속되고 있는 '정직한' 톤을 깨닫고, 그곳으로 마음을 되돌리게 된다. 내가 함께 화를 내버리면, 불에 기름을(아니, 휘발유를) 부을 뿐일 것이다.

● 이런 자기변호를 해 본다

그러면서도 내가 내 분노를 누르고 그로 인해 불쾌감을 품게 되어 마음이 황폐해지는 것은, 그녀뿐만 아니라 다른 환자에게도 마이너스 영향을 미칠 것이다. 마음이 불편한 상태에서 보는 의료 업무가 제대로 된 내용일 리 없다. 그렇게 되지 않도록 자신의 마음을 컨트롤하는 것이 프로이며, 나 나름대로 의향은 있지만 역시 완벽하게 자제할 수 있을지는 의문이다. 그렇다고 선사에서 수행할 만한 짬도 기력도 없다.

더구나 이쪽이 참아버리는 것은 그녀가 자신의 말과 행동을 용인시켜 버리는 것으로 이어질 수 있다. 제멋대로의 행동을 인정해 버릴 수는 없다. 아무리 '환자'일지라도 구별해주지 않으면 곤란하다.

좀 더 굳이 자기변호를 한다면, 나도 덩달아 분노했지만 곧 상황의 어리석음이랄까 말싸움의 바보스러움을 깨닫는 것으로 '장소'의 긴장이 느슨해지고, 그러자 그녀도 허를 찔린 모습으로 단단하던 구슬이 위축되어 버린 것이다. 어디까지 압력이 높아질지 짐작도 못한 그녀의 분노가, 실은 의외로 어이없이 리셋되어 버린다는 것을 그녀는 실감했던 것이다.

그것은 예전부터 자신의 공격성을 제어할 수 없는 것에 대한 불안과 절망과 자기혐오를 안고 있었을 그녀에게 '조금 의외의 경험'을 가져다 주지 않았을까?

며칠 후 그녀는 다시 외래를 찾아왔다고 한다. 혹시 "그때 의사를 불러라"라고 하거나 다른 원망의 말을 늘어놓으며 '투덜거리지 않을까' 걱정하고 있었는데, 마치 아무 일도 없었던 것처럼 담당 의사와 상담 후

조용히 돌아갔다고 했다.

태도가 불연속적이고 일관성이 결여된 것이 경계성 성격장애의 특징이지만, 병원에서 나와의 트러블을 떠올리며 분노가 반복되지 않았다는 점이 이상하다면 이상하다.

● **결국 '냉정·침착'이 가장 스트레스가 적다**

이런 경험을 통해 내가 독자에게 전할 수 있는 것은 무엇일까? 이쪽도 진심으로 화를 냈을 때, 상대와의 사이에 '진정한 마음의 교류'가 싹튼다는 등의 TV 드라마와 같은 이야기가 성립한다고는 도저히 생각할 수 없다. 왜냐하면 그녀의 충동성이나 주위를 적으로 단정짓는 심성은 역시 성격장애라는 극단적인 왜곡에 유래하고 있어, 결코 '겉모습의 부드러움 따위가 아니고 진심으로 자신과 마주해 주었으면 하는 순수한 기분' 등과 같은 안이한 것으로 환원되는 것은 아니기 때문이다.

그렇다 하더라도, 독자도 한 번은 분노해 보면 그로 인해 발생하는 씁쓸함과 불편함, 의료자로서 어떻게든 자기 정당화를 도모하고자 하는 볼썽사나운 마음의 흔들림 등을 실감하고, 결국은 '짜증나도 끈기 있고 냉정하고 침착한 톤을 유지하는' 것이 자신에게 가장 스트레스가 적다는 것을 알게 될 것이다.

다만, 그 '한 번은'으로 큰 코 다칠 수도 있기 때문에, 이상의 나의 이야기를 참고하여, 머릿속으로 시뮬레이션 해 보는 것에 그치는 것이 현명할 것이다.

❍ 지나치게 무례하거나 볼품없는 상대에 대해서는, 이른바 쇼크 요법적인 의미로 대꾸해주면 어떨까 라는 생각을 해본다. 그러나 그것은 리스크가 너무 크다. 상대가 놀라서 이성을 깨울 것이라고 기대하지 않는 편이 낫다.

❍ 단순히 참는다거나 할 수 없이 단념한다는 맥락에서 보면, 우리는 상대 태도에 대해 두고두고 원한을 품을 수도 있다. 우리 일이란, 곧 두꺼운 인간도감 페이지를 무작위로 넘겨 가는 것이다. 세상에는 왜 이런 기이한 모습이나 습성을 가지고 있는지 짐작조차 못할 생물이 있듯이, 불쾌하고 품위 없는 인간 또한 독을 뿌리며 살고 있는 것이다. 우리는 분노보다 호기심으로 마주하는 것이 정답일 것이다.

2) 뺑소니 당한 기분

병원에서 개방 병동을 맡고 있었을 때, 상태가 꽤 안정되었다며 폐쇄 병동에서 옮겨온 남성 환자 U씨가 있었다. 60세가 조금 넘었을까? 조현병을 앓고 있는 사람으로, 환각 망상은 사라졌지만 인격 수준은 완전히 저하되어 멍하니 TV를 보거나 과자를 사거나 햇볕을 쬐며 단조로운 나날을 보내고 있었다.

일하다 보니 정년을 맞은 나이이고(병력이 길어 취업 경험은 거의 없었지만), 가족도 인수 의사가 없는 것 같아서, 그럭저럭 여생(?)을 보낼 생각이었다. 가족이 입금하는 용돈 액수로 보면 유유자적한 생활이라고까지는 할 수 없지만.

U씨에게는 난처한 점이 하나 있었다. 자신의 생각대로 되지 않으면 곧바로 가족에게 전화를 했다. 그러면 곧 간호실에 가족으로부터 히스테릭한 전화가 걸려왔다. "당신들, 심술궂게 굴지 말고 제대로 돌봐 달라. 도지사에게 투서할 것이다"라는 내용의 클레임이었다.

U씨가 불만을 느꼈다 해도, 그의 희망에 응할 수 없었던 데는 합당한 이유가 있는 것이기 때문에 그것을 설명해도 의심스러워했다. 한 마디로 '의료인 성악설'을 신봉하고 있는 것이다.

"그렇게 불만스러우면 가족끼리 돌보면 되지 않을까, 적어도 반년에 한 번 정도는 병문안이나 차입을 하고 본인을 격려하는 게 어떤가"라고 말하고 싶었지만, 그런 말을 하면 끝장이라는 생각에 참았다. '거칠고 막된 사람들이구나, 말은 꺼내도 손은 대지 않는 게 얄밉구나'라는 마음이 U씨 가족에 대한 나의 거짓 없는 감상이었다.

어느 날, 정말 마음이 무거워지는 사태가 벌어지고 말았다. 얼마 전부터 U씨가 왠지 모르게 패기를 잃고 있었다. 눈에 띄게 휘청거리므로 약을 줄여 보았지만 효과가 없었다. 어젯밤에는 실금까지 보였다. 아무래도 눈치가 이상했다. "혹시⋯⋯" 두부 CT를 촬영해 보니 아니나 다를까, 만성경막하혈종으로 판명되었다. 개두수술을 해야 하므로 승낙서가 필요했고, 물론 설명도 해야 했다. 곧바로 가족에게 전화를 걸었다.

보통 수술이라고 전하면 가족은 일단 달려와 준다. 적어도 합당한 사정을 설명하면 협조적이다. 그런데 U씨의 가족은 달랐다. "갑자기 오라고 하면 곤란해요. 갑자기 수술이라니 이상하잖아요. 어쨌든 오늘 밤 같이 상담해 볼게요. 정말이지, 오!"라며 일방적으로 전화를 끊어버린 것이다.

그리고 다음날, 일족의 무리들이 우르르 몰려왔다. 이상하게 잘난 체하는 태도로 스태프를 노려본다. U씨의 안부보다 왜 만성 경막하혈종이 되었는지 그것만을 캐묻는다. 그들로서는 머릿속에 출혈이 있거나 하는 사태는, 즉 병동에서 폭력사태의 피해자가 된 것이 틀림없다는 확신을 가지고 있는 것 같았다.

U씨는 폭력 피해를 입은 적이 없으며, 낙상 사고도 없는 것으로 알고 있었다. 왜 만성경막하혈종에 이르게 되었는지는 분명치 않았지만, 본인도 개의치 않을 정도의 에피소드 — 혹도 생기지 않을 정도로 가볍게 머리를 부딪쳤다거나 — 로 의외로 쉽게 출혈될 수 있다고 아무리 설명해도, 용납하지 않았다. 이론에 귀를 기울이려 하지 않았다. 마치 스크럼scrum이라도 짤 것 같은 모습으로 감정을 실은 비난을 가족들은 줄줄이 쏟아냈다.

의심에 사로잡히거나 걱정과 불안이 심해져 공격적인 태도가 될 수 있다는 것은 극히 당연한 심리로 이해할 수 있다. 하지만 나 나름대로 솔직한 느낌을 말하자면, 그들 가족은 U씨를 '병원에 맡긴' 떳떳하지 못함에 대해 '공격은 최대의 방어'를 실천하고 있었고, 게다가 평소부터 축적하고 있던 스트레스나 울분(그들의 생활 그 자체에서 생긴 것으로, 병원과는 일절 무관한)의 '배출구'로서, '마침 잘 됐다'라며 말하고 싶은 대로 지껄이는 것처럼 느껴졌다.

잘못은 병원에 있다(일지도 모른다)고 느끼자마자 '병원에 맡긴' 양심의 가책은 반격의 에너지로 바뀌고, 다음 순간에는 병원은 곧 악이라는 도식을 만들어, 거기서 적당한 공격 목표를 찾았다는 듯이 자신들의 마음에 쌓여 있던 분노를 추가하여 클레임을 걸고 있는 것처럼 생각되었다. 그런 해석 방법은 어쩌면 피해의식에 불과할지도 모른다. 자신의 품성의 비열함을 투영하고 있을 뿐일지도 모른다. 하지만 나에게는 또렷이 느껴졌던 것이다 — 이쪽이 역으로 분노하지 않을 것을 예측하고, 그들은 정의의 깃발을 내걸어 약자를 가장하고 제멋대로 기분 전환을 실행하고 있는 것을 말이다.

나는 화가 나기 시작했지만, 여기서 성격이 급해지면 결국 자신이 손해를 본다. 닥터 해러스먼트harrassment라고 하면 곤란하다. "폐를 끼쳐 죄송합니다"라고 고개를 숙이면서 마음속으로는 '폐를 받고 있는 것은 나다'라고 생각하고 있었다.

그들은 두부의 CT 사진을 보내라고 했다. 다른 의사에게 보이고 의견을 듣겠다고 했다. 순간, 나는 마음속으로 혼자 싱글벙글했다. 어떤 의사에게 물어도 내가 설명한 것과 대동소이한 의견밖에 말하지 않을 것이기 때문이었다. 세컨드 오피니언 건을 꺼내면, 이쪽이 당황할 줄 알았을까? 의료 소송이라도 낼 생각이라면 기대가 빗나가기는커녕 이쪽이 옳다는 것을 깨달을 뿐이다. 꼴좋다!

병동에는 슬리퍼로 갈아 신고 들어오게 되어 있었다. 따라서 CT사진을 들고 의기양양하게 회수해간 가족들이 신발을 신는 장면을 배웅 겸해서 나는 관찰하고 있었다.

그리고 눈치챘다. 더러워져 있다.

가족들이 현관에 어지럽게 벗어 던졌던 신발은 분명 예의범절이 없음을 느끼게 했다. 게다가 어느 신발도 손질이 잘 안되고 더러워져 있었다. 밑창은 비스듬히 크게 닳았고, 뒤꿈치는 반쯤 밟아 뭉개져 있었다.

신발이 더러웠던 것이다. 그들이 경제적으로 부유하지 못하다는 이야기가 아니다. 일단 신발이 예쁘든 더럽든 마음대로이다. 하지만 이처럼 구질구질하게 뒤틀린 상태의 신발은 그들의 언행과 상통한다.

'역시 그렇지'하고 생각했다. 때때로 오래 착용한 신발은 묘하게 주인의 인품을 방불케 하는 법인데, 거기에 가족들의 '야비한' 언행을 덧대어, 나는 내 감정을 뒷받침할 증거품이라도 발견한 듯 굴절된 만족감을 느꼈던 것이다.

● 저쪽 주장, 이쪽 주장

그래서 어떻다는 말인가?

U씨 가족도, 실은 나름대로 힘들었을 것이라고 짐작은 간다. 병원 측 사람으로서는 아무래도 U씨의 가족에 대해 음성적인 감정이 생기지만, 자주 문병을 오거나 스태프에게 '실수 없이' 행동하는 것으로 인간으로서의 평가를 받을 이유는 없다.

가족도 생활이 있다. 게다가 아마 경제적으로나 정신적으로나 별로 여유로운 날들이 아닐 것이다. U씨를 병원에 맡겨 둘 수밖에 없는 경위라는 것이 있는데, 만약 그것을 일일이 설명한다면 그들은 금세 자기혐오에 빠져 버릴 것이다.

그들로서는 병원의 의사나 간호사는 '마음 편한 신분'이어서, 이런 말이 정론일지는 모르겠지만 그 정론이 사회적 지위나 경제적 여유에 뒷받침된다는 것에서 오히려 위선적인 냄새를 느끼게 될지도 모른다. 그런 무리에게 U씨를 맡겨야 하는 억울함도 반드시 있을 것이다.

다소 착각의 울분이었다 해도, 만성경막하혈종의 에피소드를 통해 가족들이 공격적으로 된 이유의 대부분은 그들 자신보다 오히려 그들을 여러 가지 의미에서 여유가 없는 처지로 몰아넣은 세태에 요구될 것이다.

그렇다고는 하지만 우리도 진지하고 성실하게 일을 하고 있다. 비록 가족에게는 '마음 편한 신분'으로 보인다 해도 이런 일에 종사하기 위해 부단히 노력해야 했고, 게다가 노동에 걸맞은 대우를 받는다고는 도저히 생각되지 않는다.

그럼 양보해야 할 쪽은 어느 쪽일까?

병원이라는 조직, 즉 다소나마 익명성을 띤 쪽이 한 발 물러서는 것이 순리라고 본다. 개인과 개인의 충돌이라는 형태가 되면, 처참한 결과를 초래할 수도 있다. 조직이라는 애매함 부분에 완충작용을 기대하지 않을 수 없다.

● **자신을 납득시키기 위한 스토리**

하지만 말은 그렇게 해도, 나는 개인적 공격을 당한 것 같은 불쾌감을 지울 수 없었다. 화가 치민다. 그것은 바로 나의 미숙함, 유치함을 뒷받침하는 것이다. 그것을 머릿속에서는 알고 있어도, '뺑소니당한 기분'이라고나 할 수 있는 불합리한 감정이 남아 버린다. 그래서 나는 무의식 중에 자신을 납득시키기 위한 스토리를 찾고, 그 가족들의 더러운 신발에 시선을 돌렸던 것이다.

그들의 신발에 나는 자신의 불쾌한 감정을 비추고, 마침내 '아아, 이런 지저분하고 일그러진 신발을 신고 있는 사람들이니 이렇게 볼썽사납게 굴어도 당연한 것이구나'라고 이해하려 했던 것이다. 그렇게라도 하지 않으면 나는 자신의 분함을 쫓아버릴 수 없었던 것이다. 에고 맙소사.

● **자기 나름의 마음을 달래는 방법이 있다**

우리는 억울함이나 불합리함에 입술을 깨물어야 할 때가 있다. 오로지 참아야 한다는 간단한 얘기가 아니다. 어떤 사람은 동료끼리 푸념하고, 다른 사람은 박애정신이나 너그러운 마음속에서 해소를 꾀하고, 또 다른 사람은 "그런 일에 일일이 신경 쓸 수는 없어"라고 미래를 대비하며, 혹은 프로로서의 긍지를 재확인함으로써 극복한다. 그리고 나 같은 삐딱한 사람은 신발을 테마로 자의적으로 심독해 보는 것을 통해 마음을 가라앉히려 한 것이다.

이런 내용을 쓰면서도 정말 불모의 이야기라는 것을 통감한다.

독자 중에는 필자 같은 사람이 싫어 인상을 찌푸리는 사람도 있을 것이다. 하지만 자신의 마음을 달래기 위해서 사람은 모든 것을 시도한다. 남에게 엉뚱한 화풀이를 하지 않았으니 적지만 그만큼 분별력이 남아 있었다고 자화자찬한다면 너무 뻔뻔한 걸까?

🚨 몇 가지 힌트

❱ 상대방에 대한 분노를 우리는 어떻게 달랠 것인가? 이것은 영원한 테마이며, 각자 해소법은 다를 것이다. 다만, 상대 나름의 사정에 대해 상상력을 발휘해 보는 것은 쓸데없지 않을 것이다. 머지않아 인간의 나약함이나 추함에 대해 몇 가지 패턴이 존재하고 있음을 실감할 것이다. 개인이 아닌 하나의 패턴으로 인식하면, 분노의 정도는 다소 가라앉아 간다.

3) 불쾌한 상냥함

정신이 아프면 다양한 문제 행동이 발생한다. 환각이나 망상에 휩싸인 언행뿐만 아니라, 예를 들면 조현병의 음성증상의 경우, 자주 '참을 수 없다'는 식의 유치한 사태가 큰 문제가 된다.

가령, 대량의 수분(특히 단 것)을 섭취하고 싶어 하며 그것을 참지 못한다. 콜라나 캔 커피를 하루에 10개 이상 마시기도 한다. 그렇게 하지 않을 수 없는 무언가가 마음속에 맺혀 있는 것이다.

하지만 운동도 제대로 하지 않고 수분과 당분을 대량으로 섭취하면 신체에 문제가 발생할 수밖에 없다. 대량의 수분은 전해질의 밸런스를 무너뜨려 가끔 경련이나 의식 소실을 일으킨다. 흔히 물중독이라고 불리는 증상이다.

또, 당분의 과다섭취는 비만이나 당뇨병을 초래한다. 항정신병약은 구갈을 유발시키거나 지방 대사를 변화시켜 비만으로 유도하는 작용이 있다. 특히 당뇨병은 심각하다. 콜라나 과자(정크 푸드), 담배가 인생에서 유일한 취미 같은 장기 입원환자가 드물지 않아 더욱 심각하다.

Y씨(44세, 남성)에게는 자해 경향과 강박적인 콜라 및 과자에 대한 집착이 있었다. 뜻대로 안 되는 일이 있으면 곧 초조해져 자신의 신체를 긁어 댔다. 딱지가 생기면 그것을 또 쥐어뜯었다. 게다가 당뇨병이 있어, 상처가 쉽게 아물지 않고 화농하기 쉬운 상태였다. 내과 의사들도 칼로리 제한의 필요성을 엄중히 밝혔다. "네, 조심하겠습니다"라고 본인은 갸륵하게 대답했지만, 그 혀에 침도 마르기 전에 한 손에 팥 도넛을 들고 벌컥벌컥 콜라를 마셔댔다. 용돈을 제한하면 손목시계나 라디오 등을 다른 환자에게 강매하여 돈을 마련하고 콜라와 과자에 쏟아부었다.

모친에게 전화를 걸어 손목시계와 라디오를 사오게 하므로, 선반에는 각종 손목시계나 라디오가 뒤엉켜 있었다. 모친에게 용돈을 제한하라고 전달했기 때문에 돈을 건네지는 않지만, 그 대신 손목시계와 라디오를 건넸다. 즉, 이들 두 가지는 사실상의 현금으로 기능하고 있던 것이다.

안을 수 없을 정도의 손목시계와 라디오를 귀갓길의 모친에게 건넸다. 그녀는 미안해하면서도, 이번에는 면회실에서 몰래 1만엔짜리 지폐를 건네거나(가늘게 말아 담뱃갑에 숨기거나 한다), 직접 음식물을 넣었다. 혹은 택배로 보낸 의류 사이에 그것들을 숨겨두었다. 스태프 측으로서는 어쩔 수 없이 그런 짐을 일일이 체크할 수밖에 없다. 이래서야 마치 감옥 같지 않은가? 인간의 존엄성 같은 것은 털끝만큼도 없다. 비정상이라고밖에 할 수 없다.

하지만 체크하지 않으면 체중은 금세 늘어나 혈당치가 상승한다. 의료자로서 방치할 수는 없다. 위험이 임박한 단계인 것이다. 빤히 알고 있으면서 Y씨를 당뇨병성 망막증으로 장님이 되게 하거나 하지절단 등을 받게 할 수는 없다. 당연한 일이 아닌가?

● 맹목적인 사랑과 죄책감

Y씨가 콜라나 과자에 집착하는 데는 심리적인 이유가 있을 것이다. 아마도 그는 틀림없이 병원 생활 중에 자신의 뜻대로 된 적이 손으로 셀 수 있을 정도에 불과했을 것이다. 청량음료나 정크 푸드는 자신이 입수할 수 있는 범위에서 채울 수 있는 최대의 욕망이라는 의미일 수도 있고, 제멋대로였던 어린 시절로 퇴행하기 위한 마법의 도구일 수도 있다. 혹은, 이미 의미 등은 상실한 채 강박증상의 대상으로만 삼고 있을지도 모른다.

그런 추측에 의해 마음을 채워 주면서 Y씨를 '집착'으로부터 떼어낼 수 있는 전략을 생각할 수 있을 것이다. 다만 그것은 쉽지 않으며, 여기서는 그것에 손을 댈 수 없다. 문제는 모친의 행동이다.

모친은 70세가 넘었다. 아버지는 과묵한 선반공이었던 것 같은데, Y씨가 중학생이었을 무렵 병사했다. 5살 위의 형과 어머니와 생활보호로 살고 있었다. 현재 형은 가정을 꾸려 도카이 지방에서 복지 일을 하고 있다고 한다.

정말이지, 모친은 고양이를 귀여워하듯 Y씨를 키워 왔다. 이윽고 Y씨에게 '은둔형 외톨이'와 가정 폭력이 보이기 시작하더니, 어느 사이엔가 조현병이 발병하고 있었다. 그녀는 그 사실을 외면한 채 오랫동안 방치해 왔지만, 결국 폭력을 견딜 수 없어 정신과에 입원을 시켰다. 하지만 모친은 아직도 Y씨에 대해 '머리가 이상한 사람들이 가는 병원에 넣어 버렸다'라는 부담을 갖고 있었다. 그런 만큼 적어도 Y씨가 기뻐하는 얼굴을 보고 싶다는 생각에, 모친은 인스턴트식 행복을 주기 위해 콜라나 과자를 주는 행위를 반복했다.

나는 몇 번이고 모친과 상담했다. 그녀의 속죄 법은 콜라나 과자를 주는 것이었다……. 그런 심정은 충분히 이해한다. 하지만 그런 눈앞의 일에 마음이 사로잡혀, 결국 Y씨를 실명시키거나 의족으로 살게 한다면, 그야말로 더 큰 죄가 아니냐고 지적도 했다. 모자 밀착이나 공동의존이 성립해 버리고 있는 것도 설명했다. 하지만 꼭 마지막에 어머니는 말했다.

"그렇지만 선생님. 저도 언제까지고 살 수는 없어요. 적어도 지금 당장 아들이 기뻐하는 얼굴을 보고 싶습니다"

"하지만 그것으로 Y씨의 당뇨병이 악화되는 건, 오히려 잔인한 얘기 아닙니까? 자기만족을 위해 아들을 희생시킨다는 말을 들어도 소용없게 됩니다"

"네에, 네에, 선생님 말씀하신 대로입니다"

● 에고(이기심)의 심연을 들여다본 기분

말씀하신 대로라고 하면서, 그녀는 결코 행동을 고치지 않았다. 어떻게 연락을 주고받았는지, 체육관 뒤에서 모자가 만나 돈이나 음식물이 건네졌다. 그 자리에서 먹고 마셔 버리는 경우도 있었다. 아귀도餓鬼道 (죄를 많이 지은 중생이 죽어서 가는 세계인 삼악도三惡道나 육도六道의 하나. 늘 굶주리고 매를 맞는다고 한다*)에 빠진 듯한 광경이다.

---

* 네이버 국어사전(고려대한국어대사전), 아귀도, https://ko.dict.naver.com/#/entry/ koko/9bc2097f87b5494a9135cfcd60a754a8 (2021년 10월 18일 접속).

약간의 비만이나 고혈압 정도라면 시끄럽게 지도할 생각이 없었다. 그러나 입원 중에 당뇨병 증상이 악화되면 그것은 우리의 책임이고, 그 때는 아마 모친도 불평할 것이었다.

모친은 나와 상담이 끝나면 집에 돌아가서 꼭 엽서를 보내왔다. 병원의 의국 앞으로 '지도해 주셔서 감사합니다'부터 시작해 우등생 마냥 연필로 더듬더듬 써 보냈다. 때로는 엽서 3장에 걸쳐 장황하게 엮어 올 때도 있었다. 그것을 볼 때마다 나는 싫었다. 참을 수 없이 불쾌해졌다. 왜 '겸양을 떠는 걸까'. 이왕이면 좀 더 적반하장식의 밉살스러운 모습을 보여주었으면 했다. 그러면 이쪽도 Y씨의 건강을 지키기 위해 강경하게 나갈 수 있었다. 하지만 왠지 노모를 괴롭히고 있는 것 같은 기분이 드는 것이었다.

애정이 깊지만 어리석은 모친이라기보다는, 성격장애(단, 경계성 성격장애는 아닐 것이다)에 가까운 레벨이 아닐까 생각하게 되었다.

게다가 도중에 그녀가 역겨워지기 시작했다. 값싼 애정 때문에 아들을 희생시키는 것을 부끄러워하지 않는 데다, 나에 대한 엽서 내용이나 송구스러워하는 태도 또한 '진심'인 듯했다. 도대체 어떤 정신구조인 건가? 과장되게 들릴지 모르지만, 나는 끝없는 에고(이기주의)의 심연을 들여다본 것 같은 기분이 들었다.

그녀가 보낸 엽서는 모두 분쇄기로 처리하고 있었다. 보관해 두면 싫은 아우라가 감돌 것 같아서 기분이 나빴기 때문이다. 이윽고 연말연시가 찾아오고, 모친으로부터 연하장이 배달되었다. 인사와 함께 변명이 장황하게 쓰여 있었다. 새해 벽두부터 지긋지긋했다. 이것 또한 바로 분쇄기로 재단해 버리려 했지만 일순간, 어쩌면 이런 연하엽서야말로 '신년축하 추첨에 당첨될 가능성이 있지 않을까?'라는 생각이 들었다. 일등으로 당첨되면 어떤 기분일까?

그러나 그렇게 되면 한층 기분이 정리되지 않을 것 같았고, 쓸데없는 상상을 하는 자신의 천박함에 무기력해져 버렸다. 그리고 서둘러 연하장을 분쇄기에 밀어 넣었다.

내가 병동을 옮긴 지금도 모친과 병동 스태프와의 공방은 여전히 계속되고 있다고 한다.

🚨 몇 가지 힌트

◉ 성격장애에 대한 정의는 여러 가지가 있지만, 타인을 '자신을 위한 도구로 태연하게 이용한다'는 버릇은 꽤 특징적이지 않을까. 그리고 우리가 상대에게 불쾌감을 느낄 때, 그 이유는 상당한 확률로 '나를 만족시키기 위한 도구로서만 타인을 인식한다'는 성향에서 온 것 같다.

◉ 그런 사람들을 눈뜨게 하는 것은 곤란하다. 결국 이것은 품성의 문제이며, 손익계산으로 보면 그들 쪽이(단기적으로는) 올바른 것이다. 단지 긴 안목으로 보면, 아마 그들의 임시방편적인 손익계산은 마이너스로 기울 것이다. 신용을 잃어 빈축을 사거나 하기 때문에 당연할 것이다. 즉, 그들은 머리가 나쁜 것이다. 그렇게 생각하고 우리는 자신의 마음을 달랠 수밖에 없을 것이다.

◉ 모친이 아들에 대해 고집하며 맹목적이고 잘못된 애정 쏟기를 그만두게 하려면 이하의 두 가지가 정론일 것이다.
   ❶ 그런 불건전한 메커니즘과 폐해를 모친에게 제대로 이해시킨다.
   ❷ 그녀에게 충족되지 못한 것에 따른 행위이기 때문에 그것을 메울 만한 것을 제공 또는 제시한다.
   다만 ❶은, 성격장애 레벨이기 때문에 우선 무리이다. ❷에 대해서는,

Y씨와 모친과 의료자 셋이서 느긋하게 보내는 시간을 정기적으로 마련하여 그것을 통해 '맡기면 안심'이라는 신뢰감을 만들어 가는 것이 정공법이 될까? 때로는 모친의 푸념이나 고생담을 상대하면서 말이다. 수고스럽지만 병동 전체가 공감대를 형성하면 기대할 수 있을 것이다. 우리의 마음도 안정되어 가지 않을까?

3
책임감과 의협심

1) 고군분투하는 사람

열정적이고 성실하며 책임감이 강한 사람은, 때로는 걷잡을 수 없는 궁지로 자신을 몰아넣기도 한다.

보건사 N씨로부터 전화가 걸려온 것은, 내가 외래 진찰을 하고 있는 중이었다. 이전에 보건소에서 강연을 했을 때, 돌아갈 즈음 짧은 상담을 한 적이 있었다. 그런 기억밖에 없어서 얼굴도 제대로 기억나지 않는다. 그런 N씨가 수화기 너머에서 말했다.

"강연 때 만난 N입니다. 그때 상담 드렸던 65세 조현병 환자 일입니다!"

금세 내 머릿속은 경계모드로 바뀌었다. 왜냐하면 반년이나 지난 그저 5분 정도의 상담을 받은 사례에 대해, 내가 지금도 숙지하고 있는 것처럼 말을 걸어왔기 때문이다. 그런 일까지 이쪽이 일일이 기억하고 있을 것으로 기대하는 쪽이 이상하지 않은가? 내가 기억하고 있는 것이 당연하다고 믿는 즈음부터, 이미 N씨에게는 일종의 정신적 시야 협착이 일어나고 있는 게 아닐까라고 직관되었던 것이다.

약간 쌀쌀맞게 대하면서, 나는 이야기에 귀를 기울였다.

조현병인 65세 남성 C씨에게는 친척이 전혀 없었다. 생활보호를 받으며 외롭게 자취를 하고 있었다. 헬퍼의 도움을 받고 있지 않아서, 사실상 N씨만 관여하고 있었다. 일단 종합병원 정신과에 외래(입원 침대는 없다)를 다니고 있었지만, 가끔 상태가 좋지 않았다. 환각 망상이 활발하다기보다는, 오히려 조躁증 상태를 보이며 불안정하다고 했다. 과거에도 그런 상태가 몇 번인가 있었지만 N씨가 열심히 다니며 생활상의 일탈을 막아, 복약도 꾸준히 준수하고 있다고 했다.

이번에도 복약을 게을리하거나 하지 않았음에도, C씨의 상태가 나빠지고 말았다. 사실 여느 때처럼 N씨의 헌신적인 노력으로 사태는 잘 극복할 수 있었을 것이다. 그런데 운 나쁘게도 N씨에게는 정기 검진에서 발견된 부인과질환 수술 예정이 1주일 후로 다가오고 있었다. 이제 와서 취소할 수는 없다. 그렇다는 것은 C씨의 정신상태가 좋지 않은 채로 방치되어 버린다는 것을 의미한다.

N씨는 초조했다. 통원 중인 담당 의사와도 상담했으나 이번 상태는 평소보다 좋지 않았다. 입원이 최선이라고 했지만, 담당 의사가 커넥션을 가지고 있는 병원은 모두 만석이었다. 이래서는 입원할 방법이 없다. 곤란했던 N씨는 문득 내가 생각나 서둘러 전화를 걸어온 것이다.

그녀의 기대에 부응할 수 있을지 어떨지, 어쨌든 확인을 해봐야 했다. 그래서 외래를 중단하고 남자 병동의 입원관리를 하고 있는 의사에게 문의해 보았다. 갑자기 입원시키자고 해도, "예약이 꽉 차 있어요. 적어도 10일은 기다려야 할 것 같아요"라는 대답이었다. 물리적으로는 불가능하니, 이야기로는 그것뿐이다. 정신과 입원 예약은 대개의 경우 꽤 임박한 상태에서 이루어진다. 따라서, 이쪽 사정을 말하고 새치기를 할 수는 없다.

나는 긴급 입원이 불가능하다는 취지를 N씨에게 알렸다. "유감스럽지만, 기대에 응할 수가 없을 것 같습니다". 그녀는 난감한 듯 이렇게 말했다.

– 그러면 어쨌든 선생님 외래에서 C씨가 진찰받게 해도 괜찮습니까?

N씨가 혼란스러워하는 모습이 눈에 보이는 것 같았다. 그러나 "어쨌든 선생님에게 C씨가 진찰받게"라는 것은 무슨 뜻일까. 그녀는 자신이 무슨 말을 하고 있는지 알고 있을까? 그것이 어떤 전말로 이어질 것으로 기대하고 있는 것인가?

나는 그만, 가시 돋친 말로 되받아치고 말았다.

"저기요, 제가 있는 곳에서 진찰받게 한다니 무슨 뜻입니까? 이미 다른 병원과 연계되어 있겠죠. 저는 C씨 얼굴조차 본 적이 없어요. 그런데도 다시 우리 외래로 데려오는 것에 어떤 의미가 있나요? 지금 말씀드린 것처럼 저희는 입원을 할 수 없어요. C씨를 데려오셔도 외래에서의 대응은 현재 이상을 기대할 수 없을 것입니다. 오히려 진찰함으로써 자동적으로 책임 소재가 나에게 옮겨져 버리는 그런 말은 납득이 가지 않는군요. 무의미해요"

아마 N씨로서는 C씨의 병상을 나에게 진찰하게 함으로써 사태의 중대함을 인식시켜 새치기인지 뒷 배경을 통해서든지 서둘러 입원 계획을 정돈해 주기를 기대했던 것이 아니었을까?

N씨에게 있어서 나는 상황의 심각함보다 형식주의를 우선시하는 말단 관리풍의 의사로 느껴졌던 것이리라.

"분명히 말씀드리자면, 지금 당신에게 선택지는 두 가지 밖에 없어요. 하나는 여기저기 병원에 전화를 걸어 침대를 찾는 것. 단, 전화만으로 곧바로 입원을 보증해 줄 것이라는 기대는 하지 않는 것이 좋을 것으로 생각됩니다. 그리고 또 하나는, 정말 무슨 일을 저지를지 알 수 없는 위험한 상태라면 경찰을 불러 보호받고 정신보건복지법 44조 통보에 따라 정신감정을 받을 수밖에 없습니다. 그리고 입원시켜 줄 병원을 찾는 것이라면 아직은 외래담당 의사 쪽이 얘기하기 쉬워요. 당신이 전화를 하는 것보다 더 가능성이 높아요. 그런데도 당신이 돌아다니고 있는 것은 이해가 되지 않는군요. 어쨌든 죄송하지만, 나는 지금 환자와 상담 중입니다. 더 이상은 도와드릴 일이 없을 것 같습니다"

그러자 N씨는 딱딱한 목소리로 작게 말하는 것이었다.

— 하지만, 전 경찰을 부르는 건 싫습니다.

어깨를 으쓱거리며, 나는 대답했다.

"범죄자도 아닌데 C씨를 경찰에 팔아 넘기는 것 같은 일은 할 수 없다는 것이죠? 마음은 잘 알겠습니다. 무슨 큰일이 난 것처럼 보일 수도 있으니까요. 하지만 정말 위험하다면 경찰에 맡길 수밖에 없습니다. 그런 발상으로 법률이 만들어진 걸요. 뭐, 경찰관의 견해는 또 달라서 이쪽이 요청해도 움직여 주지 않는 일은 있어요. 그런 경우, 구의원을 통해 경찰에 제의해 달라고 했더니 금세 해결된 적이 있었습니다만"

N씨는 딱딱한 목소리 그대로 말을 이어갔다.

— 경찰 같은 걸 부르면 앞으로도 C씨와 이어가야 하는데 신뢰 관계가 깨져 버립니다.

"당신에게 배신당했다고 C씨가 원망할까봐 걱정하고 있는 거죠. 하지만 지금의 C씨는 온전히 사물을 판단할 수 없는 상태니까, 긴급 대피(피난) 차원으로 경찰을 부른다고 해서 앙심 같은 건 품지 않아요. 본인이 차분한 상태가 되면 정중하게 설명하면 되잖아요. 게다가 당신이 경찰을 불렀다 해도 그 사실을 솔직히 인정할 필요도 없잖아요?"

N씨는 입을 다물어 버렸다. 이제 나 따위에게 간절히 부탁해도 시간 낭비라고 생각했던 걸까? 나로서도 그녀의 완고한 생각에 언제까지고 응대하고 있을 수는 없다. "도움드리지 못해 죄송하군요"라고 그야말로 어색한 위로의 말을 건네며 전화를 끊었다. 나름대로 할 말은 했다고 생각하지만, 왠지 뒷맛이 좋지 않았다. 한숨을 쉬고 싶었다.

● **품는다고 프로가 아니다**

　N씨의 한결같은 마음은 칭찬할 만하다. 하지만 그녀의 믿음의 정도
는, 이미 '완미頑迷(완고하고 고루하다)'의 경지에 돌입하고 있었다.

　무엇보다도 좋지 않은 것은, 그녀가 C씨를 혼자 끌어안고 있다는 점
이다. 자기희생인지 헌신적 행위인지 모르지만, 개인플레이로 버티는
것은 잘못이다. 책임감과 의리와 인정을 앞세운 통속적인 의협심을 혼
동하고 있는 것 같다. 분명히 말하지만, 그러면 그녀의 취미라고 밖에
생각되지 않을 것이다. 프로가 할 짓이 아니다. 레벨로는 기껏해야 '열심
히 하는 친절한 아줌마' 정도라고나 할까?

　누구라도 갑자기 병에 걸리거나 불의의 일이 발생한다. 몸이 아플 때
만 운 나쁜 일이 겹치는 것은 인생의 상식이다. 그래서 예방책을 강구할
필요가 있다. 그런 전제에서 보면, 복수의 인간이 관계되도록 준비해 두
는 것은 기본 중의 기본이다.

　시스템으로서 N씨가 관련되지 않을 때는 다른 사람이 관여하도록 해
둬야 한다. 만약 보건사 동료가 그것을 거절했다면, 그 보건사는 동일
사례에 대해 아마 N씨와 다른 평가를 내리고 있었을지도 모른다. 어떤
평가인지는 모르지만, 아마 그 시점에서 N씨는 다른 보건사에 대해 '차
갑다'거나 '무책임하다'는 감정적 요소를 붙여 잘라버린 게 아닐까? 그리
고 보건소 안에서 N씨만이 잔 다르크로 변한 건 아닐까.

　동료의 협력을 얻을 수 없었다면, 그 당시에 자신이 시야 협착 상태였
던 것은 아닐까 하고 멈춰 섰어야 했다. 또, 지역 차원의 지지라는 측면
에서 본다면 민생위원이나 파출소 순경, 근처 주민 등에게도 협력을 요
청하지 않은 것은 이상하다. 그때 비밀유지의무 문제가 신경 쓰인다면,

그것이야말로 동료들과 사례 검토회를 열어 협의하면 되지 않겠는가? 그렇게 하면 참석자들에게도 책임의 일단을 지게 할 수 있는 것이다. 다소나마 어깨가 가벼워질 것이다.

● '이렇다'와 '～여야 한다'는 구별한다

안면이 있는 의사에게 부탁하면, 무리를 해서라도 입원할 수 있게 해줄지 모른다는 발상 자체는 별로 이상하지 않다. 다만, 그런 뒷문 입학 같은 수단에 의지하기 전에, 여럿의 사람들이 관계되는 태세를 갖춰 두었어야 했다. 또한 눈앞의 현실에 대해 준비할 수 있는 대응에는 어떤 선택지가 있는가를 그야말로 노골적이고 드라이한 태도로 판단해야 하고, 거기에 감정의 필터를 씌워도 결국은 '없는 것 조르기(떼쓰기)'가 되어버리는 것은 당연할 것이다.

일반적으로 N씨 같은 사람은, '현실은 이렇다'라는 것과 '～여야 한다'와의 구별이 되지 않는다. 게다가 그 '～여야 한다'가, 지극히 좁은 시야에서 도출된 선의의 강매에 가까운 것이 적지 않다. 그러한 것을 '내 멋대로의 믿음(확신)'이라고 칭하는 것이다.

C씨의 일을 경찰 사태화하기에는 '지나치다'라고 생각하는 마음은 잘 안다. 하지만 현재 일본에서 합법적인 강제력을 가질 수 있는 것은 경찰의 권력뿐이다. 또, C씨가 신체적으로 쇠약해져 생명이 위험해졌다면, 그 때는 정신문제가 있었다고 해도 난동부릴 만한 기운도 없어졌을 테니 구급차로 일반 병원으로 옮기면 된다. 하루에 한 번 정도 누군가가 상황을 보러 갈 정도라면, 그 계획을 정돈하는 것은 가능할 것이다.

110번 아니면 119번에 전화하는 것에는 해당되지 않지만, 눈을 떼기에는 걱정되기 때문에 곤란하다는 것이 N씨의 본심일 것이다.

비슷한 경험은 나도 항상 조우한다. 하지만 그런 틈새 같은 사태에 대해서는, 가족이 관계되거나 지역이 관계될 수밖에 없는 것이다. 자신이 손을 떼지 않을 수 없기 때문에, 그 동안에만 갑자기 입원시키고 싶다는 생각은 자신을 과신하고 있을 뿐이라고 비판받아도 반론할 수 없을 것이다.

책임감과 의협심을 혼동하는 것은 의료인들이 빠지기 쉬운 나르시시즘의 덫이다. 그리고 개인플레이를 하고 싶을 때, 거기에는 믿음(확신)에 의한 폭주 가능성이 있음을 가슴 속 깊이 새겨야 할 것이다. 가혹한 표현일지 모르지만, 혼자서 사례를 안은 끝에 부서져 버려도 그 비장감에 가득 찬 행동은 돈키호테로 밖에 보이지 않는다.

🚨 몇 가지 힌트

❍ 담당 환자 상태가 나빠져 긴급 입원의 필요성이 생기는 경우는 가끔 있다. 그러나 현실적으로는 원활하게 즉시 입원하게 되는 경우는 적다. 그런 때에 자기희생적인 정열로 극복하려고 하는 것은 현명하지 못하며, 다른 사람에게도 공감을 구하거나 하는 것은 잘못이다. 그런 방법은 지나치게 불확정한 요소에 의존하고 있기 때문에 적절하지 않다.

❍ 개인플레이는 피한다. 선택지를 쿨하게 상정하라. 없는 것 조르기와 열의를 함께 하지 말라. 이 세 가지가 중요하다.

❍ 이제 와서 말할 필요도 없지만, 긴급 시에는 다소 멀어도 억지가 통하는 병원에 대해서는 평상시부터 정보를 얻어 리스트를 만들어 둬야 하고(그것은 원조자에게 있어서 재산 중의 하나이다), 비록 점찍어 둔 병원이 안 되더라도 병원 관계자로부터 다른 곳을 소개받을 수 있도록 관계성을 구축해야 할 것이다. 사전 교섭이란 이런 작업을 일컫는 것이다.

2) 자살 예방은 가능할까

　모 내과 의원의 U의사로부터 전화가 왔다. 입원 때문에 문의하고 싶다고 했다. 입원 의뢰가 아니라 '문의하고 싶다'는 부분에서 U의사의 망설임이 있었다.

　사례는 알코올 의존증인 E씨(47세, 남성)이다. 의존증이라는 자각은 전혀 없고, 간경변임에도 불구하고 술을 끊지 못한다. 음주를 하면 컨디션이 나빠져 복수가 찬다. 그러면 입원하러 오는 패턴의 반복이다. U의사는 입원할 때마다 '다시 술을 마실 수 있는 신체'로 되돌려서, 세상에 내보내고 있었던 것이다.

　가족도 정나미가 떨어져 있었다. 이혼 문제가 구체화되고 있었다. 그렇게 얼마 전, 아내와 심하게 말다툼을 한 후 갑자기 E씨는 차를 타고 토치기栃木 산 속까지 갔다. 산중에서 수면제인지 뭔지를 대량 복용하고 자살을 시도했지만 죽지 못한 채 발견되어, 현재는 토치기의 응급병원에 수용되어 있다고 한다.

　알코올 이탈증상이 있다거나 자포자기해서 불온restless해하는 것은 아니다. 신체적으로도 긴급성은 더 이상 없다. 그래서 응급병원 의사는 일단 안정되었으니 집으로 돌려보내자고 판단하고, 이후의 팔로업을 생각해 내과의 주치의인 U의사에게 연락을 했다.

　연락을 받은 U의사에게 신경 쓰이는 것은, E씨가 또 자살을 시도하지 않을까 하는 점이었다. 모처럼 생명을 구했는데 정신과적 케어가 이뤄지지 않으면 모든 것이 허사가 되어 버릴지도 모른다는 것이다. 그리고 충동성이라는 것을 감안하면, 토치기 병원에서 내가 근무하는 정신병원으로 직행시켜 정신의료 레일에 올리는 것이 현명하지 않을까 생각했다. U의사에게는 어떤 의무도 없지만, 굳이 의협심을 발휘해 나에게 문의해 준 것이다.

분명 자살과 같은 사태가 얽히면, 주위로서는 신중해지지 않을 수 없다. 직접적인 책임 같은 건 없어도, 자살을 하게 되면 꿈자리가 개운치 않다. 의료자로서 다소나마 관여해 왔기 때문에 그것을 무의미하게 하는 결말을 피하고 싶어 하는 것은 당연하다.

● **조치입원은 무리**

정신과 입원은 크게 두 종류로 나뉜다. 하나는 본인이 입원의 필요성을 인정하고 자기 의사로 입원하는 '자의입원'으로, 이 경우 본인이 퇴원하려고 하면 언제든지 퇴원이 가능하다.

또 하나는 강제입원이다. 여기에는 보호자의 동의를 얻어 행해지는 '의료보호입원'과 자상타해自傷他害의 위험이 긴박하기 때문에, 지사의 권한으로 강제입원이 이루어지는(실제로는 2명의 정신보건 지정의의 판단에 의한) '응급입원'이 있다. 후자는 보호자의 의향을 넘어 이루어지는 강제입원이며, 인권상으로는 지극히 래디컬한 처우라고 할 수 있다. 그 때문에 부엌칼을 들고 난동을 부린다거나, 분신자살을 하려고 머리에 기름을 붓는다거나, 이외에 어지간한 사태가 아니면 적용되지 않는다.

그런데 E씨를 정신과 병원에 수용한다면 어떤 형태의 입원이 적절할까? 우선 본인은 알코올 의존의 자각 따위 없으며, 과거에도 자신이 정신적으로 문제가 있다고 의식한 적이 없다. 그렇다면 그런 인물은 자의입원 같은 건 하지 않을 것이다. 설령 일시적으로 설득하더라도, 금세 퇴원 요구를 하고 나가 버릴 것이 분명하다.

그럼 재차 자살 우려가 있다고 조치입원 대상이 되는 건가? 그것은 무리다. E씨는 이혼 문제 언쟁을 계기로 말하자면 '화가 치밀어' 자살을 시도했다. 그런 정도의 이유로는 응급입원 조건으로는 박약이다. 그런 정도의 이유로 '자살을 예방하기 위해서' 일일이 강제입원을 시킨다면, 정신과 병원은 환자들로 넘쳐날 것이다. 게다가 '이제 자살 걱정은 없어졌다'는 보증서가 있어야 퇴원시킨다면, 아마 E씨는 평생 퇴원할 수 없다는 논리가 되어 버린다.

● 의료보호 입원도 효과 없음

그렇다면 다음은 의료보호 입원이다. 아내가 입원에 동의할 가능성은 의심스럽다. 이혼장을 들이댄 후인데, 다시 남편과 깊이 관계되지 않을 수 없게 되기 때문이다. 게다가 병원으로서는 E씨를 입원시킴으로써 어느 정도의 치료 효과가 있는지를 고려할 것이다.

가령 E씨가 조현병이고, 환청으로 명령받아 자살을 시도한 것이라고 한다. 혹은 우울증일 뿐, 병적인 절망감이 심해져 자살을 시도했다고 한다. 그러면 이것은 투약(경우에 따라서는 전기경련요법)을 중심으로 긴급히 정신증상을 억제할 필요가 있다. 본인은 판단능력이 없는 상태이므로, 강제입원의 대상이 된다(증상의 정도와 사태의 긴박도에 따라 응급입원인지 의료보호 입원인지로 나뉘는 것이다).

그러나 알코올 의존증자가 '화가 치밀어' 자살하려 했다면, 이것은 약이나 전기경련요법으로 치료할 성질의 것이 아니다. 애당초 성격적인 문제가 일차적인 것이다. 거기에 상황이 겹치고, 또 어쩌면 몹시 취한 상태가 한층 더 자살의 충동성을 높였을 것이다.

그렇게 되면 강제입원을 시켜도 본질적으로 아무런 변화가 없게 된다. 성격이 바뀔 리도 없고, E씨가 처한 상황도 기본적으로는 바뀌지 않을 것이다. 입원 중에 술을 없앨 수는 있어도 퇴원해서 다시 음주를 하면 도로아미타불이다. 따라서 입원을 시킨다고 도움이 되는 것은 없다.

게다가 일단 입원시키면, 이번에는 퇴원을 시키려고 해도 가족이 인수를 거부해 골치 아파질 수도 있다.

성격장애와 의존증에 대해서는 비록 자살 가능성과 얽히더라도, 병원 측은 쉽게 입원을 시키고 싶어 하지 않는 것이 보통임을 명심하기 바란다. 그것은 병원이 무책임하다는 얘기가 아니라, 입원시켜도 사태를 일시적으로 보류하는 것일 뿐, 오히려 관련됨으로써 병원 측이 향후의 책임을 지게 되어 버리기 때문이다. 그런 어리석은 짓을 하고 싶어 하는 의사는 없고, 그것은 책임감의 결여나 도덕성이 낮다는 말과는 다르다.

이런 사정으로 E씨는 입원 대상이 되기 어려웠던 것이다.

● 아직 충분히 '곤란하지 않다'

그렇다면 E씨에 대해서는 그냥 모르는 척하면 되는 것인가? E씨 자신은 현재 정신과에서 치료를 받을 만한 동기가 없다. 간경변으로 복수가 고이는 것을 반복해도 위기감을 느끼지 않으므로, 상당한 '용사(강자)'이다.

내 의견으로는, E씨는 아직 충분히 '곤란하지 않다'. 몸에 스며들지 않은 것이다. 따라서 동기부여는 무리이다. 글쎄 그의 모습으로는 동기부여가 발생하기 전에 죽을 것 같은 느낌이지만, 그것은 어쩔 수 없다. 그가 선택한 운명이니까.

사람의 목숨은 지구보다 무겁다고 하지만, E씨는 지구를 축구공처럼 농락하고 있는 것이다. 우선은 사태의 중대함을 본인에게 전할 뿐, 나머지는 울며 매달려 오기를 기다릴 수밖에 없다고 생각해 주었으면 한다. 촉촉한 부드러움으로 본인의 마음을 움직이려고 해도 소용없다. 그런 방법론이 무효인 것은 의존증 전문가에 의해 이미 증명되고 있다.

● 가족으로부터 접근한다

그럼 달리 방법은 없는 것일까? 만약 가족이 E씨에게는 질렸으면서도 뭔가 해 주고 싶었다면, E씨가 아니라 가족 쪽이 의존증 전문가에게 진찰받으면 된다. 왜냐하면 그럴 작정은 아니더라도, 결과적으로는 가족의 부적절한 대응으로 E씨는 알코올 문제를 끝없이 반복하고 있기 때문이다.

토라져 보거나, 넌지시 빗대거나, 자포자기하거나, 화낼 곳이 없거나, 상대를 시험하고 싶거나, 응석부리고 싶거나……. 그런 감정이 소용돌이친 채 컨트롤 불능인 상태에서 가족이 서투르게 대응하기 때문에, E씨는 점점 더 술로 도망치고 충동적인 자살 등을 시도하거나 한다.

더구나 가족은 E씨 따위에게 농락당해 고민할 필요가 없는 것이다. 빨리 죽어 달라고 비는 것도 하나의 방법이지만, 자신들 나름대로 마음을 안정시키고 행복을 추구하면 좋은 것이다. 그러기 위해서는 어떻게 각오를 다지고, 어떻게 마음을 정리할 것인가를 전문가로부터 배우면 된다. 그리고 그렇게 가족의 마음이 안정되면, 그것이 간접적으로나마 E씨의 마음을 진정시켜 알코올에 빠지는 허무함을 깨달을 수 있는 기회를 줄지도 모른다.

다만, 가족이 전문가의 진찰을 거절한다면 어쩔 수 없다. E씨는 파멸을 향해 곤두박질치게 되겠지만, 그것 또한 운명이다. 자업자득인 것이다. 아무튼 술에 취해 범죄를 저질러도, 심신쇠약이나 심신상실은 되지 않는다. 음주란 '원인에 있어서 자유로운 행위'로, 스스로 책임을 지지 않으면 안 되기 때문이다.

어쨌든 가족에게 선택지를 제시해 두면, 그것으로 충분할 것이다.

나는 이와 같은 내용을 U의사에게 전했다. 그리고 비록 E씨가 자살을 했더라도 책임감을 느낄 필요는 없으며, 그를 위해 의협심을 발휘할 정도라면 좀 더 진지한 환자를 진찰해 달라고 부탁했다.

⚪ 그렇기는 하지만, 자살 가능성이란 사태는 꽤 귀찮다. 자칫 잘못하면 그야말로 매스컴에서 '죽게 내버려 뒀다'라고 쓰거나, 가족으로부터 되레 원한을 살 수 있기 때문이다.

⚪ 하지만 자살 방지를 위해 정신과 병원에 수용한다는 발상은 이미 언급했듯이 조현병과 우울증 외에는 적용이 어렵다는 것을 알아야 할 것이다. 성격장애나 의존증 환자가 빌딩 난간을 넘거나 서바이벌 나이프를 경동맥에 대고 있는 사태였다면, 이것은 방치하면 '죽게 내버려 두는(자살방조)' 것이 될 수도 있지만.

⚪ 긴급한 상황이라면, 경찰을 불러야 한다(혹은 필요에 따라 경찰을 부르라고 가족에게 조언한다). 시간적 유예가 있다면 사례 검토회를 열어 지혜를 받는 동시에, 책임을 참석자 전원에게 분산시킨다. 또 가족에게는 병원이나 클리닉에 직접 상담하라고 조언하고, 동시에 자신들이 할 수 있는 일의 한계를 전한다.

　그렇게 할 수밖에 없을 것이다. 거듭 말하지만, 혼자 떠안는 것은 위험하다.

⚪ 나는 이 책에서 몇 번이나 '그것이 본인의 운명인 것이다'라는 떨쳐내는 것과 같은 표현을 사용해 왔다. 거기에 반발을 느끼는 독자도 적지 않을 것이다. 하지만 이것은 '무책임의 권유'가 아니다. 우리가 할 수 있는 일에는 한계가 있다. 할 수 있는 데까지 하고 나면, 남은 것은 '인사를 다하고 천명을 기다리는' 것이 되는 것은 당연하지 않은가? 우리 원조자들은 노력을 아끼지 않으면서, 동시에 그것이 만능이 아니라는 겸

허함을 가질 필요가 있다. 그 부분을 바짝 좁혀 가면 '본인의 운명'이라는 말에 자연스럽게 도착하게 된다. 또한 '원조자의 행운의 힘'도 덧붙여야 하는가의 여부는 독자 여러분의 인생관에 맡기고 싶은 바이다.

4
'곤란하다고'는 말하지만

1) 갈팡질팡하는 남편

　상대가 "곤란하다(힘들다)"고 상담해 올 때, 구체적인 해결책을 제시해 주기를 바라는 마음으로 자신도 구체적이고 논리적으로 말하는 경우가 있고, 오히려 고민을 들어주거나 공감해 달라는 마음으로 이야기하는 경우도 있다. 어쨌든 상담해 오는 사람의 기대가 어디에 있는지 알면, 우리도 가능한 한 적절한 원조를 제공할 수 있을 것이다.

　하지만, 때때로 그 어느 쪽에도 해당되지 않는 사례가 있다.

　곤란해하고 있는 것은 여러 가지가 있겠지만 도대체 어떤 형태로 이루어지면 되는지, 적어도 현실적인 범위에서 어떻게 되면 만족할지 자신조차도 판연하지 않은 채, 단지 "곤란하다"를 반복하는 사례다.

　내 입장에서의 경험으로는, "곤란했다"라고 반복하는 이면에는 "환자를 평생 병원에 가둬 두면 좋겠다……", "환자의 수명이 다하면 그것으로 모든 것이 해결되지만……"과 같이 성가신 일을 해결하려는 마음이지만 그것을 입 밖으로 꺼낼 수는 없고 우선 "곤란하다"를 연발하고 있는 것처럼 느껴지는 경우가 드물지 않다.

그런 때는, "더 이상 입원시켜 둘 필연성은 없습니다" 또는 "내가 환자분의 입장이라면 어떤 기분일까요?"라고 부드럽게 견제한다. "신중하지 못하군요"라고 비난하면 노골적으로 변해버릴 것이다.

그런 극단적인 '본심'은 어쨌든 간에, 가족 자신이 문제를 정리하지 못한 채 어느 샌가 원조자의 대응이 불만이라는 식으로 앙심을 품기 시작하는 일도 있다는 것은 독자들도 한두 번 겪어본 일이 아닐 것이다. 곤란해하고 있는 것은 도대체 무엇일까? 의외로 그것이 분명치 않은 사례가 많다.

이 책의 구판을 집필하고 있었을 때, 내가 근무하고 있던 병원에는 합병증 병동이 있었다. 정신질환이 있는 사람들 중 신체질환이 병발한 사람들을 위한 병동이었다.

정신문제를 안고 있다는 것만으로 일반과 병원이 환자를 문전박대하는 것은 대단히 많다. 간호하는 측에서는 관리상이나 커뮤니케이션 때문에 주저하는 것이고, 의사는 항정신성의약 관련 부분이 있기 때문에 경원하고 싶어 하는 마음은 안다.

그러나 의료인으로서의 사명을 방기하고 있다고 밖에 생각되지 않는 태도로, '정신병자 사절'이라고 단언하는 신경에는 고개를 갸웃거릴 수밖에 없다. 그러나 현실이 그러니 어쩔 수 없다. 이런 이유 때문에 그런 사람들을 취급할 수 있도록 합병증 병동이 만들어져, 내과의나 외과의와 정신과 의사가 함께 일하고 있었다.

외과 합병증 병동에 있을 때, 유방암 수술로 들어온 H씨(55세, 여성)가 있었다. 집에서 정신과로 외래 통원을 했던 사람으로 아이는 없었다. 남편은 이미 정년퇴직을 했기 때문에 그야말로 기(마음)가 약할 것 같은 사람이었다.

H씨는 지주 집안 출신이었고 남편은 데릴사위 같았다. 단독주택에 살고, 같은 부지 내에 친척 집이 몇 채 있다. 본래는 그렇게 일족이 서로

결속해 생활하고 있었으리라. 하지만 그녀는 조현병에 걸린 후, 꽤 성격이 바뀌어 버린 것 같았다.

정신과 입원을 3회 정도 거듭하여 어느 정도 안정이 된 뒤에도 피해망상적인 경향이 강했고, 사소한 일로 친척과 트러블을 반복하고 있었다. 서로 같은 부지 내에 살고 있지만, 억제에서 약간 벗어난 H씨는 뜰을 가로질러 친척 집으로 혼내주러 가는 행위를 일삼고 있었다. 그 때문에 친척과는 험악한 상태였다.

분명히 외과 합병증 병동에 입원한 후에도 요구는 많고 제멋대로였다. 역시 수술은 싫다고 하거나, 전골을 먹지 않으면 체력이 붙지 않는다고 주장하는 등 달래기에 애를 먹었다. 이런 상태로는 친척과 격렬한 트러블을 일으킬 것이라고 추측되었다. 남편은 자주 면회를 왔지만, 친척은 누구 하나 문병하러 오지 않았다.

수술이 무사히 종료되어 당분간 요양하면 귀가하게 될 것이라고 말한 시기에 접어들자, 남편이 상담을 신청해 왔다. 무슨 용무냐고 묻자, 가냘픈 미소를 지으며 남편은 말하는 것이다. "곤란하군요"라고.

무엇이 곤란하시냐고 재차 묻자, 앞의 가정 사정을 얘기하고, 집으로 돌아오면 또 친척과 싸움을 시작할 것이 틀림없기 때문에 마음을 졸이고 있다고 했다. 게다가 본인은 병원에 질려버린 것 같아서 일단 퇴원해 버리면 다음에는 아예 외래에도 오지 않을 것 같은 생각이 든다고 했다. 그렇게 되면 또 정신상태가 엉망으로 되어 큰일날 것 같다고.

남편은 H씨가 입원해 있는 것으로 '잠시 동안의 평화'를 맛보고 있었다. 그러나 또 그녀가 돌아오는 것을 생각했을 때, 일거에 불안이 팽대해졌을 것이다.

"기분은 이해합니다만, 퇴원이 지연되거나 하면 부인은 화를 낼 거예요"

"네에, 네에. 그러니까 곤란해하고 있습니다. 병원에 있어도 화내고,

집으로 돌아와도 싸우고……"

"하지만 그런 일은 입원 전부터 있었던 것이지요?"

"그래서 쭉 난감했어요. 제대로 병원에 다닐까 하는 점도 걱정되고"

"친척분들이 부인의 마음의 병을 충분히 이해하고 있지 않은 곳에 문제가 있지 않을까요? 그러니까 부인이 입원해 있는 동안 사정을 잘 이해해달라고 말씀드리는 편이 좋지 않을까요? 여러분이 저에게 오시면, 외래나 다른 장소에서 병의 특징이나 대응 요령 등을 잘 말씀드릴게요"

"그렇게 말씀해 주시면 고맙겠습니다만, 모두 감정적으로 변해버려서……. 이거 곤란한데"

"친척분들과 함께 같은 부지에 살고 있다면, 충돌할 가능성은 높겠죠. 그러나 이해를 구하기가 힘들다고 한다면, 그 외에는 트러블이 일어나도 어쩔 수 없다고 포기하거나, 이사하거나, 둘 중 하나밖에 없다고 생각해요. H씨의 마음을 달래려고 정신과 외래의들도 지금까지 애써왔을 덴데, 그녀를 바꾸기는 어려울 것 같아요"

"이사를 한다 해도, 이런저런 명의는 전부 아내 앞으로 되어 있어서 내 마음대로 할 수는 없습니다. 물론 아내는 이사하는 것을 거부할 테고요"

며칠 후, 관공서에서 전화가 걸려 왔다. 남편이 헬퍼 파견 상담을 하러 왔다고 한다. H씨의 회복이 좋지 않거나 후유증이 있는 것도 아니고, 트러블 메이커이긴 해도 ADL에 문제는 없었다. 일상생활은 영위할 수 있었다. 남편도 건강했는데 왜 갑자기 헬퍼 요청인지 몰랐다. 그래서 여느 때처럼 문병 온 남편을 불러 진의를 물어보았다.

뜻밖에도 남편은 왜 헬퍼 방문을 원하는지 그 이유를 설명하지 못했다. 굳이 따지자면 '괴로운 나머지'라고나 할까?

혹시나 헬퍼가 와준다면 어떻게든 되지 않을까 라는 막연한 기대에 불과했던 것이다.

"헬퍼에게 싸움 중재라도 부탁하실 생각이세요?"

"아니 그런 뜻은 아닙니다만, 누군가 있으면 좀 자제해 주지 않을까 해서요"

"헬퍼는 24시간 있는 게 아니잖아요. 게다가 부인은 다른 사람이 있다고 겸손해 하거나 하진 않으시잖아요"

"예, 예. 그렇죠. 그렇지만 외래 통원에 대해 설득해 주시거나 하면 도움이 될 것 같다는 생각이 들기도 합니다만"

"그런 것을 원조자에게 기대하는 것은 조금 아니라는 생각이 듭니다. 그보다는 친척분들이 이해해주고 주위가 H씨를 지지해 가는 모습을 만들어 가지 않으면, 남편이 고립되어 버릴 뿐이에요"

"예예. 그렇지요. 하지만 그것이 힘들어서 곤란해하고 있습니다. 아, 혹시 복지사무소에 상담해보면 안 될까요?"

● **어설픈 대응으로는 아무것도 움직이지 않는다**

남편은 친척에 대한 접근 등으로 마음이 무거워 '문제 외'라고 생각하고 있었을 것이다. 데릴사위라는 입장까지 포함해 그는 오로지 고충을 뒤집어쓰는 역할을 담당하고 있을 것이다. 그로서는 움직일 수가 없다 (고 생각한다). 나와 상담을 해도 대답은 다소 '매정하다'고 느껴질 정도라, 좀 더 살갑게 대해주기를 바라고 있었을 것이다.

일단, 현재 남편이 수긍하고 기뻐할 만한 방책은 없다. 친척에 대한 접근도, 이사도 논외라고 생각한다면 다음은 트러블이 일어나더라도 어쩔 수 없다고 체념하는(혹은 화해) 수밖에 없을 것이다. 하지만 그것 또한 남편으로서는 '곤란하다'는 것이다. 그리고 그는, 결국 무엇이 진정한 문제인지 알지 못하고 있었다.

H씨는 사소한 불안이나 불만을 금세 피해감정으로 바꿔서 망상적으로 해석하고 타인을 공격하는 정신구조를 가지고 있었다. 가족에 대해서는 아마 유산문제 등이 얽혀 쓸데없이 망상적으로 변한 것이리라. 게다가 친척 역시 혈연관계로 겸손이 없어진 상태이기 때문에, 충돌이 격렬해졌다. 친척에게는 데릴사위에 대한 부정적 감정도 있을지도 모른다. 그렇다면 원래 잠재되어 있던 일족의 문제가 H씨 마음이 병든 것을 계기로 현재화된 것이리라.

남편으로서는 그 부근에서 무난하게 벗어나고 싶은 마음이 있어서 오히려 꼼짝 못하게 된 것이다. 게다가 H씨 아군이어야 할 남편은 마치 팔방미인처럼 행동하려다 오히려 혼란스러워져, 그 여파가 H씨에게 전해지고 불필요하게 그녀를 불안정하게 만들고 있다는 구도를 눈치채지 못하고 있었다.

따라서 잔재주 같은 대응(어설픈 대응)으로는 아무것도 해결되지 않는다. 그것을 남편도 희미하게 알고 있었지만, 사태에 정면으로 맞서는 것은 너무나 '힘들다'. 그래서 어쨌든 "곤란하다, 곤란하다"라고 연호하고 있는 것이었다.

● 궁지에 몰릴 때까지 '기다린다'

그럼 어떻게 대처해야 할까?

아무것도 할 필요는 없다. 여러 가지 지장이 초래되고 있지만, 아직 완전히 파탄나지 않았기 때문에 간신히 현상이 유지된 채 경과되고 있는 것이다. 그렇기에 남편도 각오가 서지 않는다. 머리 한쪽에서는 그런 일을 해보았자 무의미하다는 것을 알면서도, 헬퍼의 도입으로 어떻게든 되지 않겠느냐라는 비현실적인 발상으로 기울기도 한다.

그야말로 알코올 문제에서 나왔던 '바닥 체험'에 준하는 레벨까지의 곤란함을 겪지 않으면, 남편은 진심으로 움직이려고 하지 않을 것이다.

덧붙여서 '움직인다'라고 하는 것은 이제부터 친척과의 관계성을 어떻게 할지 방침을 정해 각오를 다지고, 거기에 따르는 모습으로 냉정하게 일을 진행시켜 나간다는 것이다. 이혼(즉, 재산 포기)이라든지, 친척과 인연을 끊는다든지, 반대로 울며 매달린다든지 선택지는 다양하겠지만, 어쨌든 어정쩡한 태도에서 벗어나겠다고 결의하지 않으면 H씨의 불안정한 정신 상태와 남편의 '곤란하다'는 공진하여 서로 악순환을 이뤄 갈 뿐일 것이다.

하지만 남편은 아직 충분히 내몰리지 않았다. 시간이 더 필요할 것이다. 다소 쉽지 않은 판단이지만 어쨌든 H씨에게는 예정대로 퇴원시켜 주기로 했다.

💡 몇 가지 힌트

⊙ 상대에게 도움을 주고, 불안을 해소해 주는 것이 우리의 역할이다. 그러나 때로는 굳이 뿌리쳐야 할 때도 있다. 그것은 바로 상대가 '없는 것 조르기'를 할 때이다. 스스로도 무리라는 것을 알면서도 "곤란하다, 곤란하다"라면서 갈팡질팡할 때이다.

⊙ 해결에 도움을 주고 싶어도, 상대가 희망하는 대로 될 수 없는 사례는 많다. 그렇게 되면 무엇을 포기하고 무엇을 얻기로 할지, 그것을 확실히 하고 각오를 다질 수밖에 없다. 다만, 아직 여유가 있을 때 그런 귀찮은 판단을 피해 "곤란하다, 곤란하다"를 반복하는 것이 인간의 본성이

다. 그 시점에서 설득을 해도 헛수고일 뿐이다. 생각을 보이고, 나머지는 좀 더 곤란해하게 둘 수밖에 없다. 그런 방침을 차갑다고 느낀다면, 머지않아 가족의 페이스에 말려들어 함께 '없는 것 조르기'를 하게 될 것이다. 무모한 일이다.

● 만약 상대가 정말로 각오를 굳혔다면, 거기에 연동하여 환자에게도 지금까지와는 다른 움직임이 나올 것이다. 이에 대해서는 원조자 측도 제대로 된 조언이나 대응의 필요성이 생긴다. 상대와의 양호한 관계성은 지키고 싶다.

2) 보호자라는 벽

대략 경험을 통해 배운다는 자세가 없고, 매번 같은 패턴으로 문제를 계속 일으키는 사람들이 있다. 의존증자들이 가장 흔하며, 또 성격장애자들도 반응 방식에 있어 유연성이 없다는 점에서 확실히 '경험을 인생에서 유용하게 쓸 수 없는 타입'이라고 할 수 있을 것이다.

하지만 그 외에 약간 심한 표현일지 모르지만, 너무 어리석은 탓에 눈앞의 일에만 마음을 빼앗겨 문제를 반복하는 사람도 있다. 이 경우에 반드시 지적으로 낮다고는 할 수 없지만, 사회를 살아 나가는 데 있어서의 능력이 저조함에서는 '어리석은 자'라고 밖에 형용할 수 없다.

조현병 D씨(42세, 남성)는 모친과 누나(미혼)와 함께 셋이서 살고 있었다. 어머니는 류머티즘, 누나는 교원병을 앓고 있었다. 아버지는 D씨가 중학생 때 행방불명되었다.

5년 후, 노숙자에 가까운 생활을 하다가 발견되었지만, 그대로 이혼당했다고 한다. D씨는 차남으로, 형이 있었지만 자살인지 사고사인지 확실치 않은 상황에서 성인식 며칠 전 사망했다. 현재는 셋이서 생활보호를 받으며 근근이 생활하고 있었다.

D씨의 병상은 그리 좋지 않았다. 병식이 부족하여 약을 먹고 싶어 하지 않았다. 금세 피해관계 망상이 출현한다. 모친을 향해 "너는 가짜다. 스파이가 둔갑한 게 틀림없다"며 난동을 부리기도 하고, 누나가 악령에게 몸을 빼앗긴다며 자는데 살충제를 분무하기도 했다. 집 안을 엉망으로 부수기도 했다. 한밤중에 소리를 지르기도 하여, 근처에서도 "아아, 그 집"이라고 유명했다.

상태가 심각해지면 모친이나 누나도 당황한다. 그럴 때는 케어센터에 전화를 건다. 경찰에 전화를 걸어야 하지만, D씨를 경찰에게 넘길 수는 없다는 생각 때문이었다. 그러면 전과자가 되고 말 것이라는 믿음이 가족에게는 있었다. 평소 모친이나 누나의 팔로업을 담당하던 관계도 있다 보니, 마지못해 헬퍼나 케어 매니저가 나가지 않을 수 없게 되었다.

지금까지도 케어센터나 보건사가 관여하며, 어떻게든 입원까지 이르렀던 경우가 3회 정도 있었다. 담당 의사에게 간절히 입원을 부탁하는 한편, 싫어하는 D씨를 설득해 병원까지 데려가는 것이라 힘들었다. 게다가 그럴 때마다 모친도, 누나도 가까운 공원에 갔다가 설득이 끝나기를 남의 일처럼 기다리고 있는 것이었다.

입원 형태는 '의료보호 입원'이었다. 보호자인 모친이 "D는 불쌍하다"고 울면서(정말로 눈물을 흘린다) 서류에 서명했다. 누나도 함께 울었다. 정작 중요한 때는 공원으로 모습을 감추고 남에게 맡겨 둔 주제에 말이다.

관계자 일동은 입원한 이상 충분히 치료를 받고 복약의 필요성을 이해시켜 주기를 희망한다. 또한 내친김에 데이케어나 작업소로 연결될 정도까지 향상시켜 주기를 바란다. 그럼 어머니와 누나도 그렇게 생각하느냐 하면, 그 점이 다르다.

두 사람은 금세 D씨가 불쌍하다며 침착성을 잃어 갔다. 정신병원 같은 곳에 있으면 필시 외로울 텐데, 괴롭힘을 당할 텐데, 본보기로 식사를 주지 않을 수도 있을텐데 하는 현실과 동떨어진 것만 상상했다. 그리고 하루에도 몇 번씩 병원에 전화를 걸어 싱황을 확인하거나, 이런저런 요구를 했다.

물론 문병하러 오기도 했지만, 두 사람 다 아픈 데다 어머니는 대퇴골 골절의 기왕도 있어 자주 방문하는 것은 어려웠다. 그런 안타까움 때문에 전화로 지극히 집요하면서 감정적으로 나왔다.

결국 그들은 정신적으로 견디지 못하고, D씨를 퇴원시켜 버리는 것이었다. 겨우 10일 정도에서 퇴원시키므로 병상은 그다지 개선되지 않았지만, 우리가 틀림없이 약을 먹인다고 보증하고 데려갔다. 하지만 얼마 지나지 않아 약을 제대로 복약하지 않기 시작했고, 그곳을 헬퍼들이 팔로 업하지 않을 수 없게 되었다. 게다가 모녀는 태연하게 "역시 더 오래 입원하게 했으면 좋았을걸"이라고 말했다.

세 번째 입원 때는, 저번에 혼났던 보건사가 병원까지 가서 제대로 치료를 받을 때까지는 가족의 퇴원 요구를 거부해 달라고 부탁했다. 하지만 병원으로서는 의료보호 입원인데 보호자가 퇴원을 청구하면 따르지 않을 수 없었다.

전화기의 집요함이나 상식이 통용되지 않는 사람들이라는 점은 병원도 사무치게 알고 있었기 때문에, 섣불리 겨루기보다 D씨를 퇴원시켜 버린 쪽이 귀찮지 않았다. 그 가족에게는 재판소에 호소할 수도 있는 귀찮은 에너지로 가득 차 있을 것 같은 분위기가 있었다.

나는 이 가족의 일로, 보건사로부터 상담을 받았다. 결국 네 번째의 입원소동이 일어나겠지만, 이때는 모처럼 입원시켜도 가족이 금세 퇴원을 시켜 버리는 헛수고로 끝내고 싶지 않다. 법률을 준수한 형태로 안이하게 퇴원시킬 수 없도록 차단하는 방법은 없는가, 라는 취지의 상담이었다.

● 응급입원, 의료보호 입원은 무리

일단 응급입원이라면 가족 의향이 무엇이든 의사의 판단이 없을 시 퇴원을 시킬 수 없다. 하지만 D씨의 병상으로는 아무래도 조치입원 대상이 되기 어렵다.

실은 과거에 집에서 난동을 부렸을 때, 옆집이 경찰을 불러 준 적 있었다. 그러나 어머니와 누나는 이구동성으로 "집안일이니 우리가 마무리 짓겠습니다. 돌아가 주세요"라며 거절했다. 물론 스스로 처리하지 못하고, 경찰이 떠난 후 헬퍼에게 도움을 부탁하고 있지만.

게다가, 설사 조치입원으로 어떻게든 입원시켰다 해도 예의 전화 공세로 병원은 항복하고, 병상이 어느 정도 가라앉으면 조치 해제와 동시에 퇴원 처리해 버릴 것이다.

그럼 의료보호 입원에서 보호자를 모친 내지 누나 이외에 변경은 할 수 없는가? 이 점에 대해서는 나도 상세하지 않았기에, 병원의 케이스워커에게 물어보았다.

결론부터 말하면, 보호자 변경은 매우 곤란한 것 같았다. 그때까지의 보호자가 사망하거나, 인지증에 걸려 사인조차 할 수 없게 되거나, 신체질환이 위중하여 꼼짝도 하지 못하게 되는 등 상당히 중대한 사태가 아니면 불가능하다고 했다.

최소한 어머니나 딸이 성년 피후견인(이전의 금치산자)에 해당하는 정신상태라고 증명이라도 되지 않으면, 그녀들을 보호자 자격이 없다고 보는 것은 무리인 것 같았다. 감정에 맡겨 쉽게 퇴원을 시켜버리고, 제대로 치료하려 하지 않는다는 것 정도로는 보호자 자격이 없음으로 판단되지 않는다고 했다.

즉, 보건사의 상담에 대해서는 묘안이 없다는 것이 대답이었다. 유감스럽지만…….

● 억지로 '뿌리치다'

그렇다는 것은, 앞으로도 허무하기 그지없는 트러블이 반복될 가능성이 높다. 그런데도 모녀는 항상 "D에게는 곤란한 일일거야"라고 한숨을 내쉰다고 한다. '곤란한 것은 당신들이다'라고 관계자는 내심 생각했을 것이다.

내가 보건사에게 제안한 것은 아래와 같은 것이었다.

지금 그대로는 모녀가 하라는 대로 다 하고 있다. 조금 손을 떼고, 조금 더 곤란하게 두는 편이 좋지 않을까라고 생각하며. 뭐 손을 뗀다 하더라도 모녀의 신체 문제 때문에 최소한 헬퍼는 집을 방문한다. 그런 '속박'으로부터 너무 무정한 태도를 취할 수는 없다고 한 경위는 있다.

게다가 경우에 따라서는 앙심은커녕, 때마침 자신들에게 편향된 편견을 더한 이야기를 매스컴이나 관공서 높은 분에게 직소할 수도 있다. 그런 것을 생각하면, 굳이 뿌리친다(떨쳐낸다)는 방식도 주저된다.

● 뿌리치기 위해서 연계가 필요하다

아니, "그럴수록 관계기관이 연계하여 소장이나 높은 사람도 끌어들여서 보조를 맞추고 '뿌리치는' 방향성을 확인하면 되지 않을까"라고 나는 말했다. 책임을 전가하는 것이 아닌, '뿌리치는' 것이 적극적인 수단임을 재인식하여 비록 가족들에게 잘 전해지지 않는다는 것은 알고 있더라도 제대로 방침이나 그 증명이 될 생각을 전한다. 그것이 필요한 것은 아닐까?

그렇지 않으면 어머니와 딸의 변덕에 놀아날 뿐이라고 나는 주장했던 것이다.

다만, 연계하여 대화의 장을 마련했다고 해서 그것이 잘 진행된다고
는 할 수 없다. 그에 대한 내용은 이미 201p에서 기술했다. 만약 회의 분
위기가 그다지 좋지 않다면, 그때는 운이 나빴다고 단념하고 모녀의 "곤
란하다, 곤란하다"를 만나 농락당할 수밖에 없다. 그리고 다시 관계자
멤버가 바뀌기를 기다릴 수밖에 없을 것이다.

정신이 아찔해지는 얘기지만, 그런 방법론밖에 없다고 생각하고 각오
를 다지면, 오히려 시야가 넓어지는 기분도 들 것이다. 가족과 함께 침
착성을 잃고 있는 것보다는, 정신 건강상 좋을 것이다.

🚨 몇 가지 힌트

❍ 정신보건복지법에 대해 상세히 알아 둘 필요는 없지만, 강제입원에
는 '응급입원'과 '의료보호 입원'이 있다는 것(그 외에도 있지만, 실제로는 이
두 가지로 충분), 그리고 의료보호 입원에서 보호자로는 어떤 사람이 해당
되는가에 대한 지식은 필요하다.

❍ '의료보호 입원에서의 보호의무자'는 구체적으로는 다음과 같이 결정
된다.

만약 환자가 결혼했다면, 무조건 배우자가 보호의무자가 된다(배우자
가 상식을 분별하지 못하는 사람이라면 입원은 좌절되어 매우 곤란해질 수 있다). 미
혼이라면, 후보자는 부모 및 형제자매이다. 후보자가 복수일 경우에는,
가정법원으로 가서 선임수속을 받은 사람이 정식 보호의무자가 된다.
가까이에 보호의무자 후보가 발견되지 않으면, 더 넓게 친척을 찾게 된
다. 또한 후견인이나 보좌인이 이미 선출된 경우에는 이들이 가장 강력
한 보호자 후보가 된다.

현실에서는 신원 불명이거나 친척이 전혀 없는 사람도 있다. 그럴 때는 보호자를 시장이나 구청장으로 하여 의료보호 입원을 도모하는, 통칭 '시장(구청장) 동의'라는 방법도 있지만, 이것은 비공식적 방법에 가까워, 이 운용에 대해서는 지역에서 꽤 차이가 있다. 평소, 복지직원이나 케이스 워커에게 실정을 문의해 두는 쪽이 현명할 것이다.

　또한, 인지증이나 '와병 중'이지 않는 한, 보호자 입장에 있는 사람을 '보호자로서의 판단 능력이나 수행 능력이 결여되어 부적당하다'고 끌어내리는 것은 매우 어렵다.

◐ 솔직히 '어리석은 보호자'만큼 곤란한 존재는 없다. 하지만 그들의 의향이 존중되는 것이 법률이다. 그들이 이성적으로 행동하게 하기 위해서는 때로는 '뿌리치는' 것도 필요하다.

　우리에게 있어서 '뿌리치는 것=직무 방기가 아니다'라는 것을 다시 한 번 확인해 두고 싶은 것이다.

◐ 객관적으로 보면 D씨 모녀는 어리석다고 할 수밖에 없는 행위를 반복하고 있을 뿐이다. 이론을 설명해도 통하지 않는다. 도대체 그녀들은 어떤 전개도 찾아오지 않는 자신들의 인생에 대해 어떤 생각을 하고 있는 걸까? 장기적인 전망도 없이, 눈앞의 감정이나 욕망만을 행동 원리로 삼는 사람은 얼마든지 있다. 그녀들은 매번 똑같은 '곤란함'을 반복해 가는 동안에, 그런 패턴 자체가 친숙함이나 친밀감을 느끼도록 마음이 변화하고 있는 것은 아닐까.

　전대미문의 트러블이 아니라, 매번 친숙한 트러블이 '또' 발생하는 것이, 오히려 연중행사처럼 생활을 물들이고 있는 것은 아닐까? 농담으로 하는 말이 아니다. 사람은 이런 식으로 '불행에 익숙'해져, 인생에서 기묘한 밸런스를 찾아내 가곤 하는 것이다.

IV.

전 화 상 담

1
수화기를 한 손에 들고
'할 수 있는 것'과 '할 수 없는 것'

1) 머쓱해진 경험

● **캐치폰**catch phone **우선인가**

　은둔형 외톨이 증상을 보이는 아들과 관련해, 전화 상담을 해 온 부모가 있었다. 말투는 그다지 절박하지 않았다. 다만, 상황을 듣자니 꽤 힘들 것 같았다. 어정쩡한 대답으로 해결될 문제가 아니었다. 지혜를 짜내며 열심히 조언하고 있는데, 갑자기 상대가 내 말을 가로막았다. "아, 지금 캐치폰이 들어왔는데 잠시만요". 그러더니 갑자기 회선을 돌려 버렸다. 아이의 정신건강에 대해 중요한 얘기를 나누는 중에, 돌연 캐치폰이라고 화제를 중단해 버리는 그 신경이, 나는 조금 믿기 어려웠다. 머쓱해졌다. 좀 더 솔직하게 말하면 화가 났다.

　이쪽이 진지하고 성실하게 문제를 생각하고 있다는데, 다른 곳에서 전화가 왔다고 해서 그쪽을 우선시할 경우인가? 아이보다 전화 쪽이 더 신경 쓰이는 건가? 그런 둔감한 태도야 말로 아이를 은둔형 외톨이에 이르게 한 원인이라는 것을 당신은 모르는가? 속으로 악담을 하면서 나는 회선이 원래대로 돌아오기를 초조하게 기다리고 있었다.

무의식 중에 나의 노여움이 목소리에 반영된 것인지, 아니면 즉흥적인 해결법을 제시받지 못한 것에 상대가 실망한 것인지, 결국 그 상담 전화는 꼬리 잘린 잠자리처럼 저 편에서 끊어졌다. 아마 그 부모로부터는 두 번 다시 상담 전화가 걸려 오지 않을 것이다.

아이는 구원받을 기회를 놓치고 말았다. 상식을 잃은 부모의 태도에 화가 나면서도, 그 정도의 일로 기분 상해하는 내가 직업 적성이 부족한 것은 아닌가 하는 일말의 불안감이 피어 오르고 있었다. 뒷맛이 개운치 않았다.

그 부모는 아마 집에서 전화를 걸었던 것 같다. 얼마나 절실한 마음으로 상담을 해온 것일까? 집에서 무료 상담전화를 '일단 시험' 정도로만 걸어온 것이라면, 자신이 기대하고 있던 대로의 답이 되돌아오지 않을 때 그 시점에서 간단하게 상담을 끊어 버리는 것도 당연할 것이고, 또 캐치폰을 우선시하는 마음가짐도 당연한 일일 것이다.

● 전화 상담에는 위화감이 있다

아무래도 나는 전화 상담이라는 시스템 자체에 대해 뭔가 '응어리'를 느끼고 있다.

소위 전화 상담 전문 직원으로 근무한 경험이 나에게는 없지만, 정신 보건 복지센터에서 일하고 있었을 때는 다른 직원이 전화 대응하는 것을 항상 보고 있었고, 때로는 내가 상담 전화를 받은 적도 있었다(캐치폰 건도 그때의 일이다). 또 대학병원에 근무할 때는, 특히 당직 중에 상담 전화 비슷한 것이 자주 걸려 왔다.

결코 전화 상담과는 무관한 나날을 보내온 것은 아니다. 그러나, 전화 상담 그 자체에 대해 나는 언제나 위화감을 느껴 왔다. 물론 긴급성이 높은 전화 상담(그것은 오히려 상담이라기보다 문의거나, 입원 요청에 가까운 것이다. 자살예고 같은 경우도 있지만)은 별도이고, 어느 정도는 여유를 가지고 대처할 수 있는 경우에 대해 나는 어딘가 석연치 않은 것을 느껴 왔다는 것이다.

다양한 형식, 다양한 입장, 다양한 이념에 의해 설립된 전화 상담이 있겠지만, 우선 여기에서는 '독립한 형태로 영위되고 있는 상담 사업', '전화를 걸어오는 인물은 불특정하고 익명'이라는 과정의 상담 시스템을 상정하고, 논의를 진행해가도록 한다.

2) 무방비한 입장

● 왜 짜증나는 것일까

20년 이상을 정신과 의료에 종사하다 보면, 환자나 그 가족 사이에 대화가 원활하지 못하거나, 오해 또는 감정싸움이 생기거나, 이기적인 태도를 취하거나, 때로는 성선설 등을 믿을 수 없게 하는 에피소드를 만난다. 씁쓸한 추억은 얼마든지 있다. 그러나 만난 환자 수의 비율로 따지면 아직도 '응어리(앙금)'가 남는 경우는 그리 많지 않다는 것을 깨닫는다.

그것에 비하면, 전화 상담으로 인해 화가 난 비율 쪽이 압도적으로 높다는 인상이 나에게는 있다. 전화 상담은 정말이지 정신건강상 좋지 않다. 왜 그럴까?

아마 조금 전 캐치폰 건과 같이, 실제로 상대와 마주하고 있었다면 화를 낼 정도도 아닐 것 같은 일에 대해서도 전화 상담이라는 골조 안에서는 필요 이상으로 그것을 부정적으로 느껴 버리는 부분이 있는 것은 아닐까? 전화 상담이 이루어지는 시스템에는 감각의 밸런스가 평소와 달라진다고 할까? 현실의 인간을 정면으로 응시했을 때와는 다른 느낌을 받게 하는 요소가 포함되어 있는 것은 아닐까?

● 방=마음 속과 직결되어 있다

통상적인 의료나 상담에서는 진찰실이나 상담실이라는 물리적인 구조, 대기실에 사람이 기다리고 있는 형태로 시간제한, 접수대나 스태프 대기에 따라 인상 지어지는 유동적인 분위기 등이 전체적으로 작용하여, 환자나 상담자를 '중재하는(처리하는)' 흐름을 만든다.

그리고 그런 것들이 상담자 측의 터무니없는 요구나 욕설, 비상식적인 발언에 대한 '보이지 않는 억제력'으로 작용하기도 한다.

그런데 전화 상담에서의 상담원은 완전히 무방비 상태에 놓여 버린다. 시간에 대한 제한도 없고, 양식에서 일탈한 발언들도 모두 방치 상태가 된다.

자신의 방room이라는 것은 살고 있는 인간 정신의 연장이라는 성질을 띠는 것인데, 전화 상담은 대개 그 방 안에서 발신된다. 진찰실이나 상담실에서라면 분노나 망상, 불안 등의 맥락과 분리된 공간에서 대화를 시작할 수 있는데, 본인의 방에서 걸려 오는 전화는 상대의 정신적 시야 협착 상태를 조장하는 분위기 하에서 발신되는 것이다. 이래서는 처음부터 상담을 받는 쪽이 불리한 것은 뻔하다.

전화 상담이란 본래 진찰실이라든가 상담실 같은 구조화된 시스템에서 누락되어 버린 사례를 줍기 위해 만들어졌을 것이다. 따라서 익명이고 무료로 '말하기 어려운 상담도 가능'이라는 형식이 설정된다.

그런데 상담자와 상담원은 겨우 전화선 하나로 연결되어 있을 뿐인데도, 상담원은 망상이나 악의나 자기중심성 앞에 벗겨진 채 노출되어 구조선도 없는 상황에 놓여질 수도 있다. 또, 전화라고 하는 익명성이 높은 툴에 의해 상담자의 감정은 폭주하기 쉬워진다(인터넷은 그것을 한층 더 가속시킬 것이다). 자신의 방에서 자신의 목소리를 듣는 사이에 점점 더 격앙되어가는 악순환마저 형성하기 쉽다. 게다가 상담원은 본인 쪽에서 전화를 끊어 버리는 것이 사실상 허락되지 않는 것이다.

● 전화 상담의 마이너스 측면

그런 의미에서 전화 상담이라는 것은

(1) 상담자의 감정에 브레이크가 걸리지 않게 된다
(2) 해결에 이르기는커녕 반대로 혼란을 조장시켜 버릴 수도 있다
(3) 상담원에게 불쾌감을 주고 근심을 풀기 위한 편리한 도구이다
(4) 구분의 결여를 정당화시킨다

라고 하는, 지극히 마이너스 측면을 숙명적으로 안고 있다고 나는 생각하고 있다.

바꿔 말하면, 안이하게 '열린 의료', '항상 도움이 되어 드리겠습니다. 진심을 다한 의료' 등과 같은 능청스러운 슬로건 밑에서 행해야 할 사업은 아니라고 나는 생각하는 것이다. 전화 상담 사업을 한다면 스태프에게 미칠 정신적 피로나 마음속 '황량함'의 무게를 충분히 고려해야 할 것이다.

전화 상담이 정신의료의 일익을 담당하는 것이 아니라 오히려 결함을 흐리기 위한 고식적인 알리바이로 설정될 수도 있음을 나는 우려하는 것이다.

3) 마음을 담아(정성껏) 구워 주세요

● 상식이 어떻게 다른가

'노파와 스테이크'라는 시시한 우화가 있다.

시골에서 올라온 할머니가 레스토랑에서 스테이크를 주문하게 되었다(아마 의치 같은 건 사용하지 않은 건강한 노파일 것이다). 주문을 받은 종업원

은 스테이크의 굽는 정도를 물었다. "어떻게 구워 드릴까요?" 레어나 미디움 같은 대답을 기대하고 있었던 것이다. 그런데 노파는 그런 '관습(관례)'을 모른다. 잠시 골똘히 생각하고 나서 결심한 듯 그녀는, "마음을 담아(정성껏) 구워 주세요"라고 대답했다고 한다.

시골 출신의 꾸밈없는 노파를 얕보는 이야기 같지만 이 이야기로 듣는 이를 웃기려는 핵심은, 대화를 나누는 쌍방의 머릿속에 상정하고 있는 '상식'이 완전히 어긋나 있다는 부분일 것이다. 좀 더 꼬치꼬치 따져 보면, 그만큼 어긋남이 있어도 양자는 같은 세상에서 별 어려움 없이 공존할 수 있다는 재미도 또한 시사되고 있다고 할까?

전화 상담에 있어서 단지 정보를 전한다든가 설명을 덧붙이는 레벨이라면 상관없지만, 상대가 무엇을 요구하고 있는지 다소 명확하지 않은 일이 있다.

예를 들면 자신은 우울증에 걸려 아무것도 하고 싶은 생각이 들지 않고, 덕분에 친구도 없어서 매일 외로운 생각에 괴로워하고 있다. 장래 희망도 없고, 그런 자신에게 화가 나서 때때로 집 안을 엉망으로 만들어 버린다. 그러면 더욱 더 기분이 가라앉아 버린다 — 그런 호소를 해 왔다고 하자. 우리는 어떻게 대응해야 할까?

● 도대체 어떻게 대답하면 좋을까

'지지하는 태도로 경청한다'는 것이 정통적인orthodox 것일까? 이것은 우선 "마음을 담아 구워 주세요"라고 대답하는 것과 같은 것이며, 비록 대답은 되지 않더라도 상대의 마음을 누그러뜨릴 힘이 길러질지도 모른다는 예측에 기반한 발상일 것이다.

"너무 괴로우면 의사나 상담사를 찾아 가시길 권합니다"라고 대답하는 것도 하나의 방법일 것이다. 다만, 그런 곳에 가고 싶지 않거나 주저하고 있기 때문에 전화 상담을 한 것이라, 이런 대답으로는 아무것도 없다고 생각하는 편이 자연스러울 것이다. 상대로서는 진찰을 결심하기 위한 격려를 받고 싶다는 일념으로 전화를 해 왔을지도 모르지만, 어쨌든 틀에 박힌 대답으로는 대화가 되지 않는다. "맛있게 구워 주세요"라고 대답한 것과 같다고나 할까?

"당신에게 진정한 문제는 무엇일까요? 우울증이 의료에 의해 치료되어야 할 성질의 것인지, 아니면 각오를 다져 생활 패턴을 바꾸려고 애쓰지 않으면 현상 타파는 불안한 것인지, 가족과의 관계성이 미묘하게 영향을 주고 있는지, 아니면 무언가 더 다른 것이 당신을 우울한 상태로 빠뜨리고 있는 것인지, 그 근처를 좀 더 규명해 보지 않으면 저로서는 해결 방법을 줄 수가 없습니다"라고 솔직하게 대답하는 방법도 있을 것이다. 마치 "셰프가 딱 좋다고 생각하는 정도로 구워 주세요"라는 대답처럼 상대에게 판단을 맡기는 것이다.

어쩌면 "당신은 어른아이(adult children, AC)군요", "서바이버(survivor; 생존자)군요!", "트라우마에 시달리고 있군요"라는 말이 듣고 싶어서, 상담자는 차례차례 힌트를 늘어놓을 지도 모른다. 그 기대에 응하는 것은 "당신은 어떤 굽기 방식이 최고인지 잘 알고 계시지요?"라고 엷은 웃음을 띠며 대답하는 것과 같다.

● 대답의 수준은 다양하다

어쨌든 상담에 대한 답변은 다양한 초점 맞추기 방법이 있으며, 단순한 정보 제공이나 무뚝뚝한 대답 방식부터 오히려 인생 상담에 가까운 것까지 다양성이 있다. 고기의 구이법이라면 레어나 미디엄, 웰던과 같은 식으로 대답하는 방법이 정해져 있지만, 전화 상담에서는 어떤 대답을 해야 할지 어렵다. 얼떨결에 선택을 잘못하면 "무성의한 대답이다"라든지 "자기 일처럼 대해 주지 않는다"고 비난받거나, 반대로 묘하게 깊이 들어가거나 상대의 의존심을 자극하면 언제까지고 이야기는 끝나지 않는다. 게다가 상대의 기대감을 과도하게 높여서 전화 상담 중독자로 만들어 버릴 수도 있다.

같은 질문 내용이라도 답을 할 수 있는 다양한 레벨의 관점을 갖지 않는 한, 상담원은 극히 일부 상담자에게만 만족을 줄 수 있을 것이다.

4) 7가지 질문

대체로 전화 상담을 해 오는 상대는 몇 개의 종류로 나뉜다.

⑴ 명확한 정보나 지식을 요구해 상담을 해 오는 유형
⑵ 어쨌든 이야기를 진지하게 들어주면 기분이 풀리는 유형
⑶ 문제 해결을 위한 정리가 되어 있지 않은 백지 상태 유형
⑷ 믿음이나 '(결정)단정'에 질질 끌려간 채 문제를 해결하지 못하고 제자리걸음 하는 유형
⑸ 자기 나름의 결론이 나와 있고, 계몽서나 의학서를 닥치는 대로 읽어 이론으로 무장되어 있으며, 그에 따라 왜곡된 자기애나 비뚤어진 전능감을 충족하기 위해 일부러 전화를 하는 유형
⑹ 자살 예고 유형
⑺ 거절하지 않을 대화 상대를 요구하고, 상담을 핑계 삼아 불요불급한 전화를 해 오는 유형

이 중 ⑴~⑷까지는 지식과 열정과 성실함으로 커버가 가능하다. 이런 유형만 있으면 상담원은 고생하지 않고 상쾌한 피로를 느끼는 것만으로 끝날 것이다. 단, ⑸와 같은 경우는 어떨까?

● 경계성 성격장애자의 전화 — 매우 담담하게

경계성 성격장애에 가까운 심성의 사람이나 자신이 안고 있는 울적함 또는 불만을 토로할 상대를 찾는 데 여념이 없는 사람에게는, 때때로 전화 상담은 참 편리한 '배출구'가 된다. 그들(그녀들)은 말을 하면서 점차 고압적인 태도가 되어, 이쪽이 상대에게 끌려가 감정적으로 되면 상사에게 투서를 하거나 내용증명이 첨부된 편지를 보내는 등 온화하지 못한 행동으로 보복을 시도해 온다. 기형적인 대인관계라고 할 수밖에 없다.

이런 유형에 대해서 세상에는 원래 이런 사람들이 일정한 비율로 반드시 존재하고 있고, 전화 상담을 하다 보면 조만간 마주칠 수 있다는 각오를 해 둘 수밖에 없다. 평생 피할 수 있는 일이 아니다.

또, 상대 페이스에 말려들지 않도록 담담하게 자신의 입장을 견지할 수밖에 없다. 직무에 열정적이거나 자기 나름대로 괴로운 과거를 가졌기 때문에 의료나 심리나 복지 직업을 선택한 사람들의 경우, 오히려 상대를 설복시키고 싶어져 수렁에 빠진다. 이런 유형에 한해서는 무성의한 상담원이 오히려 싫은 일을 겪지 않는다는 역설이 성립한다.

또한 그들은 토론을 좋아해, 그야말로 '왜 사람을 죽이면 안 되는가'와 같은 종류의 주제에 상대를 끌어들이기도 한다. 그런 것에 연루되었다가는 하루 종일 전화에 묶이게 된다. 상대는 한가하니까 좋겠지만.

그럴 때는 "이 전화 상담 범위 외의 논의는 응대하지 못하게 되어 있다"라고 분명히 전하고 끊어야 한다. 상대는 "이것은 근원적인 문제이며 그것을 소홀히 대하는 전화 상담은 기만이다"라고 어깃장을 놓으며 물고 늘어지겠지만, 그런 때는 "나는 극히 당연한 상식인으로서의 판단을 존중합니다", 그리고 "다른 상담 전화도 받아야 하니 나쁘게 생각하지 마세요"라며 빨리 종료해야 할 것이다.

● 자살 예고 전화 ― 능숙한 방법은 없다

(6)의 자살예고에 대해서는 어떨까?

중복되는 내용(다른 원고에도 쓴 적이 있으므로)에 죄송하지만, 특히 신입 상담원이 "지금 죽으려고 한다"는 전화를 받으면 상당히 당황해하는 것 같다.

당황한 이유는 두 가지다. 하나는, 단순히 어떻게 하면 좋을지 모르겠다는 것. 또 하나는, 이럴 때를 대비한 매뉴얼이나 정석 같은 게 있지 않을까라는 생각 때문이다. 특히 후자는 "나는 공부하지 않아서 이럴 때의 적절한 대응법을 모른다. 그러나, 그런 방법이 있는데도 거기에 따르지 않아 상대가 정말 자살해 버리면 내 책임은 중대하고, 주위로부터 비난받을 수 있다"는 두려움으로 이어져 신입 상담원을 상당히 곤혹스럽게 하는 것 같다.

2001년 4월 8일자 아사히 신문 조간에는, "자살 예고에 메일 친구, 기지를 발휘하다"라는 제목의 기사가 실렸다.

야마가타현에 사는 40대 남성이, 메일 친구(이제는 사어死語일까)인 가나가와현에 거주하는 30대 여성(둘은 메일만 교환할 뿐, 안면은 없었다)에게 PC로 '지금 자살한다'고 메일을 보냈다. 놀란 그녀는 야마가타현 경찰서에 통보, 현경県警은 여성의 이야기를 단서로 남성 집을 알아내 전화를 받고 50분 후인 오후 1시쯤에 도착하였다. 그리고 자택 차고 안에서 승용차 머플러muffler의 배기가스를 호스로 끌어들여 자살하려 한 남성을 발견하여 무사히 구출했다고 한다. 이런 사건이 일어나면 자살 예고를 하는 사람은 진심으로 죽으려고 하지 않는다는 속설도 들어맞지 않는다. 신입 상담원들은 갈수록 어떻게 대처해야 할지 큰 고민에 휩싸여 간다.

베테랑 상담원이든 신입 상담원이든, 매뉴얼적 지식에는 아마 큰 차이가 없을 것이다.

그럼 베테랑 상담원은 무엇이 다른가? 자살 예고자에 대해 '이렇게 하면 잘 된다'는 식의 방법은 없다는 것을 알고 있다는 점이다.

● 당혹감을 그대로 토로하라

없다는 것을 알고 있다면, 다음은 애드립과 성의로 부딪힐 수밖에 없다. 그 각오가 되어 있는지, 결심이 서는지는 '잘 되는 방법은 없다는 것을 알고 있는지', 모르고 있는지에 달려 있다.

따라서 만약 내가 자살 예고 전화를 받았다면, 내 나름의 페이스로 차분히 설득해 가겠다. 즉, "사람은 안이하게 죽음을 택해서는 안 된다"는 식의 강요적인 말투는 잘난 척해서 싫어하므로, 상담원으로서의 당혹감을 그대로 토로하게 될 것이다. 이를테면 이렇다.

"나는 당신의 전화를 받고 솔직히 당황하고 있습니다. 당신이 죽겠다고 하시는 것을 단념시킬 만한 능숙함 같은 건 저에게 없습니다. 하지만 만약 당신이 정말 죽어 버리면, 나는 실망하겠지요. 당신을 설득하지 못했기 때문에 실망한다는 것이 아니라, 명색이 이렇게 당신과 연결고리를 갖게 된 것인데 당신이 이 세상에서 사라져 버린다면, 이론 같은 걸 떠나서 그냥 안타깝고 슬플 것 같다는 생각이 들 거예요. 왜 그런 기분이 드는지 저도 모르겠습니다만, 사람이란 그런 게 아닐까요? 저는 개인적으로 지금 전화선 너머에 있는 당신이 죽지 않았으면 좋겠어요"

이런 내용을 진심으로 반복할 것이다. 정신과 의사로서의 경험이란 이런 상황에서는 그다지 도움이 되지 않는다고 생각하므로, 말이 아닌 본심으로 위의 내용을 오로지 반복할 것이다. 그것밖에 없다.

● 자살했다면 어쩔 수 없다

만약 불행하게도, 그럼에도 상대가 자살해 버렸다면, 어쩌면 나에게 어떤 인간적인 결함이 있을지도 모른다. 하지만 나는 의외로 단순 명쾌하다. 후회해도 어쩔 수 없다. 상대의 수명이 거기까지였다고 생각할 것이다. 왜냐하면 더 효과적인 방법이 있었다고 생각하지 않기 때문이다.

이런 나를 너무 건조하다고 비난해도 괜찮지만, 어차피 전화 상담 등은 한계가 있다(전화 상담이기 때문에 상대에게 도움이 된 사례도 일일이 열거할 틈이 없다). 한계를 넘은 것에 언제까지나 끙끙대고 있는 사람은, 상냥한 사람이어도 상담 업무 등과 같은 힘든 것에는 적합하지 않을지도 모른다.

또한, '자살 예고 전화를 가능한 한 지연시키며 그 사이 다른 전화를 사용해 다른 상담원이 역탐지를 경찰에 의뢰하여 상대를 구출하려고 했다'라는 에피소드를 들은 적이 있다. 상당히 절박한 톤이 수화기 너머까지 전해졌겠지만, 그렇게까지 전화 상담은 기대되어야 하는 걸까. 절박함에 따라 다르지만, 어쨌든 생명이 관계되어 있다면 어떤 수단도 강구하는 것이 사람의 길이라는 생각도 들 것이다[요컨대, 다행히도 나는 그런 방법을 택하려고까지 생각한 경험이 없다. 잔꾀로 상대를 설득하려고 하면, 결국은 게도 구럭도 놓치게(욕심부리다가 오히려 실패한다)될 수도 있다는 생각과 무관하지 않을 것이다].

다만, 그런 일까지 하겠다면 전체 상담기관이 일체가 되어 효과적으로 일을 진행해야 할 것이다. 진정 그렇게까지 의욕이 있는지(있다면 경찰과도 미리 단단히 연계해두지 않으면 안 될 것이다), 아니면 케이스 바이 케이스이긴 하지만 기본적으로는 상담원 개인의 설득 범주에 그쳐, '결과가 어떻게 되든 동료를 비난하거나 걱정을 표명하는 것은 금지'라고 정해 둘 것인지, 혹은 다른 스태프를 대신해 설득을 계속한다는 시스템이라도 생각해 둘 것인지, 그 주변은 평상시부터 보조를 맞춰 둘 필요가 있지 않을까. 긴박한 상태의 자살예고를 받고 나서 상담기관으로서의 스탠스를 잡는 것에 허둥대는 것은 이미 때를 놓치는 것이다.

● 대화 상대를 요구하는 전화

　⑺의 대화 상대를 요구하며 상담을 빙자해 전화를 걸어오는 유형은 자칫 빈번한 전화가 되기 쉽다. 매일 밤, 같은 사람이 한가한 전화를 걸어온 것을 두고 민폐라고 생각할지 아니면 나름대로 당사자를 도와주고 있다고 긍정적으로 생각할지는 각각의 상담기관이 요구하는 입장에 따라 다를 것이다.

　이 경우에도 스태프의 의견을 어느 정도 취합할 필요가 있고, 또 1회 상담시간을 10분으로 한정한다거나(10분으로 한정하는 것은 반대로 그 범위 내라면 매일 전화해도 상관없다고 받아들이는 것이기도 하다), 받는 스태프를 1명으로 고정하고(물론 다른 빈번한 전화에는 다른 스태프가 전임이 된다는 우회제도이다), 다른 상담원이 전화를 받았을 때는 그쪽으로 돌리는 시스템을 만드는 것도 필요할 것이다. 그런 시스템 구축은 오히려 상대에게도 안정감을 줘서, 불필요한 소동이 줄어드는 방향으로 작용할 것 같다.

● 밤이 되면 불안해져 빈번하게 전화하는 사례

　재택 환자 중에는 밤이 되면 고독감이나 불안감이 높아지는데 클리닉은 문을 닫았고 병원에 전화하면 쌀쌀맞게 대하므로, 24시간 응대하는 전화 상담으로 전화를 걸어오는 사람이 종종 있다. 절박한 내용이 아니라, 외롭다든가 졸리지 않는다든가 데이케어 동료와 사이가 좋지 않다든가 등의 일부러 한밤중에 전화할 정도의 필연성이 부족한 것뿐이므로, 상기 ⑺과 겹치기 쉽다.

　나도 병원에서 당직을 서고 있는데 비슷한 전화가 걸려와 두 손을 들어 버렸다. "그렇게 곤란하시면 낮에 제대로 진찰받고 상담해 주세요"라고 대답하면, 상대는 거절당한 것 같고 버림받은 것 같은 기분이 들어 불만을 품는다. "힘들면 바로 내원해 주세요. 주사라도 놔드릴게요"라는 대답을 기대하고 있을 수도 있지만, 일일이 상대할 수도 없고 긴급사태와도 거리가 멀다. 택시 요금이나 시간외 요금 등도 만만치 않을 것이다. 묘하게 병원에 의존하는 버릇을 들이는 것은 탐탁치 않다. 그럼 어떻게 해야 할까?

거절과 전면적 수용(사실상 상대가 하라는 대로 하는 것)의 중간을 겨냥하는 말을 생각하면 어떨까?

나는 "연습해 보자"라는 표현을 자주 사용한다.

"당신이 괴로운 것은 압니다. 그렇지만 매번 한밤중에 병원에 와 있으면 수고로움도, 돈도 큰일이지요. 이쪽도 적은 인원수로 힘든 상태니까요"라고 운을 뗀 뒤, "그러니 앞으로의 일도 생각해서 밤에 힘들어도 어쨌든 아침까지 버텨보는 연습을 해 봅시다. 연습이 성공하면 당신도 불편한 전화를 하지 않아도 되고, 실패해도 아직 연습 중이니까 그건 그것대로 어쩔 수 없어요. 우선 지금부터 연습을 시작해 봅시다"라고 제안한다. 이것이라면 견딜 수 없게 되더라도 '그건 그것대로 받아들인다'는 자세를 나타내는 것이고(압박감을 주지 않는다), 연습 중이라고 하는 것은 이쪽도 당신을 걱정하고 있다는 친애의 정을 나타내게 된다(버리지 않는다는 표명). 실제로 이렇게 제안해 보면, 환자 쪽도 꽤 여유를 되찾고 견뎌 주는 것이다.

전화 상담 시, 정보 제공 레벨에서는 명쾌한 말이 요구될 것이다. 그러나 문제 해결보다 오히려 상담자에게 응석부리고 싶어 하는 사례에서는 거절과 전면적 수용의 중간에 상당하는 프레이즈를 나름대로 생각해 두면 대응이 현격히 편해진다.

예를 들면 "저는 유감스럽게도 즉효성 있는 해결법을 생각해 낼 수 없습니다만, 당신과 비슷한 괴로움을 전화로 말씀하시는 분이 꽤 있습니다. 그분들은 나름대로 기분을 달래거나 날이 밝으면 기분이 바뀐다고, 자신을 위한 극복 방법을 궁리하고 있는 것 같습니다. 당신도 그런 궁리를 하고, 꼭 동료에게도 조언해 주세요"라고 말하는 것이다. 여기에서는

'괴로운 건 당신뿐만이 아니다'라는 메시지와 함께 "당신이야말로 타인의 본보기가 되어 주세요"라고 상대의 자존심을 간질이면서 자조적 노력을 권하는 것이다.

중간 프레이즈의 중요성을 알면, 소설을 읽거나 영화를 봐도 힌트가 많다는 것을 깨닫게 되면서 원조자 자신의 생활이 충실해진다는 이점도 있다.

5) 익명성에 대해서

● 이름을 물어오면 어떻게 할까

전화 상담을 받을 때 수화기를 든 상담원이 먼저 자신의 이름을 대는 방식을 채용하고 있다면 문제될 게 없지만, 내가 지금까지 관여해온 전화 상담 기관은 상담원이 특별히 이름을 대거나 하지 않았다. 그것이 적절한 것인지는 알 수 없다. 다만, 병원에서는 직원들이 명찰을 달고 책임 소재를 밝히는 것처럼, 상담원도 스스로 이름을 대야 한다는 생각도 있을 것이다.

그러나 전화 상담의 경우, 때때로 몹시 무례한 전화나 자기주장을 읊어대는 이상한 전화, 제멋대로인 뻔뻔스러운 전화 같은 것이 난무한다. 실제 얼굴을 맞대고서라면 결코 입에 올리지 않을 말이나 태도를 태연하게 나타내는 상담자가 있다. 그렇다면 분별없이 이쪽 이름을 상대에게 알리는 것이 주저된다 해도, 그것은 비난할 일이 아닐지도 모른다.

때때로 이쪽 대응이 종료된 시점에서 "당신 이름을 가르쳐 주세요"라는 요구를 받기도 한다. 본인의 이름은 밝히지도 않으면서.

나 나름대로 대응 내용에 책임을 질 생각이며, 도망치거나 숨거나 할 생각은 없다. 그러나 굳이 이름을 밝히라는 말을 들으면, 바로 경계심이

드는 것이다. 이름 때문에 휘말리거나, 이상한 클레임을 걸어오거나, 이쪽이 말한 것을 마음대로 왜곡해 이름을 사용할 지도 모른다는 우려가 뇌리를 스친다. 어쩌면 피해의식에 불과할지도 모르겠으나, 성의가 통용될지 알 수 없는 상대에게 맹목적으로 자신의 이름을 알리는 것은 그다지 즐거운 기분은 아니다.

때로는 술에 취해 양식에서 벗어난 말을 반복하다가, 상담원의 의연한 태도에 이성을 잃고 "너, 이름을 대!"라며 소리를 지르는 패거리도 있다. 이럴 때는 어떻게 해야 할까?

상담원에게 위험이 미칠 가능성조차 있다. 어떤 태도로 임해야 할지는, 아마 상담기관마다 생각이 다를 것이다. 다만, 그것이 기관 내에서 제대로 된 합의사항으로 성립되어 있지 않으면, 상담원들이 곤혹스러울 수 있다. 수화기 저쪽에서 무례하고 비정상적인 말을 하는 인간에게 이름을 알리는 것은, 스토커를 조우하는 것만큼이나 섬뜩한 일이다.

조직의 방침 상 이름은 가르쳐주지 않는다고 한다면, 그 취지를 고하고 "대화 내용이나 통화 시간대는 철저히 기록하고 사인을 하기 때문에 책임 소재가 불명확하지 않습니다. 안심하십시오"라고 설명한다.

● 전화는 위험하다. 그 위험성이 알려지지 않은 만큼, 더욱 더

나는 이 '이름을 알려야 할까 말까'라는 점이 예상보다 전화 상담의 근간에 깊이 관련되어 있는 것이 아닐까 싶다.

즉, 전화 상담이 진지하고 간절한 것만으로는 문제가 되지 않지만, 인터넷 댓글의 무법적인 면에서도 알 수 있듯이 익명성이 지켜지는 통신 수단은 양식이나 이성을 마비시킨다는 어두운 측면을 갖는다는 것을 피하기 어렵다. 그런 부분에 대한 대응에 전화 상담원은 신경을 곤두세우게 되고, 어쩌면 그것은 실제로 대면방식으로 상담 업무에 임하는 것보다 훨씬 스트레스 정도가 높을지도 모른다. 그런 입장에서 자신의 이름

을 안이하게 드러내는 것에 거부감을 느끼는 상담원이 있어도 전혀 이상하지 않다고 생각한다.

정론으로는 '정정당당하게' 상담에 응하는 자세를 보이기 위해서라도 이름을 대야겠지만, 과연 그런 겉치레를 내내 해야 하는 것일까? 상대의 변덕으로 말미암아 일방적으로 커뮤니케이션이 중단되어 버리거나 회선을 빼앗길 수도 있는 위태로움에 대해 상담원은 너무나 무력하다.

전화라는 것은 사실 위험하고 폭력적인 미디어이다. 전화선 너머의 육성이 가져오는 생생함과 '답답함(안타까움)' 앞에서는 상담원으로서의 경험을 거듭할수록 쉽게 이쪽의 이름을 전하는 것을 망설여도 전혀 이상하지 않을 것이다.

다만, 그 망설이는 심정을 순박하다고 말해도 정론이나 대의명분 앞에서는 흐려지기 쉽다는 것에 우리의 환멸이 있는 것은 아닐까? 전화 상담은 말로 성립되고 있음에도 불구하고, 그 리얼리티를 설득력 있는 말로 표현하기는 지극히 어렵다.

● '무엇이든 있음'의 어려움

전화 상담이라는 특이한 시스템은 단순히 정보 제공이나 교통정리에 가까운 역할을 담당하기도 하고, 치료 역할까지 담당하는 경우도 있으며, 인생 상담이 되기도 하고, 또 망상 속 연인조차 되는 경우가 있다. 그만큼 폭이 넓어서 풍성하다고 하는 사람도 있고, 그래서 그로테스크하다고 생각하는 사람도 있다. '무엇이든 있다'는 이유로 우리는 농락되어 당황할 때가 적지 않다.

하지만, 그래도 상담원은 수화기를 계속 들어야 한다. 그때, 상담기관으로서의 자세를 미리 명확히 하고 이미 언급한 것과 같은 몇 가지 합의 사항을 검토해 두는 것은 상담원들에게 불필요한 불안이나 망설임을 주지 않기 위해서도 필수적이지 않을까 싶다.

이 장의 부제인 《수화기를 한 손에 들고 '할 수 있는 일'과 '할 수 없는 일'》에는, 수화기를 쥔 채 고군분투해야 하는 상담원의 외로운 이미지를 겹쳐 놓을 작정이었다.

외롭기 때문에 상담기관으로서의 자세를 바탕으로 '어디까지 힘이 될 수 있는지, 어디까지를 한계라고 생각하는지'를 되묻고 다시 생각해야 한다.

접수되는 상담 내용이 '무엇이든지 있어'라고 해도, 대응은 '무엇이든 할 수 있습니다'는 아니다. 하물며 '무엇이든 할 수 있어야 한다'라는 깊은 생각에 빠질 필요는 없는 것이다.

Q & A — 유사시 도움 테크닉

어떤 일이든 요령이라는 것이 있다. 쓸데없는 고생이나 시행착오를 겪지 않더라도, 처음부터 알고 있으면 효율적일 수도 있다. 우회할 필요는 없다. 다만 개개인의 캐릭터나 분위기, 특기나 서투름으로 인해 어떤 사람에게는 요령이 되고, 어떤 사람에게는 전혀 무의미한 경우도 있다. 또, 경험을 쌓거나 '따끔함'을 겪지 않으면 좀처럼 몸에 익혀지지 않는 요령도 있을 것이다.

이하에 나 나름대로 요령이 아닐까 생각되는 것을 열거하고, 강연회나 강습회에서 받은 질문 항목을 되새기거나, 본인의 경험을 토대로 '알아 두면 편리하다'고 판단되는 것을 적어 둔다. 다만, 절대적으로 옳다는 것은 아니다. 어쩌면 더 능숙한 방법이 있을 수도 있고, 이견이나 반론이 있을 수도 있다. 어디까지나 참고나 힌트로 삼아 주었으면 한다.

내용에는 이미 본문에 쓴 것을 반복하고 있는 경우도 있다. 모처럼 요령으로서 이 장에 집약해 두고자 한다. 또, "이런 일은 상식이야"라고 할 수도 있겠지만, 그런 내용도 확인을 위해 적었다.

선배나 동료에게서 배운 것, 책이나 잡지를 통해 알게 된 것, 실제 현장이나 검토회에서 배운 것, 나름대로 생각한 것 등이 섞여 있다. 오리지널도 아닌 것을 기록해 두는 것은, 이런 지식이 우리에게 공유재산이라고 생각하기 때문이다. 특히 나카이 히사오 선생님에게는 많은 것을 배우고 있다. 그렇기에 여기에 명기해두고 싶다.

환자와 이야기하다 ❶

Q1 환자와 이야기할 때 유의해야 할 것을 알려 주십시오.

A 자연스럽게 행동하면 된다고 생각합니다만, 이런 대답은 오히려 곤란스러워지죠. 게다가 망상이라도 있다면, 환자는 시의猜疑적이기 때문에 자연스럽게 대해도 대응할 수 없는 경우가 있어요. 그럴 때는 목소리를 작고 낮게 해 봅니다. 소곤대는 톤으로 말하는 거죠. 그러면 알아듣기 위해 상대와의 거리가 무의식 중에 좁혀져요. 동료라고 할까? 공모하는 것 같은 분위기가 되어 저쪽도 목소리를 낮추면서 말해 주거나 합니다. 경우에 따라서는 필담을 하기도 합니다.

이런 다소 신파조인 방식이 의외로 효과를 보는 경우가 있기도 합니다. 물론 소곤소곤 이야기할 때는 가족이나 타인은 멀리하고 환자와 둘이서만 주고받습니다. 마치 비밀을 공유하고 있는 듯한 형태로 끌고 가면 좋을 것 같습니다.

환자와 이야기하다 ❷

Q2 그 밖에 또 없습니까?

A 종종 '맞장구 대신 앵무새 흉내'라고들 하지요. 상대가 말을 하고 있을 때, 맞장구를 치는 대신에 상대의 말을 앵무새처럼 되받아 답하라는 것입니다. 물론 모든 말을 반복할 필요는 없습니다. 요지는 마지막 부분으로, "○○이니까 △△이고, 그 때문에 나는 화가 나버렸습니다"라는 이야기 중 "화가 나버렸습니다"라는 부분, 즉 감정을 나타내는 부분을 상대의 말로 반복하라는 것입니다.

이유는 두 가지가 있습니다.

먼저, 이런 대답을 하면 그것은 상대의 말을 주의 깊게 듣고 있다는 증거가 됩니다. 그렇기 때문에 성실함으로 이어집니다. 그리고 또 하나는, 흔히 말하는 측과 듣는 측은 힘의 관계가 대등하지 않습니다. 말하는 측은 아무래도 입장이 약해요. "제대로 들어주고 있을까, 이해해 줄까"라고 불안해지기 쉬워요. 그래서 상대의 말로 감정을 나타내는 부분을 반복하게 되면, 실제 이상으로 '알아주었다, 공감해 주었다'고 느끼는 것입니다.

망상은 물어도 될까?

Q3 하지만 망상 같은 것이나 황당무계한 말을 들으면 어떤 태도를 취해야 할지 곤란해집니다.

A 그것이야말로 무리할 필요 없습니다. 망상에 영합해도 이것은 의외로 간파 당합니다. 진심으로 하는 것도 아닌데, 억지로 상대의 망상에 찬성해 주는 것도 부자연스럽습니다. 반드시 드러나게 됩니다. 그럼 반대로 "그런 일이 있을 리가 없지요"라고 부정하면 어떻게 될까요? 상대는 망상 내용을 부정당했다고 느끼지 않습니다. 인격을 부정당한 것처럼 느끼고 화를 냅니다. 그러면 어떻게 해야 좋을지 곤란할지도 모르겠지만, 요점은 이하 두 가지입니다.

(1) 망상의 내용이 아닌 상대의 기분에 공감한다.

환자는 예를 들면, 스파이 조직이 전파를 보내오는 것에 의해 신체가 쇠약해졌다고 확신하여 그 일에 곤란해하거나 화를 내고 있습니다. 그렇다면 스파이 조직이나 전파에 의한 해가 실재하는가는 차치하고, 상대가 곤란하거나 화내는 것은 사실이므로 "곤란하시겠어요", "정말 화가 나시겠군요"라고 감정 부분을 받아서 공감을 표시하면 되는 것입니다.

(2) 망상에 대해 아는 척하지 않는다.

"모르겠어요. 하지만 그런 일도 있군요"라고 고개를 갸웃하거나 놀라거나 하는 것은 부정하는 것과는 다릅니다. 솔직히 모른다고 표명하면 되죠. 다만, 모른다고 당신을 부정할 생각은 없고, 당신의 감정은 이해할 수 있다 ─ 그런 식으로 대응하면 됩니다.

폭력을 휘두를 것 같아

Q4 망상으로 인해 이상한 오해라도 받고, 갑자기 폭력이라도 휘두를까봐 솔직히 무섭습니다.

A 상대가 싫어하는데 강요하면 좋지 않아요. 흥분해 있을 때와 같이 말이죠, 그렇죠? 다만, 갑자기 맞는다든가 그런 경우는 거의 없다고 생각합니다. 이쪽이 너무 벌벌 떨고 있으면 상대도 불안감에 휩싸이기 때문에, 오히려 마이너스입니다.

조심할 것은, 특히 상대가 약간 불안정할 때 등의 상황에서는 바로 정면으로 불쑥 다가가지 않는 것입니다. 환자가 폭력을 행사한다 해도 이것은 대체적으로 환자 쪽이 더 무서워하거나 불안해서, 방어적인 차원에서 폭력을 행사하는 경우가 많아요. 그렇다면 정면으로 접근하는 것은 위압적인 인상을 줄 수도 있습니다. 부주의하게 그런 행동을 해서 상대가 패닉에 가까운 느낌으로 손을 휘두를 가능성은 있습니다.

이럴 때는 비스듬히 다가가거나 옆으로 나란히 서는 방법이 현명합니다. 그야말로 옆에서 나란히 속삭이듯 "왜 그래요, 무언가 불안한 일이라도?"라고 어깨동무라도 할 것 같은 자세로 들어가는 것이 좋을 것 같습니다.

통원 중인 환자라면 복용 중인 약을 중지함에 따라 병적인 불안이나 망상이 재연되어, 그 때문에 난폭하게 될지도 모를 상황인 경우가 있어요. 그런 사례의 경우, 대부분 불면증을 겪고 있어요. 잠에 들지 못하고, 한밤중에는 세상과의 교류가 끊어져 버리기 때문에 망상이나 불안이 폭주하기 쉬워요. 따라서 상태가 나쁜 것 같으면, 불면 여부를 확인하는 것이 위험을 피할 수 있는 사인sign일지도 몰라요.

위험하다고 생각되면 무리할 필요는 없습니다. 일단 돌아가서 다수의 스태프와 다시 출발하거나, 담당 의사나 보건소에 연락을 취해야 합니다.

스킨십

Q5 상대를 안심시킨다는 의미로 스킨십은 어떻습니까?

A 특히 조현병 환자는 고독벽이라고 할까요? 까다로워서 타인과 접하는 것을 싫어하는 타입과, 반대로 아이같은 유치한 면이 있어서 함부로 따라오는 타입으로 나뉘는 것 같습니다.

전자에 대해서는 스킨십 같은 허물없는 행동은 하지 않는 편이 더 좋습니다. 후자의 경우에도 묘하게 의존적으로 되면 관계성이 원만하게 되지 않기 때문에, 스킨십이라는 방법론에는 너무 의지하지 않는 쪽이 현명하지 않을까 생각합니다.

다만, 인지증 노인은 별개죠. 나는 악력을 시험한다거나, 맥을 측정한다거나, 그런 상태로 어느새 상대의 손을 잡으며 얘기할 때가 많습니다(특히 노파일 경우). 방문차 갔을 때는 어깨까지 주무르고 있을 때가 있어요. 연령 차이가 스킨십을 자연스러운 것으로 만든 것이겠죠.

이야기를 끝맺으려면

Q6 이용자가 수다스럽습니다. 방문하면 반갑게, 하지만 끝없이 말해요. 중간에 마무리하지 않으면 안 되는데 왠지 상대를 거절하는 분위기가 될 것 같아 어색합니다. 상대 이야기를 중단시키고 끝을 맺으려면 어떻게 해야 할까요?

A 내가 알고 있는 임상심리사 여성은 전문이 의존증입니다. 그 사람과 얘기하고 있을 때 전화가 걸려 왔습니다. 클라이언트로부터의 전화였어요. 그때 그녀는 "자, 3분만"하며 서론을 주고받더니, 3분 지났으니 외래에서 봐, (찰칵)", 정말 매몰차게(드라이하게) 전화를 끊어 버렸습니다. 뭐랄까, 상쾌할 정도로 탄력성이 느껴져 감탄했던 기억이 있습니다.

다만 그녀의 캐릭터는 '시원시원한', '이지적이고 사적 감정은 섞지 않는', '차가운 건 아니지만 빈틈없어 보이는 면이 있는(철벽녀 같은 면이 있는)', '공평하고 성실하지만, 안 되는 것은 안 된다고 단언하는 것에 익숙한' 사람이라는 느낌으로, 생김새나 복장 센스도 그것을 뒷받침하고 있었습니다. 만약 내가 그녀의 방식을 흉내낸다면, 아마 "무례한 놈이다", "그런 식의 표현은 아니지 않나?"라는 식의 반발이 나올 것은 뻔했을 겁니다. 왜냐하면 그녀에 비해 내가 훨씬 웨트(유대감이 강한)한 캐릭터로 상대에게 인지되어 있을 테니 말입니다.

아마 당신도 그녀 같은 캐릭터는 아닐 것 같습니다. 다만, 원조자로서 시간제한이 있는 것은 사실이기 때문에 그야말로 유감스럽고 미안한 듯 약간 호들갑스러운 제스처를 보이며(예를 들면 손목시계를 가리키거나 하면서), "아쉽지만 다음 방문지로 가야 될 것 같아요. 시간이 정말 빠르네요. 그 다음 얘기는 또 다음번에 기대할게요"라고 생글생글 웃으며 빨리 일어나 버리는 것이 정답입니다.

상대의 이야기가 일단락되었을 때 말을 자르기 위해 타이밍을 기다리고 있다가는, 아마 얘기가 지루하게 계속 이어질 것이기 때문에 틈이 발견되지 않습니다. 주저리주저리 말하는 것은 특별히 전하고 싶은 메시지가 있다기보다, 상대에게 받아들여지고 있다는 사실 쪽에 비중이 클 겁니다. 따라서 "이어지는 얘기는 다음번에"라는 것을 확실하게 나타내며 웃는 얼굴로 말허리를 꺾는 것은 상관없습니다. 그리고 다음에 방문했을 때는 "저번에 이야기가 도중에 끝나 버려서 아쉬웠어요. 그래서 오늘이 몹시 기다려졌어요"라고 말문을 엽니다.

미리 시간 범위를 분명하게 상대에게 제시한다는 것이 기본일지라도, 실행은 그리 간단하지 않습니다. 다소 억지스러운 방법으로는 이야기를 들으면서 맞장구 대신 "과연, ○○라는 거군요"라는 식으로 점점 요약을 말로 옮어 갑니다(그것도 시원시원하게). 그것을 반복하면 점차 주도권은 이쪽으로 넘어오기 때문에, "그럼, 오늘은 아까 확인한 것을 결론으로 끝낼까요?"라고 일방적으로 종료 선언을 할 수 있습니다. 상대는 약간의 부전감을 느낄지도 모르지만, 이야기의 골자는 이쪽에서 제대로 정리하고 있으므로 여우에게 홀린 것 같은 표정으로 종료에 따르게 됩니다. 그다지 추천할 만한 방법은 아닙니다만.

환자의 '논리' ❶

Q7 아무래도 환자 중에는 비상식적인 사람이 많은 것 같아서 지칩니다.

A 환자가 '분위기 파악을 못한다' 또는 '눈치가 없다'거나, 당연히 그런 것쯤 알고 있을 거라고 생각했던 것이 '결여되어 있었다' 등으로 당황한 경험의 소유자는 많지 않을까 생각합니다. 예를 들면, 조현병에서 지능은 저하되지 않는다고 합니다만, 실제로는 "엇, 이 사람이 엘리트 샐러리맨이었다고!?"라고 놀라는 경우는 드물지 않습니다. 능력은 있어도, 병으로 인해 균형 있게 그것을 발휘할 수 없는 사태를 타인의 입장에서 능숙하게 볼 수 없게 되는 것입니다.

그러나 그들은 결코 엉터리나 엉망인 것은 아닙니다. 오히려 초합리적이거나 우직한 면이 있고, 그것이 오히려 마이너스가 될 수도 있습니다.

예를 들면, 돈까스 가게에 '공기밥 리필 자유'라고 적혀 있는 경우, 그것을 믿고 1일 1식만 하는 생활을 보내려고 생각하기도 합니다. 3그릇, 4그릇을 더 먹어 1일분의 식욕을 채우고 절약하려 합니다. 역시 그것에는 일면의 합리성은 인정되겠지만, 매일 돈까스로는 영양적인 문제가 있고 1일 1식이라는 것도 탐탁치 않습니다. 더구나, 무엇보다도 가게 사람이나 다른 손님들이 싫어하거나 이상한 표정을 짓게 될 겁니다. 그런 것이 이윽고 소외감이나 삶의 괴로움으로 이어질 수 있습니다. 더워서 앉아 쉴 수 있는 곳은 없을까 찾다가 은행에 들어가 의자에 앉아 있으면 경비원에게 의심받아 트러블이 일어날 수도 있어요.

비상식이라기보다는, 어설픈 정직한 사람으로 봐야 할 것입니다. 그러므로 그들 나름의 논리나 가치관, 궁리는 있는 것이 보통입니다.

엉터리가 아니에요. 다만, 그것은 지극히 한정적인 데다가, 사회적인 맥락에 따르고 있다고 하기엔 어려워요. 그 점을 헤아려 주지 않으면 아무것도 시작되지 않습니다.

환자분의 '논리' ❷

Q8 그럼 그들 나름의 논리나 가치관에는 어떤 것이 있습니까?

A 득실(손익)에 관해서는 꽤 민감(예민)해요. 민감이라기 보다도 강한 불안을 안고 있거든요. 취업이 어렵고 생활보호에 의지하거나, 연금을 변통하거나 하는 분들이 많아요. 따라서, 절약이라는 점에서 정신적인 시야가 협착되기 쉽습니다. 조금 전 돈까스 가게 얘기처럼 말이죠.

그리고 지금과 모순되는 것 같지만, 자신은 세상으로부터 바보 취급을 당하거나 멸시당하고 있지 않을까라고 신경질적으로 변한 사람도 많습니다. 신체적인 질환이라면 동정받는데, 정신 질환이라고 하면 소외 당하기 일쑤라는 것은 슬프지만 사실이기 때문입니다.

그러다 보니 사소한 일이라도 "홀대받았다"고 화내는 경우가 있습니다. 순번을 대기하고 있었는데 자신만 건너뛰지 않았냐고 말하는 경우도 있습니다. 그 근처는 허용 범위가 좁다고 생각해 두는 편이 좋아요. 다만, 제대로 설명하면 이해해 줄 수 있습니다.

다음은 변화라는 것을 싫어하더군요. 예를 들어, 외래 처방약에 관한 교환 등이 있습니다. 먹기 어렵다거나 부작용 등 여러 가지를 호소하므로, 그럼 처방 일부를 변경하자고 이쪽에서 제안하면 꽤 높은 확률로 "아뇨, 그래도 지금까지 해 온 처방으로 해주세요"라고 말씀해요. 불만이 있으니 변경하는 것이 좋을텐데, '변화'라는

것이 불안하고 부담스러울 수 있어요. 다소 불편하더라도 익숙해
진 지금까지의 패턴을 답습하는 편이 마음 편하다고 생각하는 경
우도 있습니다. 그런 보수성을 엿볼 수 있어요.

환경의 변화, 새로운 제도의 도입, 이사나 정리 등에서 의외로 저항을
나타내 놀랄 수 있습니다만, 그것은 변화에 대한 불안이라고나
할까 유연성flexibility 결여에서 유래하고 있어요. 뭐 그럴 때 설득
하려면, 그야말로 손익계산을 거론하며 정성껏 시간을 들여야 할
필요가 있겠지요.

환자의 '논리' ❸

Q9 이해하기 어려운 언행 같은 것에도, 실은 우리가 눈치채기 어려
운 이유나 이론이 잠재해 있는 경우가 많나요?

A 반드시 어떠한 이유가 분명히 있거나 그것이 판명된다고는 할 수
없지만, 맹점이 될 논리가 잠재되어 있기는 합니다.

이를테면 아파트에서 늘 큰 소리로 음악을 틀고 있는 청년이 있어요. 인
근에서는 불만이 끊이지 않습니다. 왜 그런 짓을 하고 있느냐고
물어보니, 결국 그는 환청에 시달리고 있었던 것입니다. 약을 먹
어도 사라지지 않아서, 환청을 없애기 위해 큰 음량의 음악을 필
요로 하고 있었습니다. 독에는 독으로 제어한다는 경우겠지요.

이런 사실이 판명되면, 다음은 의료 맥락에서 대응해 가면 된다는 것을 알
수 있고 음악에 젖어들기보다는 데이케어 등으로 관심을 돌리게
하는 편이 환청 대책에는 효과적이라는 것을 제시할 수 있습니다.

집 안의 수도꼭지를 모두 틀어 놓거나, 가스를 틀어 작은 불꽃이 계속
타오르도록 켜 놓은 사람도 있었습니다. 가족이 끄려고 하면 화
를 내요. 이것은 망상으로 인해 누군가 집에 침입해 온다고 믿

고, 수도의 흐름과 가스의 불꽃으로 일종의 '결계結界'라고 할까, 즉 주술적인 성역을 만들어서 신변의 안전을 도모하려는 것이었습니다. 가족도 좀 특이한 것이, 수도요금과 가스요금이 아까워서 곤란하다는 것이 주소主訴였습니다.

전파가 들어오지 않도록 창문을 골판지로 막는다거나, 바리케이트를 쌓는 형태로 망상 속의 침입자를 저지하겠다는 계산을 도모하는 사람은 많습니다. 특히, 치료되지 않은 조현병 환자에서는 가끔 볼 수 있습니다. 그런 사람일수록 병원에서는 안도감을 얻기 위해 스스로 보호실에 들어가고 싶어 하기도 합니다.

그리고 정상인 중에서도 나타나는 일이 있습니다.

눈살이 찌푸려질 정도의 곤란한 언행이, 사실은 본인 나름의 굴절된 커뮤니케이션 수단이라고 한 경우예요. 늘 성희롱 같은 언행을 하는 사람이지만, 본인은 그런 스타일로 밖에 여성과 대화할 수 없는 것이죠. 본인 입장에서는 모종의 친밀감을 나타내는 서비스라고 생각하고 있지만, 주위에서는 진의를 이해해주지 않고 싫어하는 겁니다.

혹은, 클레임을 거는 방식으로 타인과의 대화 '실마리'를 잡을 수밖에 없다 등은 커뮤니케이션에 있어서의 서투름을 여실히 보여주는 것입니다만, 이쪽으로서는 왜 이 사람은 불평밖에 할 수 없는 걸까라고 의심하지 않을 수 없게 됩니다.

상대를 시험하기 위해 일부러 곤란한 일을 저지르거나, 무리한 요구를 하는 사람도 의외로 많습니다. 이 사람이 나를 얼마나 걱정해 주고 있는지, 얼마나 진지하게 생각해 주고 있는지를 귀찮은 일을 통해서 확인할 수밖에 없는 것입니다. 이런 경우, 감정적으로 대하면 상대는 실망하게 됩니다. 상대 쪽에서는 요구가 실현될지의 여부보다 얼마나 더 가까워지게 될까를 확인하고 싶기 때문이죠.

또, 자아가 취약한 사람이라면 때때로 이런 경우가 있습니다. 예를 들어 타인에게 미움받지 않을까라는 불안이 강하면, 미움받지 않도록 행동하는 것이 아니라, 반대로 일부러 미움받도록 행동하는 것입니다. 왜냐하면 미움받는 것은 정말 괴롭지만, 그 나름대로 예상이 되는 경우이므로 미움받아도 '역시 아니나 다를까'라는 식으로 오히려 안심해 버리기 때문입니다. 미움받지 않는 것은, 말하자면 '미지의 체험'이기 때문에 오히려 불안을 부추기게 됩니다. 그래서 본의 아니게 일부러 미움받도록 어느새 도발적으로 행동해 버리죠.

이런 식으로 환자의 심리는 보통 수단으로는 안 됩니다. 역시 경험이 중요하고, 이쪽이 '사물의 사고思考에는 다양한 패턴이 있을 수 있다'는 자세를 견지하는 것이 중요하겠지요.

화를 내면

Q10 심리를 완전히 파악하는 것이 어렵기 때문이겠지만, 왜 상대가 이쪽에 화를 내는지 몰라서 당황할 때가 있습니다.

A 그렇군요. 말씀하신 것과 같이, 어떤 발상으로 화를 내고 있는지 전혀 짐작하기 어려운 경우가 있습니다. 그렇지 않으면 '왜 그런 일로 화를 낼까'하고 이상하게 생각이 되는 경우가 있죠.

저는 "혹시 뭔가 비위에 거슬리는 말이라도 했나요?"라고 솔직하게 묻습니다. 이유를 명확히 말해 준다고는 할 수 없지만, 이쪽이 양보하며 접근하는 자세를 보여주는 것은 효과적입니다.

다음은, 원인에 대해서 어느 정도 추측이 될 경우(예를 들면 상대가 부적절한 행동을 했기 때문에 주의를 주면 그것에 묘하게 집착하여 삐지거나 주눅들거나 하는 경우)에 저는 자문자답하는 모습을 보여줄 때가 있습니다. 그리고(일부러) 곤란스러워하는 모습을 보여줍니다.

'그럼 그때 내가 어떻게 해야 했을까. 난 너무 걱정된 나머지 일부러 심하게 잔소리 한 건데. 역시 말투가 너무 강해서 불쾌하게 만들었나 보다…….'라는 식으로 사고의 프로세스나 갈등을 그대로 드러내 보입니다. 실황중계를 하는 것이죠. 그렇게 해명을 하거나 변명과 본심을 나타내 보이는 것입니다.

클레임claim 이유

Q11 언뜻 보기에는 온화한 노부인이지만, 방문을 마치고 스테이션으로 돌아오면 손바닥 뒤집듯 "저것을 헬퍼에게 도둑맞았다. 이것을 가져갔다"고 클레임 전화를 합니다. 매번 그러시니, 대응에 고심하고 있습니다. 또 다른 경우에는, 자신에 관한 개인정보를 헬퍼가 멋대로 퍼뜨리고 다닌다고 화를 내고 있습니다만.

A 이런 클레임은 크게, 본인으로서 꽤 심각한serious 경우와 형해화(유명무실화)된 경우로 나뉘는 것 같습니다.

우선 후자의 경우, 대부분은 일종의 '굴절된 형태의 커뮤니케이션 수단'으로 간주하는 쪽이 좋을 것 같습니다. 즉, 시비를 거는 형태로 세상과의 연결을 확인하거나 자신의 존재를 주장하는 것이고, 그래서 내용 자체보다 이쪽이 제대로 상대해 주는가가 포인트입니다. 내심 지겨워도 의식 같은 것이라고 딱 결론짓고 매번 대충 어울리는 것이 현명하겠죠.

문제는 심각하다serious고 할까, 정말 피해감정에 사로잡혀 있는 경우입니다.

이것은 바꿔 말하면, 본인은 무엇인가를 찾을 수 없어 곤란을 겪고 있다, 그것은 사실 본인의 탓이지만 망상적인 자기변호 때문에 "헬퍼 탓이다"라고 책임을 전가하고 SOS를 보내고 있다는 것입니다. 때문에 설명이나 변명으로 상대 기분은 결코 해결되지 않습니다(사실 그대로인 것은 잘 알고 계시겠죠). 그럴 때는 다음과 같이 해 보면 어떨까요?

(1) 상사에 해당하는 사람이 "곤란하겠네요. 사정에 대해서는 조사해 볼게요. 하지만 혹시, 어쩌면 댁 어딘가에 물건이 섞여 있을 가능성도 있으니 그쪽도 찾아보게 해주세요"라고 응합니다. 그리고 바로 그 헬퍼와 다른 한 명(반드시 대응한 상사가 아니더라도)과 같이 복수의 인원으로 찾아봅니다. 대개는 그것으로 발견되지만, 원래 그런 것은 존재하지 않았을 가능성도 있습니다. 그런 경우에는 상사가 다시 한 번 "훔친 사실은 없는 것 같으니 당분간 상황을 지켜봐 주세요"라고 대답해 두도록 합니다.

(2) 이후로, 경우에 따라서는 집을 나올 때 이쪽 소지품을 체크하게 하거나(비록 체크하게 했어도 교묘하게 숨기고 있었다고 트집을 잡을지도 모르지만), 적어도 상대가 "보지 않았다"라고 말하지 않도록 상대의 주의가 미치는 범위에서만 행동하게 되겠지요. 또 상사가 때때로 "그 이후로 문제는 없습니까?"라는 전화를 거는 등, 스탠드플레이를 해 보는 것도 효과적일 수 있습니다.

(3) 개인정보 유출에 대해서도, 그런 일은 없다고 말다툼을 해도 성과가 없을 뿐입니다. 상사로부터 "앞으로는 제가 엄중히 감독할테니"라고 그야말로 상대의 개인정보가 가치 있는 것인 양 행동하는 편이 창날을 거두게 하는 것 같습니다.

주의 방법

Q12 상대에게 주의를 줄 때는 뭔가 요령이 있습니까?

A 역시 체면을 구기지 않도록, 즉 자존심이 상하지 않도록 하는 것이겠지요. 주의는 줘도 그 후에 반드시 상대를 칭찬하거나, "당연하다"라는 팔로우를 덧붙이는 것처럼 말이죠.

비난하거나 힐문하지 말고, 일부러 일반론 형태로 만들어 보는 방법도 있습니다. 예를 들면, 어떤 장면에서 성급하게 굴다 폭력에 호소해 버린 환자에 대한 조언입니다.

"뭐, 저런 상태라면 당신처럼 화를 내는 것도 당연한 일일 것입니다. 나도 성미가 급한 편이니까 이해할 수 있어요. 하지만 폭력을 휘두르는 건 이유야 어쨌든 휘두른 쪽이 나쁜 놈이라는 소리를 듣게 되는 게 세상이잖아요. 그러니까 당신은 일부러 스스로 손해될 짓을 해 버린 셈이죠. 작전이 잘못됐네……" 이런 말투라면 반드시 상대를 직접적으로 비난하는 투가 아닙니다. 에피소드로부터 거리를 둬서 상대에게 머리를 식힐 여지를 주고 손익계산의 형태로 들어감으로써 이야기를 이해하기 쉽도록 하는 것입니다. 비난이 아니라, "당신은 생활 방식이 서투르다"라는 맥락으로 조언을 하면 좋다는 것입니다.

이야기의 '트릭(잔꾀)'

Q13 그 밖에 상대와 이야기할 때 알고 있으면 편리한 사항은 없습니까?

A 나카이 히사오 선생이 지적하신 것인데, 조현병 환자는 속담을 좋아한다고 해요. 특히 '모난 돌이 정 맞는다'라는 속담. 질병에 따른 피해 감정을 잘 대변해주는 것처럼 느껴지기 때문이겠지요. 이 지적에 눈이 확 트이는 느낌이었어요.

우선, 그들은 뭐랄까. 컴팩트한 형태 속에 진리가 봉해져 있는 듯한 스타일을 좋아합니다. 한 권의 노트 속에 우주의 비밀이 들어 있다거나, 인생은 이 연립방정식으로 모두 설명이 가능하다는 식으로 말이죠. 그 연장으로, 어조가 좋은 속담으로 인생의 진실이 제시된다는 것이 마음에 꽂힌 것이겠지요.

게다가 그들은 권위주의적이에요. 여기에는 이유가 있는데, 환자들을 소홀히 취급하거나 불쾌한 태도로 대하는 경우가 종종 있습니다. 그런 것에 대한 반동으로, 또 권위라는 알기 쉬운 것으로 안도하고 싶다는 심리도 있는 것이겠죠. 권위나 직함이나 전통이나 보증 문서 같은 것에 상당히 집착합니다. 속담 또한 역사와 전통으로 갈고 닦여진 말입니다. 그런 경위도 있기에 대화 중에 속담이 양념처럼 섞이면 꽤 효과적이기도 합니다.

그런데 저는 무언가 특별히 전하고 싶은 것이 있을 때는 말을 하면서 일일이 메모에 적어 그것을 마지막에 건네는 경우가 많습니다. 이것 역시 컴팩트하게 용건을 정리하는 것과 동시에 상대를 위해 수고를 들였다는 것으로, '나는 당신을 소중하게 생각하고 있다'라는 메시지가 되기 때문이죠.

상대가 그런 메모를 오랫동안 소중히 간직해 준 것을 알고, 마음이 동요되었던 경험이 있습니다.

환자의 권위주의

Q14 환자가 의외로 권위주의적이라는 말씀은 확실히 수긍이 가는군요.

A 예. 심정적으로는 반권위주의지만, 역시 권위에 대해 신경 쓰고 있다는 의미로 말이죠. 약한 입장의 반영이겠지요.

그래서 예를 들면, 환자분이 "헬퍼 A씨와 B씨가 교대로 오지만, A씨만 오게 해달라"고 강력하게 호소해 온다고 합시다. 하지만 로테이션 문제가 있어서 힘들어요. 그럼에도 환자는 완고하게 우기며 양보하지 않습니다. 그럴 때는 스테이션 상사나 소장이 정식으로 방문하여 명함을 내밀며 부탁을 하면 됩니다.

책임자라고 할까요? 권위가 나서서 부탁하면 의외로 납득해 줍니다. 권위주의적인 것은 생각을 바꾸면 다루기 쉽습니다. 트릭(잔재주)으로 간주하지 말고, 상대를 존중하기 위한 메시지로 파악해야겠지요. "헬퍼에게 물건을 도둑맞았다"고 클레임을 걸어왔을 때의 대응을 이미 말했습니다만, 저것도 발상은 동일한 것입니다.

성희롱

Q15 특히 젊은 남성 환자로부터 성적인 암시를 받거나, 젊은 남성 환자가 가슴이나 엉덩이를 만지거나 하면 어떤 태도를 보여야 합니까?

A 기본적으로는 일 이외의 개인적인 교제는 할 수 없다는 헬퍼의 입장을 명언하는 것으로 끝납니다. 다음은 역시 원조자 각각의 캐릭터와 관련되겠지요. 예를 들면, 신체를 만졌을 때 "어멋! 그런 짓을 하면 다시는 안 와요. 떽!"이라고 모나지 않게 화를 내는 타입이 있습니다만, 반드시 모두가 그런 방법에 어울리는 분위기를 가지고 있다고는 할 수 없습니다.

"그런 행동은 오해를 받을 수 있으니 조심하는 편이 좋아요", "그렇게 해서 나를 놀라게 하다니, 별로 좋은 취미가 아니에요", "그런 행동은 당신답지 않아요. 친한 사이에도 예의가 있어요, 그렇죠?" 라고 대응하는 것도 좋을 수 있어요. 우선은 상대의 체면을 깎지 않으면서, 부드럽게 거부하되 애매한 태도는 피하는 것이 중요하겠지요. 눈치 없는 사람들이니까요.

동료에 대한 험담

Q16 이용자 중에 다른 헬퍼를 자주 험담하는 사람이 있습니다. 어쩌면 다른 헬퍼에게 제 험담을 하고 있을지 모르겠지만, 이럴 때는 어떤 태도를 취해야 할지 난감합니다.

A 동료에 대한 험담 등이 나오면 분명히 불편하죠. "서로 뜻이 맞지 않는 것"이라고 말한 적이 있을지도 모르겠지만, 어쩌면 함께 제3자의 욕을 함으로써 커뮤니케이션이 깊어지기를 기대할 수도 있어요. 만약 그렇다면, 굳이 '나무라거나' 하지 말고, 그렇게 인색하게 하지 않아도 당신에 대해 신경 쓰고 있다는 취지를, 시간을 두고 천천히 체득할 수 있게 합니다.

그리고 상대를 칭찬하는 방법도 있습니다.

"그렇군요. 그런 관점도 있네요. 그만큼 관찰력이 좋으시니까 그 사람을 한 번 지켜봐 주실 수 없을까요? 가끔 조언 같은 것도 해 주시면 본인에게 도움이 된다고 생각해요. 아무쪼록 부탁해요"라는 투로 상대를 치켜세우는 것입니다.

남을 험담하는 것은 좋지 않다고 주의를 주는 것은 의외로 어려운 법입니다. 분명히 나쁜 것은 상대지만, 정론 때문에 상대의 체면을 구겨 버릴 수도 있어요. 그래서 저는, 그런 것에 대해서는 노골적으로 지적하지 않는 경우가 더 많아요.

피해망상

Q17 피해망상적 경향을 가진 사람에 대한 대응은 어떻게 하는 것이 좋을까요?

A 아무래도 인간은 피해적으로 사물을 파악해버리기 쉽습니다(우리 자신을 포함해). 피해자가 되는 것은 자기 정당화로 이어지며, 또한 타인으로부터 동정받거나 소중하게 여겨지는 것으로 이어집니다.

피해망상적인 사람은 대체로 고독감이나 무력감, 혹은 손해보고 있다거나 바보 취급을 당하고 있다는 기분이 근저에 있습니다. 따라서 그들에 대해서는 이미 말했듯이, 망상 내용에 대해 운운하지 말고 그것보다 일단 억울함이나 원통함 같은 감정 부분에 대해서만 받아들이면 좋겠지요. "억울하겠지만, 세상이란 그런 일이 흔하죠. 난감한 일이군요"라고.

그리고 뭔가 행동으로 나올 것 같을 때는 손익계산을 거론하며 "지금 상황에서는 당신이 오해받거나 나쁜 사람이 되니, 절대 손해"라고 조언하고, "만약 나라면 분명 억울하겠지만, 결국 어처구니없는 건 저쪽이니까 무시해요. 그렇게 하지 않으면 나 자신도 저쪽이랑 같은 수준의 인간이 되는 것이니까요"라고 다른 생각을 표시해도 좋습니다.

"그렇다면 당신을 질투하고 있다고 저는 생각해요. 왜냐하면 당신은 회사에서 상사한테 굽실거릴 필요 없이 자유업으로 살고 있고, 자기 나름의 철학으로 잘 살고 있잖아요. 그런 의연한 삶을 살고 있는 사람이 부러워서, 심술부리는 것이라고 생각해요. 음, 생각해 보면 불쌍한 녀석이잖아요"라며 자존심을 간질이는 작전도 효과적입니다.

망상과 치료

Q18 망상은 치료되기 어렵나요?

A 그야말로 케이스 바이 케이스입니다. 약물요법으로 간단하게 소실되어 버리는 경우도 있고, 어떻게 해도 사라지지 않는 경우도 있습니다.

그 사람의 삶을 받쳐주는 이론으로서 망상이 기능하고 있는 경우(예를 들면, 자신의 남편은 가짜이며 자신은 불행한 인생을 보내는 처지가 되었다. 진짜 남편은 먼 외국에서 양치기 생활을 하고 있다 등), 그것이 소실될지 아닐지는 생활 상황에 좌우되기도 합니다. 망상을 슬며시 품고 있으면서 그것과 모순되는 현실을 받아들여 살고 있는 사람도 적지 않습니다. 자신은 천황의 사생아라고 믿으며, 생활보호로 살고 있다는 식으로 말이죠.

혹은 망상이 완전히 형해화되어, 이미 망상이 농담 섞인 인사 대용이 되어버린 사람도 있습니다.

'망상이 있다=거기에 따라서 문제행동을 일으킨다'라고 한정할 수는 없습니다. 요지는 망상이 얼마나 당사자에게 절박감을 주느냐라는 점입니다. 병적인 불안감이나 초조함과 망상이 커지는 쪽이 악순환을 이루고 있는 상태라면, 트러블로 이어질 수도 있습니다. 통틀어 망상이라고 해도 반드시 치료하지 않으면 안 되는 것이 아니며, 고칠 수 있다고도 할 수 없습니다.

진드기 망상?

Q19 독거노인에 대한 질문입니다. 인지증이나 정신병은 아닌 것 같은데, 집안에 진드기가 들끓는다고 끊임없이 호소하고 있습니

다. 호소는 점차 심해져서, 매일 실내나 이불에 살충제를 강박적으로 살포하고, 진드기가 꼬인다고 음식도 팩으로 된 인스턴트식품만 먹습니다. 실제로 진드기가 있는 기색 등은 전혀 없습니다만……

A ▶ 망상이라고 단언하기에는 진드기 건 외에는 확실하기 때문에 망설이시는 것이군요.

일반적으로 망상이 있는 사람은 그 외에도 정신증상이 동반되는 법인데, 특히 노인에서는 단 하나의 테마에 한정하여 망상 비슷한 엉뚱(돌발적인)한 것을 꺼내는 경우가 있어요. 진드기처럼 미세한 것이라면 보이는지, 보이지 않는지가 확실하지 않기 때문에 오히려 리얼리티가 수반됩니다. 그러나 벽장이나 지붕 밑에 누군가가 숨어 있다거나, 목욕 또는 쇼핑을 하는 사이에 누군가 실내로 침입해 물건을 훔쳐 가거나(대개는 앨범 사진이나 스웨터와 같이 진짜 도둑이라면 훔쳐 가지 않을 것 같은 물건들) 장난치고 간다고 호소하는 황당무계한 사례조차 있습니다.

진단적으로는 꽤 어렵고, 소량의 약물투여(항환각망상약)로 개선되는 것도 있는가 하면, 그렇지 않은 경우도 있어요. 오히려 고독한 생활모습이나 막연한 불안감이 망상 모양의 호소에 결실된 것으로, 곤란하면서도 그것이 상상 속의 생활 파트너(혹은 삶의 보람)로서 자리매김 되고 있거나(즉, 다다미방 수호신 같은 것일지도), 타인에게 관심을 끌기 위한 일종의 커뮤니케이션·툴tool적 역할을 하고 있는 경우 등 다양합니다. 정신과 진찰을 염두에 두면서 호소에는 귀를 기울이고, 어쨌든 노인에게 고독감을 주지 않도록 지지해 가면서 상황을 지켜봅시다.

쓰레기 저택

Q20 쓰레기 저택 상태의 집입니다. 밖에서 여러 가지 물건을 주워와 모아둡니다. 악취도 나고, 건강에도 안 좋을 것 같아요. 정리하는 방향으로 상대의 마음을 유도해 가려면 어떤 방법이 있습니까?

A 물건을 모으는 것은 말하자면 불안감이나 의지할 데 없는 기분의 표현이며, 또 인간이란 특히 정신이 어느 정도 황폐해지면 별 의미도 없이 같은 것을 반복하는 패턴에 빠지기 쉽습니다. 따라서 이상적으로 말한다면, 물건을 모으지 않아도 좋도록 상대에게 안도감을 주고 또, 다른 행동 패턴을 제시해주는 것으로 쓰레기 저택 상태는 개선되어 갈 것입니다. 그러나 실제로는 그렇게 잘 되지는 않아요.

우선 물건을 모으는 것에 본인 나름의 절실한 이유나 조건이 있는지 알아봅니다. 버리는 것이 불안으로 이어진다면 "필요할 때 곧바로 꺼낼 수 있도록 정리합시다"라고 제안하고, 그 근처에서 조금씩 처리해 나가는 것이 한 방법입니다.

당사자 나름대로 버리고 싶어도 버릴 수 없는 경우에는 '버린다/버리지 않는다'의 이분법으로 대응하려 해도, 당사자에게는 "불필요하다는 것은 알고 있지만 추억이 있고, 장래 가치가 있을지도 모르고……"라는 사항이 차례차례 출현하는 것이 원인인 것 같습니다. 때문에 본의 아니게 버려지지 않고 보류 취급된 물건이 쌓여버리는 경우가 많은 거죠.

'보류 → 버린다'고 결단하는 데는 상당한 용기가 필요합니다. 역시 오랜 교제 끝에 안도감을 주는 것이 전제 조건일 것 같습니다.

다만, 음식이 상하거나 악취를 풍길 때는 "이것은 건강에 나쁘고, 무심코 먹게 되면 위험하니까 제가 책임지고 버리겠습니다"라고 단호하게 말하고 버려야 합니다. 오히려 그 쪽을 당사자도 속 시원해 할 때가 많은 것 같습니다.

또한, 타성이라고 하나요? 상동常同 행위에 가까운 느낌으로 물건을 모아둘 경우에는, 데이케어 등과 연결해 정신적 소통이 잘 되게 하면서 조금씩 정리해 갑니다. 그렇게 해서 상대의 반응을 보고, 정리한 것을 눈치채지 못하거나 눈치채고 있어도 신경쓰지 않는 것 같으면 '위치를 옮긴다 → 신경쓰지 않는 것 같으면 처리한다'는 순서를 밟아 보면 어떨까요? 단, 쓰레기라고는 해도 본인의 소유물이므로, 이쪽의 판단으로 버리는 것과 상대의 의향을 묻는 것과의 밸런스가 열쇠가 될 것입니다.

부기해 두지만, 도를 넘은 쓰레기 저택은 조현병의 만성기(잔류상태)나 인지증, 어느 한쪽에 해당되는 경우가 대부분입니다.

집착(고집)이 강하다

Q21 집착이 강한 환자가 있습니다. 물건의 위치가 조금이라도 달라지면 불안해하며 평정심을 잃거나, 손 씻기 행위를 멈추지 않거나, 집 안에서 걸어 다닐 수 있는 곳이 '짐승이 다니는 길'처럼 정해져 있고, 거기에서 한 걸음이라도 내딛으면 화를 내거나 합니다. 어떻게 대응해야 할까요? 또, 약으로 치료할 수 있을까요?

A 당사자가 강박적인 상태에 빠져 있군요. 즉, 어떤 종류의 기묘한 '질서'나 '의식', '규칙'을 스스로 마음대로 만들어 내고, 그것으로 자승자박 상태가 되어 있어요. 왜 그것을 멈출 수 없느냐 하면, 그만두면 나쁜 일이나 큰일이라도 일어날 것 같은 불안과 두려움이 있기 때문입니다. 본인도 그만두고 싶지만, 그만두고 무언가

가 일어나는 것이 더 무섭다고 생각해요. 따라서 강박증상은 신경증과 망상의 중간적인 성격을 띠고 있습니다.

결론부터 말씀드리면, 고치는 것은 꽤 어렵습니다. 적어도 이래저래 조언해서 될 일은 아닙니다. 뭐, 본인의 고통에 대해 공감해 주는 것은 중요합니다만.

그리고 원인을 더듬어 보면 가족 내의 갈등이라든지, 분노 감정 등이 복재하고 있는 경우가 적지 않은 것 같아요. 따라서 가족관계에 메스를 댈 필요가 있을 것 같은데, 이것은 상담사나 의사의 일입니다. 억지로 본인을 진찰받게 하지 않아도 가족이 의료기관에 상담하러 가는 것이 간접적인 해결로 이어질 수 있다고 가족에게 알려주는 것도 중요해요. 그리고 환자에게는 이것저것 강요하지 말고, 주위 사람들이 환자의 '질서'에 맞춘 형태로 담담해지는 것이 더 좋습니다.

약에 의한 치료입니다만, 요즘은 '강박 증상' 개선을 효능으로 들고 나오는 약도 있습니다(원래 항우울약인 SSRI의 일부 등). 반드시 효과가 있다고 할 수는 없지만, 시도해 볼 만한 가치는 있습니다. 또한 행동요법 등은 본인이 상당히 고치고 싶다고 결심이 서지 않는 한, 그다지 기대는 할 수 없습니다.

은둔형 외톨이 ❶

Q22 어떤 가정을 방문했더니 가족 중에 '은둔형 외톨이'가 있었습니다. 아무래도 신경이 쓰이지만, 직접적인 원조 대상자가 아니고 가족도 그 인물에 대해서는 입을 다물고 있는 분위기입니다. 그러나 그 인물은 많건 적건 가족들 마음에 영향을 끼칠 것이고, 그런 점에서도 버려둘 수 없습니다. 헬퍼로서 어떻게 생각하면

좋을까요?

A ▸ '은둔형 외톨이'는 병명이 아니라 상태상이며, 일상용어에 불과합니다. 의학적으로 '은둔형 외톨이'는 크게 세 종류로 나눌 수 있습니다.

하나는, 사춘기의 좌절 체험에 가까운 것이라고 할까요.

성숙 과정에서 젊은이들은 다양한 어려움을 겪으며 자신감을 잃거나 환멸을 느끼거나 혹은 무력감이나 자기혐오 등에 번민합니다. 지독한 허무감에 빠지거나, 자학적인 기분이 높아지거나, 사회의 리얼리티를 거절하는 시행착오를 거듭합니다. 그런 행위의 일환으로 세상을 거부하고 내면적·추상적인 것에 빠져드는 시기가 누구에게나 많든 적든 있을 것입니다. 그런 모습이 현대 사회에서는 예전처럼 문학청년이라든지 철학청년이라는 교양주의로 향하지 않고, 일견 경박하게 보이기도 하는 '틀어박힌 채 종일 TV 게임을 하거나 음악을 듣는' 형태로 변하고 있는 것 같습니다. 이런 경우에는 내버려 둬도 머지않아 자력으로 헤쳐 나갈 것입니다. 뭐, 정상 범위라고 할 수 있습니다.

또 하나는, 46p에 기술한 공동의존 상태로서의 은둔형 외톨이입니다.

이것은 문제를 안고 있는 것이 당사자뿐만 아니라 가족 전체의 왜곡이라는 점에 유의해 주십시오. 약으로 치료한다든가 입원으로 해결한다는 직접적인 방법이 통용되지 않는다는 의미에서는 협의의 병이 아니지만, 틀림없이 가족 관계에 있어서 불건전한 상태에 빠져 있습니다. 가족에게 문제의식이 있다면 가족 문제를 취급하는 의료기관에 상담하러 갈 것을 권해야 하지만, 문제의식이 결여되어 있는 것 같다면 조언 등을 시도해도 되레 앙심을 품게 될 뿐입니다.

공동의존은 옆에서 보면 불건전해도(공동의존이 베이스에 있으면 은둔형 외톨이가 10년을 넘는 경우가 있습니다), 당사자들에게 있어서는 기묘한 균형을 유지해 '불행하지만 행복'한 상태와 같습니다. 저라면 냉담하게 바라볼 뿐, 잠자코 있습니다.

또 다른 하나는, 조현병인 경우입니다.

환각망상이 눈에 띄지 않고 조용히 틀어박혀 있는 것만 보이는 사례가 있습니다. 가족들도 '정신병'이라고 인정하고 싶어 하지 않고 보통 청춘의 좌절(실패)로만 생각하고 싶어 하기 때문에, 관찰자의 눈에 한층 더 바이어스(편견)가 더해지게 됩니다.

제가 겪은 사례 가운데, 37년간 칩거한 남자가 있습니다. 만났을 때는 59세였습니다. 대학을 나와서 반년 정도 취직했지만, 그곳에서 조현병이 발병한 이후 집에 틀어박혀 버렸습니다.

최근 십수 년은 노모(내가 만났을 때는 83세였는데, 매우 정정했습니다)와 둘이 살고 있었습니다. 그의 사례가 표면화된 계기는, 당사자의 담배 부주의로 집이 전소되었고 도망친 그의 언행이 상궤에서 벗어났다 싶을 정도로 당황스러워 보였기 때문에, 경찰에 보호되었다는 경위가 있었습니다. 노모는 어렴풋이 그를 정신병이 아닐까 의심스러워했지만, 이제 와서 병원에 데려가는 것도 마음이 무겁다며 현상 유지에 안주하고 있었던 겁니다. 당사자는 환청이나 혼잣말이 꽤 두드러져 보였지만, 가족의 '호의적인 눈'으로 보면 그런 것이 병적인 것으로 생각되지 않았던 겁니다. 조현병인 경우에는 가급적 신속하게 의료 레일에 올려야 합니다.

이와 같이, 은둔형 외톨이라 해도 방치해 둬야 할 것부터 단호하게 복약이 필요한 것까지 다양합니다. 또, 더 자세히 보면 성격장애 일부에서도 은둔형 외톨이 상태를 나타내기 쉬운 무리가 있습니다.

우선은 무엇이 베이스가 되어 '은둔형 외톨이'를 띄게 된 것인지 판별하는 것이 선결이며, 이를 위해서는 환자를 데려가지 않아도 무방하므로, 어쨌든 가족이 보건소나 의료 기관에 상담하러 가는 것이 바람직합니다.

은둔형 외톨이 ❷

Q23 공동의존 상태의 '은둔형 외톨이'에 대해서 좀 더 가르쳐 주세요.

A 자녀가 틀어박혀 있으면, 부모는 상담하러 오거나 한탄하거나 하죠. 주변에서 이런저런 지혜를 짜내거나 다양한 제안을 하기도 합니다. 그러면 필사적으로 그런 접근에 응해 오는 부모가 있는가 하면, 반대로 몹시 시큰둥해하거나 어딘가 비협조적인 분위기여서 도대체 이 사람들은 정말 '은둔형 외톨이'를 해결하고 싶은 걸까라는 의문이 들게 하는 부모도 꽤 있습니다.

왜 그런 기이한 인상을 주는 경우가 많을까요?

처음에는 부모가 은둔형 외톨이 상태에 당황하고, 초조해 합니다. 자녀 쪽도 '좋지 않다'는 위기의식을 갖고 있습니다. 그러나 조만간 부모는, 자녀에 대해 '입시에 대해 너무 큰 부담을 준 건지 몰라', '부모가 생각하는 만큼 공부에는 적합하지 않은 타입이었을지도 몰라'라고 현실을 깨닫게 됩니다.

그 시점에서 부모가 유연하게 생각을 바꾸고, 예를 들면 공부만이 행복으로 연결되는 유일한 길이 아니기 때문에 다른 접근 방법을 모색하는 식으로 전환하면 문제는 해소되어 갑니다. 그러나 그런 식으로 현실을 받아들이는 것은 부모에게 있어서는 '자식에게 맡기고 있었던 꿈'을 단념하는 것이며, 허세를 부리거나 자존심 채우기를 포기하는 것으로 연결됩니다. 그런 일을 견디지 못하는 부모가 있는 것입니다. 현실에 직면했을 때 받아들일 수 없는 부모가 있는 것이죠.

그런 부모에게 있어 '은둔형 외톨이'라는 명칭은, 실은 구원의 말입니다. 우리 아이는 우수한데 이런저런 경위로 인해 불행히도 '은둔형 외톨이'가 되어 버렸다, 나쁜 것은 '은둔형 외톨이'라는 현상이며 우리 아이는 그 희생자에 불과하다라는 도식에 편승해버리면, 현실을 인정하지 않고도 "은둔형 외톨이라는 병(?)이 미워"라고 하면서 설 자리가 생기고 체면을 유지할 수 있으며 현상 보류가 가능해집니다. 또 자녀 쪽도 '은둔형 외톨이'라는, '나만이 아닌' 상태로 도망쳐 있으면 그럭저럭 수습이 됩니다.

즉, 부모도 자녀도 '은둔형 외톨이'라는 말에 매달려 문제를 살짝 바꿔치기하여 그것으로 현상을 결말짓지 않고 피해자적 입장을 유지할 수 있게 됩니다.

그렇기 때문에 "곤란하다, 괴롭다"라고 투덜대면서도, 부모로서는 내심 은둔형 외톨이가 해소되어 오히려 좋지 않다는 기분도 들고, 그 때문에 묘하게 무책임한 태도밖에 나타내지 않는다는 역설이 생기는 것입니다.

뭐, 인간이라는 것이 그렇게 허세에 집착하고 또, 정신적으로 시야 협착이 되기 쉬운 약한 존재인것이죠.

그럼 해결책은 어떨까요. 즉효성 있는 방법은 존재하지 않습니다. '은둔형 외톨이'라는 말에 매달리는 동안에는 안 됩니다. 그것은 결국 상대를 컨트롤하고 싶다는 심성과 관계되어 있기 때문이죠. 해결에 대한 힌트로, 48p의 '시간이 가져온 위안(치유)' 항목을 참조해 주세요.

곤란한 중심인물 key-person

Q24 ▶ 중심인물로 판단되는 사람의 기분을 헤아리기 어려운 경우가 있

습니다. 예를 들면, 신체 장애를 가진 아버지와 그를 개호하는 어머니, 그리고 정신장애 딸. 이 일가에서는 아마 어머니가 중심인물일 테지만, 딸은 사사건건 어머니에게 폭력과 폭언을 행사합니다. 이럴 때 어머니는 집을 나와 다음날까지 돌아오지 않곤 합니다. 그렇게 되면 아버지는 개호도 받지 못한 채 방치되어 버립니다. 보다 못한 주위에서 헬퍼를 도입하려 했지만, 어머니는 비용이 들고 타인이 집에 들어오는 것은 싫다고 거부합니다. 도대체 어머니는 이대로 괜찮다는 생각인지, 아니면 곤란한 것인지 알 수가 없습니다. 어쨌든 아버지도 불쌍하고, 어머니에게 어떻게 접근해야 할까요.

A 어머니는 현상을 긍정하고 있지 않지만, 매번 반복되는 트러블에는 이미 익숙해져 버렸습니다. 감각이 마비된다고나 할까요.

힘들지만 그것이 어느새 일상생활에 편입되어 있어요. 그런 상황이라면, 오히려 변화가 찾아온다는 것 자체가 귀찮고 불안한 것으로 인식되어 버립니다. 그 때문에 모든 접근을 거절하고, 오로지 방위적인 태도를 나타내게 되는 것이죠. 모녀는 공동의존적 관계로 생각되는군요.

현상 유지를 고집하는 어머니를 비난하지 말고, 그녀의 고생을 위로하는 모습으로 관계성을 유지해 주십시오. 사소한 어려움을 편하게 상담해 줄 수 있는 관계성을 구축하십시오. 어머니가 속내를 드러내고, 약한 소리를 하고, 어떻게든 하겠다고 각오를 결정했을 때 이쪽이 개입하면 됩니다. 그때까지는 모친이 마음을 허락하는 상대가 될 수 있도록 유의해야 합니다.

사례 검토회

Q25 사례 검토회를 열 때 유의할 것이 있습니까?

A 직종은 다양성이 풍부할 때 여러 시점에서 생각하고 진행할 수 있어 좋을 것입니다. 선입견이나 맹점을 커버할 수 있는 확률도 높아지고요. '어떻게 해서든 해결책을 내놓아야 한다'라고 비장한 기분으로 임할 필요는 없습니다.

사례 검토회라고 하면 아무래도 적극적이면서 전향적인 방침을 내놓지 않으면 안 된다고 생각할지 모르겠지만, 반드시 그렇지 않아요. 이 책에서 반복하고 있는 것처럼 '지금 바로 손댈 수 없다', '각각의 입장대로 대기하고 기다릴 수밖에 없다' 등 ① 상황 확인, ② 우리의 자세 확인, ③ 책임 공유 ― 이것을 실행하면 됩니다. 또, 서로 한탄하거나 푸념하며 연대감을 다져간다면 더욱 좋습니다.

바로 실행에 옮길 수 있는 구체적인 방안이 나오면 그건 그것대로 좋습니다만, 늘 그렇게 잘 된다고 할 수는 없습니다. '현재로서는 무리', '능숙한 방법 따위 없다'라는 상황이라면, 그것을 모두가 분명하게 인식하고 확인하는 것의 중요성은 아무리 강조해도 부족할 정도입니다. 그리고 나머지는, 만약 상황에 무엇인가 움직임이 발생했을 때 입원시킨다면 어느 병원으로 연결할지, 금전이나 보호자에 대해 확인할 사항은 없는지, 의지할 친척은 없는지 등을 분담하고 준비해 가면 되겠지요. 이로써 겨우 '진인사대천명'이라는 모드로 들어가는 셈입니다.

이쯤에서 한 가지 에피소드를 소개하겠습니다.

사춘기 문제를 안고 있는 청년이 진찰실에서, "이런 세상, 살아갈 만한 의미 따위 없다고 생각합니다. 오늘 제 생일이라 오늘 밤 자살하려고 합니다"라고 말했습니다. 어디까지가 진심인지 모르겠어요. 정말로 자살해 버릴 가능성이 있을지도 모릅니다. 주치의인 내가 어떤 태도를 취하고 어떻게 설득할지 시험하는 것 같기도 합니다. 꽤 하드^{hard}한 장면입니다. 그때 나는 말없이 10초 정도 상대의 얼굴을 지그시 쳐다보았습니다. 그런 후에 말했습니다.

"너는 죽는 것이 좋다고 생각하는 것 같은데, 나는 싫다"

"왜요. 선생님은 상관없잖아요"

"나한테 죽는다고 얘기 했잖아. 그러니 관계가 있는 거야. 네가 죽는 것
　　은 싫다"

"의사로서의 책임을 추궁 당할까봐요?"

"그런 쩨쩨한 얘기가 아니야. 오늘로 네가 마지막이라니, 나에게는 쇼크
　　야. 네가 돌이킬 수 없는 짓을 해 버리면 어쩔 수 없는 일이었다
　　고 딱 잘라버릴 수가 없어. 아무 생각도 못하고 숨이 막힐거야.
　　네가 죽었다는 사실을 안다는 것이 싫다"

"어차피 금방 잊힐걸요"

"나로서는 다음 주에 다시 이곳으로 얼굴을 보여주러 오라는 말 밖에 할
　　말이 없다. 나는 네 행동을 제한한다거나 할 수는 없지만, 어쨌
　　든 이 진찰 예약표만은 가져가렴. 내가 할 수 있는 말은 이것뿐
　　이야"

결국 그는 다음 주에 다시 외래를 찾아왔습니다. 나의 대응법이 적절했
　　는지 몹시 불안했지만, 그를 마주했을 때 한 가지 확신이 든 것
　　은 있었습니다. 그것은 '그를 이론으로 설득하거나 구슬릴 수 있
　　는 스마트한 방법 따위는 없을 것이다'라는 것입니다.

이런 식으로 말하면 OK!와 같은 매뉴얼적인 것은 절대 없다는 것을 경
　　험상 알고 있었습니다. 자기만의 애드리브나 본심으로 대응할 수
　　밖에 없습니다. 그래서 자신의 마음을 솔직하게 부딪쳐보는 작전
　　으로 나선 것입니다.

여기에서 중요한 것은 '어쩌면 더 효과적인 방법이나, 현명한 접근 방법이 있지 않을까'라고 망설이거나 불안해하거나 하면, 나오는 말에서 간절함이나 리얼리티가 빠져버리고 분명 피상적이고 시시한 발언이 되어 상대에게 업신여김을 당했을 것이라는 점입니다. 그렇게 되면 어떤 결과가 나왔을까요? 자살을 클리어했다 해도, 이후의 관계성은 형식뿐인 상태로 빠져버리게 됩니다.

사물의 한계를 알고 있다는 것은 '그러니 어쩔 수 없다'는 결론을 도출하는 것은 아닙니다. 그렇기 때문에 알고 있는 말로 어떻게든 대응해 갈 수밖에 없다고 각오를 다질 수 있습니다. 버틸 수 있다, 그리고 각오만 다진다면 화재 현장의 뚝심이나 예상 밖의 전개와 같은 것들도 불러들일 수 있다. 그곳이야 말로 현장이기 때문에 참다운 즐거움이 있는 것이죠.

이처럼 사례 검토회는 능숙한 방책 같은 것이 나오지 않아도 충분히 의미가 있다는 것을 이해해 주십시오.

의사와 주민

Q26 원조 일을 하다보면 사례나 그 가족뿐만 아니라 의사나 복지, 행정 등의 관계자, 민생위원, 지역주민 등 여러 사람과 연계해야 합니다. 그런데 특히 의사와 지역주민을 연계하는 것은 쉽지 않습니다. 왠지 내가 양보해야 될 것 같은 분위기고, 제대로 논의가 되지 않는 경우가 많은 것 같습니다. 그런 스트레스 때문인지 늘 위가 아픕니다.

A 그렇군요. 의사와 지역 주민에게는 공통점이 있습니다. 즉, 어느쪽이나 '제멋대로(이기적)'입니다. 자기들 나름의 이론이나 의견은 있지만, 끝까지 그것으로 밀어붙이려 하죠. 다른 의견이나 생각,

타협을 요청받거나 하면 불쾌하게 생각합니다. 하지만 그런 것은 딱 잘라버릴 수밖에 없어요.

의사는 자존심이 강하고, 그렇지 않으면 일을 해내지 못할 경우도 있어요. 그렇기 때문에 치켜세워주면서 이용하면 됩니다. 또 지역주민의 행동 원리는 '속이 좁고 보수적'이라는 것입니다. 정신장애인 작업장을 만들려고 하면 "땅값 떨어진다", "정신장애인이 아이들한테 뭔가 위해를 가해오면 어떻게 할 것이냐"라며 과욕을 마치 정의인양 살짝 바꿔가며 주장하고 싶어 하는 것이 그들입니다. 화가 치밀겠지만, 본심임에는 분명합니다.

그런 지독한 본심에 대항할 수 있는 수단은 두 가지가 있습니다.

(1) 그들은 복지도, 의료도, 행정도 모두 '위(행정)에서 하는 일'이라는 막연한 이미지로 이해하고 있습니다. 추상적인 이미지로 받아들이고 있기 때문에, 비현실적인 생트집을 태연하게 강요해 옵니다. 그러니까 이쪽은 살아있는 인간(즉, 그들과 같은 존재)이며, 진지하게 하고 있다는 리얼리티를 전할 수밖에 없습니다. 때문에 이렇게 노력하고 있지만 한계가 있다든가, 개인적으로는 이렇게 생각하고 있지만 실제로는 이런 제약이 있다는 등의 속엣 말을 적절히 섞어가며, 등신대等身大인 자신을 어필해가는 것이 필요합니다.

(2) 지나치게 자기중심적인 것, 야비한 것, 비열한 주장에 대해 수치심을 느끼거나 그 비현실성을 부끄러워하는 사람도 반드시 있습니다. 특히 복수의 주민을 상대로 대화할 때는, 이쪽이 성실하고 진지한 태도를 유지하면 이윽고 반드시 '진지하다'는 것을 알아주는 주민이 나옵니다. 그러면 전체의 흐름이 조금 달라져요. 그 때, (1)과 관련해 노골적인 내용에서 좀 더 양식良識있는 내용으로 변화해 가는 것입니다.

이런 식으로, 마치 도덕 선생님 같은 말투로 쑥스럽지만, 우리의 무기는 성실 · 진지 · 품성이라는 것을 알아야 합니다. 또, 필요에 따라서는 자존심 따위 벗어던지고 상대를 치켜세우는 것도 필요합니다. 이론은 있겠지만 저는 그런 식으로 하고 있습니다.

사족입니다만, 구의회 의원이나 시의회 의원 같은 사람들은 이용가치가 있습니다. 원래 이런 사람들은 선거 운동 때는 "지역 일은 무엇이든 상의해 주세요"라며 골목까지 들어와 악수를 청하기도 했을 것입니다. 이런 무리를 이용하지 않을 수 없죠. 주민과의 대화가 악화되거나, 경찰과의 연계가 필요한데 경찰이 거만하고 비협조적일 때 등 몇 번인가 의원을 찾아가 직접 부탁하기도 했습니다. 너무도 순조롭게 일이 진행되어서 세상에는 샛길이 있구나 하고 묘한 기분이 들곤 했습니다.

적은 내부에 있다

Q27 적은 내부에 있다(정작 노리는 것은 다른 데 있다)고 하지만, 내 편이 되어 줘야 할 의사나 행정직원, 동료가 이해해 주지 않거나 냉담해서 일에 지장을 받은 적이 있습니다. 마침 그런 때 PC 상태가 안 좋아지거나 가정에 문제가 생기거나 하면, 확실히 '무기력'이 배가 되어 버립니다. 뭔가 힌트 좀 가르쳐 주세요.

A 분명 그럴 때가 있어요. 저 같은 경우에는 헌혈을 하러 갑니다. 피와 함께 불운도 뽑아내는 것이죠. 그러면 그것을 수혈받는 사람에게 불운을 전가해버리는 행위인가 하면, 그렇지 않습니다. 불행이라는 것은 항원 특이성처럼 개별적인 요소가 높기 때문에 문제는 없다……라고 주술처럼 생각하며 극복하고 있습니다.

뭐, 그건 그렇다 치고, 우선 의사와 교제하는 방법을 말해볼게요.

의사는 ① 성급함, ② 귀찮은 것을 싫어한다, ③ 특히 '문외한(비전문가)'이기 때문에 이것저것 지도 받는 것을 싫어한다는 특징이 있습니다. 그러므로 장황하게 늘어놓는 것은 금물입니다. 약속을 잡아서 되도록 간략하고 간결하게 이야기합니다. 또, 서류 기입 등은 꽤 구체적으로 희망 내용을 전해야 하는데, 그것이 지시처럼 받아들여지면 기분 나빠할 수 있습니다.

어중간한 전문지식을 들이대는 것도 좋지 않습니다. "우연히 알게 된 ○○선생님에게 상담했더니, '△△처럼 하면 좋을 것 같은데, 내 전문이 아니기 때문에 조금 더 확실한 선생님에게 상담받아 보는 것이 좋을 거야'라고 어드바이스를 받았습니다만……"라는 식으로 다른 의사를 통해 당신에게 의지하기에 이르렀다는 이야기를 가져가도 좋을 것 같아요.

행정직원도 묘하게 잘난 척하거나 냉랭하게 대하는 사람이 있습니다. 의논할 때는 미리 요점을 PC로 작성해 가는 편이 좋을 것 같습니다(용지에 협의 날짜도 기입할 것). 왜냐하면 상대는 공무원이기 때문에, 서류라는 형태로 기록(증거라고나 할까)을 남겨두면 다소나마 압력을 가할 수 있기 때문입니다. 또, 민생위원처럼 반관반민 같은 사람과 동행하면, 상대의 진정도도 달라지는 것 같습니다. 그리고 전항에 기술한 바와 같이, 구의원이나 시의원을 아군으로 만드는 비법도 있습니다.

동료에 대해서는 어떨까요. 뭐, 겉으로나마 사이좋게 지내야 합니다. 즉, 회식이나 식사회 같은 경우, 가끔은 나가야 합니다(괴짜인 나도 5회에 1회는 참가합니다). 고립은 좋지 않습니다. 인기 있는 사람이 될 필요는 없지만, 성실하고 책임감 있는 사람으로 여겨질 필요가 있어요.

또한 동료와의 인사는 제대로 한다, 인계를 메모로 해서 남길 때는 예쁜 글씨로 알기 쉽고 정중하게 쓴다, 이의가 있을 때는 "이런 방식으로 하면 어떨까요"라고 반대로 가르침을 청하는 형태로 질문한다, 상담할 때는 작고 낮은 목소리로 말한다(같은 내용이 24p에도 쓰여 있었지요) 등도 있습니다.

쓰면서 좀 멋쩍어 졌지만, 어쨌든 당신이 사례 검토회를 호소하면 모두가 제대로 참가해 의견을 말해 주는 정도를 목표로 동료와의 교제를 유지해야 합니다.

진료를 받게 하려면

Q28 진료를 받고 싶어 하지 않는 환자를 진료받게 하려면 어떻게 해야 할까요?

A 그들 나름대로 곤란해하거나 불안하게 생각하고 있는 것이 없는지, 그것을 찾는 것부터 시작합니다. 정신 증상에 국한하지 않아도 괜찮습니다. 생활 고민도, 신체적 문제도 좋습니다. 상담을 받거나 도움을 주거나 그런 것부터 신뢰를 얻어 가며, 이윽고 정신 증상에 유래하는 '삶의 괴로움'이 노정露呈되었을 경우, 진찰을 재촉하기 위한 발판을 마련해 둡니다. 그런 우회적인 방법밖에 없겠군요.

다만, "곤란한 일 같은 것은 없습니다"라고 냉랭한 태도를 보이는 환자도 있어요. 이런 경우에는 강요하지 말고, 가늘지만 관계성이란 실을 잇는 것에 유의하며 나머지는 기회가 오기를 느긋하게 기다립시다. 조급해 하다가 실이 끊어져 버리는 것보다, 끊지 않게 하고 기회를 엿보는 것이 현명합니다.

약을 먹지 않는다

Q29 약을 먹지 않는 환자는 어떻게 대처해야 할까요?

A 자신은 상태가 안정되어 있는데 왜 약을 먹지 않으면 안 되는지 의문스럽게 생각하는 환자가 있습니다. 그럴 때는 "상태가 좋으니까 약이 불필요하다는 이론은 순서가 반대입니다. 약을 먹고 있기 때문에 상태가 좋습니다. 또 상태가 나빠지지 않도록, 예방 차원에서 보험으로 약을 복용하게끔 하고 있어요"라고 설명합니다.

부작용이 있어서 싫다고 생각하는 환자에게는 "부작용과 병상의 재연 중, 어느 쪽이 더 곤란할까요"라고 손익계산을 따져보게 합니다.

약을 먹고 있다는 것은 자신이 환자이며 병이 낫지 않았다는 증거이기 때문에 싫다는 등의 이유를 대는 사람도 있습니다. 그럴 때는 (조현병은)만성 질환으로, 즉 고혈압이나 당뇨병처럼 복약에 의한 관리를 필요로 하는 병이라고 전합니다. 감기처럼 낫거나 낫지 않는다는 얘기가 아니라, 약은 안심하기 위한 에너지원이라고 설명합니다.

그렇다고는 하지만, 역시 약은 좀처럼 먹어 주지 않습니다. 복약 횟수가 많을 때(아침·낮·밤·취침 전)는 담당 의사와 상담해 횟수를 줄일 수 있는 방법을 찾아봅니다.

또 데포제depot劑라고 해서, 월 1회 내지 2회 주사로 효과가 지속되는 것이 있습니다. 다만, 이것뿐이고 경구약은 없다는 것이 결점으로, 최소한의 약제 혈중 농도를 유지할 수 있다는 정도의 것입니다. 게다가 데포제를 사용하는 것은 환자를 믿지 않는다는 증거이기 때문에, 역시 본래적인 것은 아닙니다. 생활보호를 받고 있는 사람이라면, 극단적인 경우, 일당으로 돈을 건네고 바로 담당자 눈앞에서 복약 받는 모습도 있습니다.

때로는 복약을 제대로 하지 않아 발생하는 증상 재연에 따라 좌절을 맛보게 하는 등, 경험으로 배우게 할 수밖에 없는 경우도 적지 않습니다(하기야, 경험으로도 배우지 않는 경향이 있는 것 또한 사실입니다).

결국, 어떻게 병식病識을 갖게 하여 자신의 입장을 인식하게 할까라는 것에 불과합니다만, 좀처럼 잘 되지 않는 것이 현실입니다.

성격장애자에게 진절머리가 나요

Q30 방문지 인물이 성격장애인 것 같아요. 전임자에게 그렇게 들었습니다. 편견은 갖지 않으려 합니다만, 불쾌하다고나 할까 정말 곤란했던 사람입니다. 요즘은 그 사람하고 비슷한 이름만 들어도(비슷한 이름의 연예인이 있습니다) 무기력해지는(진절머리가 나는) 기분입니다. 저는 원조자에 적합하지 않은 걸까요?

A 성격에 문제 있는 사람과 만났을 때 받는 데미지는, 많은 인간들이 가지고 있는 상냥함이나 선의, 양식이나 품위와 같은 것에 대해 의심을 품게 합니다. 인간에 대한 신뢰감이랄까 긍정적인 기분이 흔들리는 것입니다. 이것은 이미 어쩔 수 없는 것이에요.

다만, 세상에는 일정 비율로 성격에 문제를 가진 사람이 존재하고 있습니다. 그런 사람으로부터 '기습'을 받는 것보다, 어느 정도 각오한 다음 인간의 다양성을 접하는 것이 정신 건강상 더 나을 것입니다. 그러나, 그렇게 해서 내성이나 면역이 생기는 것은 아닙니다. 결단력이 생길 것이고 능숙하게 받아 넘길 수 있게 되기 때문에 그런 측면에서 대응법은 향상되지만, 근원적인 불쾌감 같은 것은 계속 느끼겠지요.

원조 일은 진폭이 심합니다. 싫은 일이 산더미처럼 쌓여 있지만, 그만큼

때로는 충실감이나 감동을 접하곤 합니다. 인생의 여러 측면을 볼 수 있는 기회도 많아요.

인간에게 관심이 없거나 무난하고 평탄한 매일을 소망한다면 원조자로는 적합하지 않습니다. 하지만, 그렇지 않다면 자신은 원조자로서 적합하지 않다고 단정하기에는 아직 너무 이르다고 생각합니다.

성격장애에 대해서는 141p부터 항목을 만들어 기술했으니, 그쪽도 참고해 주십시오.

클레이머claimer에 대한 대응

Q31 저 역시 클레이머에 시달리는 경우가 있고, 관리 직원이 대응법에 대해 물어오는 경우도 있습니다. 클레이머, 어떻게 하면 좋을까요?

A 클레이머나 몬스터 페이션트monster patient, 몬스터 페어런트 monster parent (학교나 교원에게 불합리한 요구를 하는 부모라는 뜻)와 같은 사람들은 경계성 성격장애 내지 경계성 성격장애적인 심성을 가진 사람들로 파악해도 좋을 것입니다. 그들은 한마디로 'VIP로 취급받고 싶어 하는 사람들'입니다. 중요인물로 특별대우를 받고 싶어 하는 사람들이죠. 강렬한 자기애와 오만과 공격성에 열중해 있는 사람들입니다.

그들도 자신들이 원하는 대로 사태가 진행되고 있으면 불평하지 않아요. 온화하게 지내요. 기대나 희망이 통하지 않고 배신당한 즉, 넓은 의미로 '거절당했다'라고 생각했을 때 크레이머화되는 것입니다.

그러나 우리도 위에서 내려다보는 시선으로 퉁명스럽게 '거절한다'는 것은 아니지요. 합리적인 이유를 대며 거절하는 것입니다. 규칙이나 계약사항, 시간적 제약이나 인적자원, 물리적인 어려움 등 도의적인 것을 꺼내면서 말이죠.

보통 사람이라면 합당한 이유를 들었을 때 "아, 그러면 어쩔 수 없다"라고 납득해 줍니다. 하지만 크레이머는 그렇지 않습니다. 왜일까요?

우선, 단순한 사실에 마음대로 감정적 의미를 읽고 분개합니다. "내가 생활보호라고 생각하고 바보 취급하는 거지?", "환자 따위는 아무래도 좋다고 생각하고 있는 게 틀림없어", "결국 내가 싫은 거죠"라는 식으로 말이죠. 즉, 사추邪推하는 겁니다. 그렇다기보다는 일단, 가장 먼저 사추하는 정신구조라고 생각하는 편이 정답입니다. 그것에 대해서는 계속 성실한 태도를 보일 수밖에 없습니다.

다음으로, 세상이란 흔히 이중 잣대가 통하고 있다는 사실을 기억합니다. 일단 규칙이나 결정이 있어도 커넥션이나 관계자의 중재, 속임수나 친숙함, 얼굴 패스와 같은 것으로 빠져나가는 경우가 많습니다. 그들은 VIP 취급을 받고 싶어 하는 사람들이기 때문에, 일반인에 대한 규칙은 무관하다고 생각합니다.

콘서트를 예로 들면, "일반석이 매진이라면 관계자석으로 안내하라"며 그에 비슷한 특별대우를 바라고 있어요. 다만, 역시 다소의 수치심은 있어서 드러내놓고 특별대우 해달라는 말은 하지 않습니다.

그러면 어떻게 하는 것이 현명한 것일까요. 우선 결코 행해서는 안 될 것은, 상대의 집요함에 질리거나 고함소리에 기죽은 나머지 "그러면 이번만 OK하는 걸로 합시다"라고 타협하는 것입니다. 이유는 명백합니다. 한 번이라도 OK하면 그것이 기정사실화되어 버리고, 더 중요한 것은 스스로 이중 잣대가 존재하고 있다는 것을 증명해 버리기 때문입니다. 완전한 자승자박이 되고 맙니다.

타협은 하지 않되, 상대를 회유해야 합니다.

거기에서 꺼낼 테크닉은 "당신에게만 살짝 속사정을 가르쳐 드릴게요"라고 하는 것입니다. 사실은 가르쳐주면 안 되지만, 당신에게만은 내막을 가르쳐드립니다라는 것이죠. 즉, 살짝 내막을 피로披露하는 행위로, 상대를 쁘띠petit 특별 취급하여 다소나마 만족감을 제공하는 것입니다. 다만 그 내막이란 "제가 조금 꾀를 부려서라도 어떻게든 해 드릴 수 있다면, 수고는 아끼지 않을 생각입니다만. 이 건에 관해서는 지금 몹시 시끄러워서요. 그래서 의원님들이 어떻게 안 될까 하셔도 불가능한 상황이에요"라는 식으로, 결국은 거절하고 있는 것입니다.

하지만 당신에게만 살짝 내부 사정을 얘기하는 형태로, 상대를 특별 대접한다는 먹이를 확실히 주고 있는 것입니다.

실은 이것과 비슷한 테크닉은 가전 판매점의 점원도 사용하고 있습니다. 관심 있는 제품을 멈춰 선 채 보고 있는데, 점원이 다가와 귓속말을 합니다. "지금 A사가 무턱대고 TV로 홍보하고 있지만, 실은 B사 쪽 성능이 더 좋더라구요. 손님한테는 알려드립니다만. 그래서 저도 얼마 전에 시집간 여동생에게 B사 것을 사 줬어요. 아, 특별히 더 할인해 드릴 수 있을 것 같아요. 점장과 상담해 볼 테니, 잠깐 기다려 주세요"라는 식으로 말이죠. 당신에게만 귀가 솔깃할 정보를 가르쳐준다는 '특별 취급'으로 구매욕을 돋운다는 측면에서 같은 방식이군요.

뭐, 내막을 밝히는(밝히는 척) 것처럼 보여도 그것으로 100% 납득은 안 가겠지만, 클레임 기세는 꽤 떨어질 거라고 생각합니다.

다음은, 이쪽이 '할 수 있는 것'과 '할 수 없는 것'을 분명히 전하고, 할 수 없는 것이 곧 당신을 업신여기거나 경시해서가 아니라는 것을 알립니다. 그러나 상대는 사추의 베테랑이기 때문에, 이중 잣대는 존재하지 않는다는 것을 강조하지 않으면 안 됩니다. 애매한 표현을 사용하면 상대는 자신에게 유리하게 해석하기 때문에 구체적이고 확실하게 설명합니다. 할 수 없는 것을 할 수 있는 것처럼 착각하게 한다면 그것은 실수이고, 할 수 없는 것을 할 수 있다고 표명하는 것은 할 수 있는 것에 대해서는 최선을 다한다는 성실함과 표리일체라는 것을 명심하십시오.

자살

Q32 연간 자살자가 3만 명대로 추이되고 있다는 것은 놀라운 일이며, 자살 예방 프로젝트를 생각하라고 상사로부터 위임받았습니다. 개인적으로는 세상이 살기 쉬워진다는 것과, 우울증 대책 정도 밖에 예방법은 없는 것 같습니다. 하지만 똑같이 궁지에 몰려도 자살하는 사람이 있는가 하면, 하지 않는 사람도 있어요. 그 주변조차도 까닭을 이해할 수 없기 때문에, 솔직히 말씀드리면 자살 예방이란 뜬구름 잡는 것 같은 말로 들리는 겁니다. 정신과 의사로서 자살에 대해 어떻게 생각하고 있습니까?

A 자살 예지는 극히 어려운 일입니다. 환자가 자살해버린 경험을 겪지 않은 정신과 의사는 거의 없을 것입니다. 분명 우울증은 리스크가 높아요. 조현병도, 특히 만성기에 전혀 이유도 없이 갑자기 자살해 버리는 경우가 있습니다. 의존증이나 성격장애에서는 마치 자신의 목숨을 농락하는 것 같은 태도를 보이다가, 결국은 죽음으로 이어지는 일도 적지 않습니다. 정신질환과 자살의 친화성이 높은 것은 사실이기 때문에, 손을 대기 쉬운 곳부터 우울증의 조기 발견 · 조기 치료와 같은 캠페인이 활발해지는 것도 당연

합니다.

그런데 정신질환이 아닌 사람이 궁지에 몰릴 경우, 자살 실행에는 어떤 요소가 관여하는 것일까요? 그것을 설명할 수 있는 정신과 의사나 심리학자는 없을 것입니다. 철학자는 오히려 이야기를 이해하기 어렵게 할 뿐이고, 작가 쪽이 꽤 직감적으로 알고 있을지 모르지만 보편적인 얘기는 되지 않아요.

제 개인적인 의견을 말씀드리면, 죽음을 구원이나 도피로 생각하거나 죽음에 매료되는 심성이라는 것은 분명히 있고, 다만 그것은 성장과정 중에 축적되어 가는 것인지, 뭔가에 씌인 것인지는 모르겠습니다. 자살을 생각했을 때, 심인반응적으로 즉시 실행이라는 사람도 있는가 하면, 자살을 결심한 인간으로서 세상을 다시 바라보고, 그런 행위 자체가 본인을 단념하게 만드는 사람도 있습니다. 반대로 죽음에 대한 준비 상태로 밖에 기능하지 않는 경우도 있는 것 같습니다. 죽음에 대해 깊은 생각에 빠져들면, 아무래도 해리 상태처럼 현실감각이 희미해지고, 그렇게 되면 예를 들어, "만약 이 창을 가로 지르는 사람이 남자라면 죽고, 여자라면 죽는 것을 단념하자"라며 러시안 룰렛이라도 하는 가벼운 태도를 취하기도 한다고 합니다(결국 미수에 그친 사람으로부터 들은 이야기).

또, 인간의 사고는 사물의 본질을 조금씩 '비켜가며' 생각하고, 마지막에는 터무니없이 엉뚱한 이유로 생사를 결정해 버리는 경우도 있는 것 같습니다. 처음에는 인생을 이대로 유지할 것인가 아닌가를 실존적인 자세로 고민하다가, 어느샌가 "나는 이 전철에 뛰어들 배짱이 있을까?"라는 얘기로 바뀌어, 결국에는 자신의 용기를 증명하기 위해 죽는다는 무의미한 상황이 되어 버리는 것처럼 말이죠.

이런 이유로, 사람을 죽음으로 몰아가는 요소나 메커니즘은 적어도 예방으로 이어지는 형태로는 밝혀낼 수 없을 것 같습니다. 다만, 유명인의 자살이 모방자살을 부르거나, 자살의 '명소'가 자살 지원자를 끌어들인다는 사실을 감안하면, 자살의 연쇄반응은 경계해야 할 것 같습니다. 임계점에 아슬아슬한 일상을 무심하게 살아가는 사람은 꽤 있습니다.

왜 지긋지긋하지 않아?

Q33 알코올 의존증자의 아내였던 여성은 이혼을 해도 또 비슷한 알코올 의존증 남성과 결혼한다는 이야기는 꽤 알려져 있습니다. 의존증자 본인의 어리석음은 말할 필요도 없습니다.

뿐만 아니라, PTSD 사람들은 싫은 체험은 잊어버리는 것이 최선인데도, 꺼림칙한 기억의 반복에 시달립니다. 이들을 생각하면, 왜 지긋지긋해하지 않고 같은 패턴이 반복되는지 궁금합니다. 여러 사례를 보아도 결국은 불행을 싫증도 내지 않고 반복하고 있는 것처럼 보이는 경우가 많습니다. 제 감상에 배려가 부족한가요? 하지만 왜 지긋지긋해하지 않는 것인지…….

A 솔직한 질문입니다. 그런 질문을 하지 않을 수 없을 것 같은 사람이야 말로 "저는 일을 함께 하고 싶습니다"라고 진지하게 말하고 있는 것입니다.

그런데 확실히 사람은 질리지도 않고 같은 패턴을 반복하는 경향이 있는 것 같습니다.

하나는, 싫은 일이라도 그런대로 익숙해지면 거기에 끌리기 쉽다는 사실입니다. 또, 꺼림칙한 것을 잘 잊어버리면 좋겠지만, 그렇지 않으면 오히려 반복을 통해 감각을 마비시키려는 메커니즘이 작

동한다. 심지어는 무기력한 채 피해자나 희생자에게 만족하는 것
은 심정적으로 견딜 수 없다. 굳이 같은 패턴을 반복해 이번이야
말로 리벤지revenge하자. 그렇지 않으면 자신의 인생에 결판이 나
지 않을 것 같다. — 와 같은 심리가 작용하기도 합니다.

인간의 행동은 이래저래 발버둥 쳐봐도, 결국은 아주 적은 패턴에 약간
의 변화를 주면서도 반복되고 있을 뿐이라는 생각이 들어 견딜
수가 없습니다. 물론 제 자신의 인생을 돌이켜 봐도 그렇습니다.
이것을 '업業'이라고 했다가는, 더는 할 말이 없어지게 됩니다. 반
복되기 쉬운 현실을 머리에 주입하여 적어도 자신의 데미지는 최
소화할 수 있도록 유의하고, 타인에게는 너그러워지는 것이 중요
하겠지요.

상담할 방법이 없는 상담

Q34 자신이 안고 있는 사례에 대해 작은 문제점이 이것저것 몇 개 있
다는 것은 알지만, 근본적인 진짜 문제점이 어디에 있을까 생각
하고 있는 사이에 불명확해져 버립니다. 사례를 파악하는 방법
자체에 오류가 있을 것 같다는 생각은 들지만, 그 이상 어떻게
해야 할지 모르겠습니다. 누군가에게 상담하려고 해도 어디를 알
수 없는지에 대해 곤혹스러운 상태이므로, 상담할 방법이 없습니
다. 어떻게 해야 좋을까요?

A 막연한 부전감이나 위화감이 있는데, 그 유래가 확실치 않은 것
이군요. 즉 전체 구도composition가 보이지 않는다는 것입니다.

이런 경우에는 '적점(타협점)'이라고 하나요, 결국 어떤 상태가 되면 '일건
낙착(一件落着: 하나의 사건이나 과제가 해결되는 것)'이라고 자신은 판
단하는지, 그 근거에 대해 검토해 봐야 한다고 생각합니다. 그리

고 그런 판단이 단지 사회통념이나 '상식으로서 그렇게 해야 하는' 모습에 기초하고 있는지에 대해 생각해 보시기 바랍니다.

예를 들면 부모와 자식이 함께 '집안끼리(오붓하게)' 사는 것이야말로 인간의 영위로서 베스트인가, 적어도 자신의 생활비는 스스로 벌 수 있어야 하는 것이 올바른 삶의 방식인가, 알코올 의존증인 사람은 음주를 그만두고 가혹한 현실과 마주하는 것이야말로 행복한 것인가, 모든 공동의존은 해소되어야 하는가 등 그런 점에 대해 스테레오타입 발상이나 도덕관, 시시한 선입관 등을 버리고 생각해 보십시오.

대부분의 경우, '본인이 그것으로 좋다고 생각하거나 벗어날 의지가 없다면, 그것으로 좋지 않습니까'라는 기분과 '인간으로서 이와 같아야 한다'라는 규범(다만 그 근거는, 실은 규명해 보면 확실치 않은 경우가 적지 않습니다), 나아가 '이런 것을 용인하면, 동료나 상사로부터 비난받지 않을까'라는 자기 방위적인 발상 등이 흩어진 채 정리되지 않은 것 같습니다.

따라서, 우선 강요하거나 공허한 이상 등을 고집하는 것은 그만둡시다. 그리고 동료의 의견도 청취하며 자기 나름대로 '다양한 형태의 행복이나 마음의 안정'이 있다는 것을 배우고, 유연한 사고를 갖도록 해 주세요.

다만, 단순히 '알코올 의존증인 사람은 스스로 마시고 싶다고 하니까 마시게 하는 것이 본인의 행복'이라고 무책임한 생각을 하는 것은 자신의 입장을 방기해 버리는 것입니다.

객관적 입장에 서는 것과 다양한 인생을 봐 왔다는 '경험', 그 쌍방에 입각하여 자기 나름의 판단력을 기르는 것이 필요하고, 그것이 또 우리 일의 묘미이기도 합니다.

이야기가 너무 잘 풀려

Q35 잡지나 책에 실려 있는 사례와 제가 곤란해하고 있는 '비슷한 사례'를 비교해 보면, 잡지나 책의 사례에서는 대부분 때마침 무언가 에피소드가 생겨서 사태가 전개되거나 타이밍에 맞춰 대상자에게 심경의 변화가 찾아옵니다. 그래서 왠지 '얘기가 너무 잘 풀리는구나', '운이 좋구나'라는 생각이 들기도 합니다. 실제로는 일이 그런 식으로 순조롭게 진행된다고 생각되지는 않습니다. 그런 사례에서 매번 기만을 느낍니다. 제가 조금 시니컬한 것일까요?

A 과거 사례를 참조해 보았을 때 계획이나 한 것처럼 때마침 어떤 전환기가 찾아온 것 같이 보여도 그것은 후일, 전체를 부감했기 때문에 그런 식으로 보일 뿐이지 사례가 리얼타임으로 진행되고 있는 한창 때는 원조자라도 "어쩔 도리가 없구나"라고 탄식하고 있었을 것이 틀림없습니다.

표면적으로는 긴 시간이 경과해도 아무런 변화가 없어 보일 때도 있겠지만, 시간이 지나도 불변하다는 것에는 그에 상응해 '현 상태 그대로를 지키기 위한 에너지'가 쏟아지고 있는 것이며, 그것을 성립시키기 위한 드라마가 있습니다.

한창 관여하고 있는 동안에는 당연히 예견되지 않습니다. 교착상태로만 느껴지고, 답답함에 한숨도 나오겠지요. 그것은 시계 바늘을 응시하면서 조금이라도 바늘이 나아가는 모습이 보이지 않을까 하고 투덜대는 것과 같습니다. 당신의 매일도 같은 사건의 단조로운 반복으로 생각되어도, 언젠가는 자기 역사를 쓰기에 충분할 정도의 드라마를 만들 수 있게 된다는 것과 같은 것입니다.

하나의 사례를 고집해 '빨리 전개가 찾아오지 않는 것인가'라고 안달하고 있다면, 이것은 이미 스트레스 외에는 아무것도 아닐 것입니다. 그러나 우리는 동시에 다수의 사례를 다뤄가지 않으면 안 됩니다. 동시 병행으로 수많은 사례를 취급하는 동안, 보류상태인 채 반쯤 잊고 있던 사례에 의외의 사건이 일어나거나, 생각지도 않았던 움직임이 발생하기도 합니다.

네, 그런 겁니다.

노력하면 노력한 만큼 사태가 전개된다거나, 접근한 순간 '부딪치면 울리는' 것처럼 어떤 결과가 나온다는 것이 아닙니다. 그런 것을 기대하는 것은 백마 탄 왕자님을 기다리는 것과 같은 것입니다.

이상한 말로 들릴 수 있겠지만, '얘기가 너무 잘 풀린다'라든가 '운이 좋다'라고 남이 느낄 만한 사태를 불러오는 요소는, 물론 그 만한 노력은 필요하지만, 그 외로 다른 사례에 더 열심히 참여하고 있을 때 소비되는 '일견 무관하게 생각되는' 에너지 그 자체인 것 같다는 생각이 듭니다. 그런 것이, 즉 직접적으로 관계가 없는 다른 사례를 전개시키는 데 단단히 작용하고 있는 것처럼 실감되는 것이 저에게는 가끔 있습니다.

인과관계에서 보면 이상한 이야기지만, 시야 협착 상태에서 노력해도 그다지 성과는 없다. 하지만, 조금 다른 사례에서 우선 열심히 임하고 있거나 하면, 그쪽에는 전개가 없어도 일단 옆에 놓아둔 사례 쪽에 어쩐지 전개가 찾아오는 — 그런 일이 드물지 않게 일어나는 것 같습니다.

달리 말하면 어느 정도 바쁘게, 어느 정도 충실하기만 하면, 이상하게도 '기쁜 해프닝'이 저절로 찾아옵니다. 물론 그것은 어디까지나 경험상의 이야기며, 왜 그런지 증명하라고 해도 곤란합니다만, 베테랑 선배에게 물어 보세요. 아마 비슷한 말씀을 하실 거라고 생각합니다.

그것은 우리의 일뿐만 아니라, 어떤 일이든 어느 정도 진지하게(다만 여유도 잊지 않고) 노력하고 있으면, 어느덧 인생의 신기함과 즐거움이 보인다는 보편적인 사실로 통하는 얘기가 아닐까요.

삶의 가치

Q36 어느 환자가 자신은 정신병을 가지고 있는 사회적 약자이며, 병도 좀처럼 안정되지 않고 조금도 즐거운 일이 없다, 이런 인생이 살아갈 가치가 있느냐고 물었습니다. 나는 즉답할 수 없어, "인생, 산도 있고 계곡도 있어요" 이런 식으로 적당히 얼버무려 버렸습니다. 좀 더 심금을 울릴 만한 말을 할 수 없었던 것이 속상합니다. 대답의 샘플을 가르쳐 주세요.

A 심금을 울리는 말이란, 하려고 해서 할 수 있는 것이 아니에요. 상대와의 동조tuning 문제도 있고요. 그건 그렇고, 환자들은 때로는 이런 근원적인 말을 합니다.

멋있는 말 같은 걸 할 수 없어도 이쪽이 진지하면 충분하다고 생각합니다만, 경험적인 것을 말씀드리면, 근원적인 질문을 할 때 사람은 아무래도 사물을 지나치게 단순화하고 있는 상태일 경우가 많은 것 같습니다.

예를 들면 이 책에는 나름대로 지혜나 지식이 기록되어 있지만, 생각하기에 따라서는 종이와 잉크와 풀로 만들어진 네모난 물건에 불과합니다. 아마 후자에 가까운 인식 모드로 마음이 바뀌고 있을 때만 삶의 가치 등을 물어보고 싶어 하는 것 같아요. 그래서 그런 정신 상태에 영향을 주는 말은 '없는 것 조르기'가 아닐까요.

살아갈 가치는 있다고 생각합니다. 아니, 가치라는 말을 쓰면 다른 사람과의 우열이 생기므로 적절하지 않고, 살 가치가 있는 인생을 그 환자분은 걷고 있다고 다시 말해야 할까요. 왜 가치가 있느냐 하면, 지금 실제로 살고 있기 때문입니다. 살고는 있지만, 한 권의 책을 종이와 잉크와 풀과의 혼합물로 밖에 느껴지지 않을 것 같은 정신 상태에서야 말로 불행이 있어요.

더 풍부한 인식을, 더 다른 시점을 얻겠다는 과제를 들고 앞의 환자분은 인생의 도상에 있는 것이며, 그래서 지금 현재를 무의미하다거나 무가치하다고 판단해 버리는 것은 경솔한 생각일 뿐입니다. 적어도 과제가 풀린 순간을 경험한다는 즐거움이 미래에 기다리고 있지 않나요? 그런 식으로 저는 생각합니다.

발달장애?

Q37 최근, 발달장애라는 말을 들을 기회가 많은 것 같습니다. 또, 성격장애나 조현병의 잔류증상과 비슷한 부분도 많은 것 같습니다. 감별이나 대응에 대해 알려 주십시오.

A 발달장애라는 말은 '만연하고' 있지요. 그러면, 진단을 받으면 특효약이라도 있는가 하면, 그런 것은 아닙니다. 과거에는 좀 마음에 들지 않는 사람이나 귀찮은 사람에게 반 욕설조로 성격장애라고 마음대로 단정짓는 풍조가 있었던 것 같아요. 요즘은 그것이 발달장애로 옮겨지고 있는 듯한 인상마저 있습니다. 분명히 발달장애 같다고 생각하는 사람은 있지만, 그렇다고 해서 준비할(경계할) 필요는 없습니다. 커뮤니케이션이 능숙하지 못하거나 '살기 힘듦'을 보이는 사람에 대한 대응법은 거칠게 말씀드리면, 경계성 성격장애 대응에 준하거나, 조현병의 잔류증상 대응에 준하는 등 그 정도밖에 없습니다. 게다가 어느 쪽 대응법에도 공통된 것이 있습니다.

따라서 발달장애에 대한 대응에는 특별한 메뉴가 있다거나, 발달장애는 다른 질환으로부터 엄격하게 구별되지 않으면 안 된다고 고지식하게 생각하지 않아도 된다고 생각합니다. 예를 들면, 경계성 성격장애에 대한 대응은 능숙하지만 발달장애에 대한 대응은 서툴러서 원조자가 없는 것으로, 즉 원조자에게는 단순히 대응을 잘하는 사람과 서툰 사람과 '웬만한' 사람, 이 세 종류밖에 존재하지 않는다는 이야기가 되겠네요.

원조자의 스트레스 해소법

Q38 원조 직업은 심신이 다 지칩니다. 급료가 풍족한 것도 아니고, 매도 당하거나 무례하게 대합니다. 신체적인 면은 그렇다 쳐도, 정신적인 면에서의 '스트레스 해소법'에 대한 힌트를 주십시오.

A 지친다기보다도, 마음에 상처를 받거나 하는 측면이 데미지가 될 것 같군요. 상식 밖의 천박하고 뻔뻔한 언행에 직면했을 때, 우리는 다소 혼란스러워집니다. 이런 태도를 취하는 인간이 있을까라는 놀라움과 실망, 불안이 발생합니다. 인간 자체에 대한 신뢰감이 크게 떨어지고 상대의 당당한 '뻔뻔스러움'으로 인해 오히려 자신 쪽이 잘못한 것이 아닐까 걱정되죠. 상대가 이상한 것인지 자신이 이상한 것인지 곤혹스러운 데다가, 한순간이라도 그런 의문이 생겼다는 것은 자신과 상대가 서로 섞여 버렸다는 것이기도 합니다. 불쾌해지는 것은 당연하고, '정상은 어느 쪽?'이라는 의혹은 정신위생상 정말 좋지 않다고 생각합니다.

이럴 때 혼자서 생각에 잠기는 것은 최악입니다. 왜냐하면 '정상은 어느 쪽?'이라는 의문은 상대적인 말이기 때문에, 자신만으로는 결론이 나지 않습니다. 동료에게 푸념하는 것이 제일 좋습니다. 그런 행위에 의해 마음의 통풍이 잘 되고, 나아가 '정상'인 인간과 만남으로써 '정상이다'라는 감각을 재확인하는 것입니다. 사악한 것은 '정상'으로 희석하는 것이 최고입니다. 그렇게 정신을 차리는 것이 현명하겠죠.

노래방이나 음주로 스트레스 해소하는 것도 핵심은 동료와 함께 함으로써, '정상'이나 보통 또는 당연한 감각을 재확인하는 곳이라고 생각합니다. 외롭게 야구 연습장에서 볼을 받아 치거나 하는 것은 약간의 김 빼기는 될지언정, 정신 리셋으로는 이어지지 않을 것 같습니다.

덧붙여 저는 아내(현역 간호사)에게 불평불만을 토로하고, 그 후에 억지로 고양이를 껴안고, 그리고 헌책방 목록을 훑어봅니다(스트레스 정도에 따라 사거나 사지 않거나 합니다). 책을 쓰는 것도 처음에는 스트레스 해소와 머릿속을 정리하는 등의 효용이 있었지만, 요즘은 오히려 스트레스 요인이 되어 슬픕니다.

복화술 교본을 읽은 적이 있다. 나는 딱히 복화술사가 되고 싶다는 생각이 없었고(복화술이 가능하면 편리할 수도 있겠지만, 오히려 상대에게 공포나 경계심을 안겨줄 수도 있다), 노력해 볼 기력도 없었다. 다만, 어떤 수련을 쌓으면 좋을지 아마추어는 알 수 없는 고생이나 요령을 아는 것에는 관심이 많았다.

복화술이란, 입술을 움직이지 않고 말하는 것이다. 그러나 말할 때 사용되는 소리 중에는 동순음이라는 것이 있다. 마행(마미무메모)과 바행(바비부베보), 파행(파피푸페포) 등은 아무리 연습해도 입술을 움직이지 않고 발음하는 것은 불가능하다고 한다. 그럼 프로는 이 현실에 어떻게 대처할까?

먼저, 동순음이 들어있는 단어는 가능한 한 피한다. 〈벱핀別嬪 씨〉는 〈깨끗한 아가씨〉로, 〈마마와 파파〉는 〈어머니와 아버지〉로 바꿔 말하는 것이다. 그런 궁리로도 여전히 동순음을 피할 수 없을 때는, 비슷한 소리(음)로 대용한다고 한다. 즉, 마행은 나행으로, 바행은 가행으로, 파행은 카행으로.

〈핑크 카네이션〉은 〈긴쿠 카네이션〉, 〈무시야키(찜 구이)〉는 〈누시야

키〉, 〈텐사이(천재) 바카본〉은 〈텐사이 가카곤〉처럼 될 것이고, 이것이 대화 문맥에 들어가면 관객은 단어를 '바르게', 제대로 알아듣는다고 한다.

과연 그렇구나, 라는 생각과 동시에, 여기에도 프로페셔널하고 보편적인 태도가 보이는구나 하고 감탄하지 않을 수 없었다.

우선 동순음은 절대 연습해도 불가능하다고 확실하게 단념하고 있다는 점. 그리고 무의미한 노력 등을 하지 않고, 가능한 것과 불가능한 것을 준별하고 있다. 또한 불가능한 것은 가능한 한 회피한다는 결단력. 마지막으로, 도저히 어쩔 수 없을 때는 비슷한 것으로 대체는 하지만, 그 때는 주저 없이 당당하게 밀고 나가면 '기세'와 '상황'의 도움을 받아 제대로 완수할 수 있다는 자신감.

정말이지 준별과 결단력, 그리고 자신감이 일을 레벨업할 수 있게 한다는 것을 재차 상기시켜 준다.

본서의 감상 중에, 사례와 마주할 때 마음이 편해졌다고 말씀해 주신 내용이 비교적 많다. 그것은 즉, 준별과 결단력과 자신감 — 이들 세 가지 벡터를 염두에 두고 본서가 쓰여 졌기 때문일 것이라고 나는 해석한다. 한계를 확인해 차선책을 신속하게 고안할 수 있게 될 때, 사람은 곤란한 상황에도 여유를 갖고 대처할 수 있다.

전날, 아내와 후지큐 하이랜드에 다녀왔다. 목요일 낮쯤인데, 예상대로 비어 있었다. 텅텅 비어 있는 정도는 아니었지만, 30분 정도 기다리면 원하는 롤러코스터를 탈 수 있었다. 이 유원지에는 현재 〈고비차高飛車〉라고 부르는 하드코어 기종이 있는데, 낙하 각도가 121°라는 점이 흥미로운 점이다. 즉, 수직으로 곤두박질하기는커녕 뒤집혀 떨어지는 느낌으로, 이건 정말이지 무섭다. 거기다 비틀기나 급회전까지 조합되어 있어서, 그야말로 절규계絶叫系라고 할 만하다.

옛날부터 롤러코스터를 너무 좋아해서 잠시 공백이 있었지만, 지금 타두지 않으면 틀림없이 나이 제한(상한)에 걸릴 것 같아 나간 것이다. 정말 굉장했다. 일생에 한 번은 타봐야 한다, 두 번째는 사양하겠지만.

이런 경험을 쓰는 이유는, 늘 신경 쓰이는 것 중 하나에 '충실감 있는 일이란 무엇인가'라는 테마가 있었기 때문이다.

롤러코스터 설계기사라는 직업은 꽤 충실감 있는 일이 아닐까? 사람들의 절규나 "아, 굉장했어~"라는 감상을 듣는 것만으로 그 수고는 충분히 보상받았다는 느낌이 들지 않을까? '아, 내가 설계한 코스터에 사람들이 저렇게 차례를 기다리고 있다'고 실감할 수 있는 것은 틀림없이 행복한 일이 아닐 수 없다.

반대로 우리 일은 어떤가? 우리가 개입하거나 원조하는 것에 따라, 직접적으로 효과가 발생하는 경우가 있다. 이것은 기쁘고 충실감이 있다. 그러나 본문에서 여러 차례 서술했듯이 '기다림'이라는 모드로 버텨내야 될 경우도 드물지 않다. 이것은 상당히 고통스러운 일이다. 또, 모처럼 정성을 기울여 최선을 다했는데, 거꾸로 앙심을 품거나 불평을 하거나 무례한 태도를 보이는 사람들도 있다. 롤러코스터 설계기사에 비하면 단순명쾌한 상쾌감이 부족하다.

하지만 롤러코스터를 타서 인생이 구원받았다는 사례는 아마 없을 것이다. 우리의 경우는 상대로부터 감사의 말을 듣건, 듣지 못하건 간에 인생을 구원한 경우가 적지 않을 것이다. 사회에 불필요하다고 비난받을 일도 없을 것이다. 그런 것을 생각하며 유원지를 배회하고 있었던 것이다. 정말이지, 자신의 삶에 대한 자기 정당화를 꾀하는 것은 쉽지 않다.

구판에 이어 이번에도 의학서원 간호출판부의 시라이시 마사아키씨에게 신세를 졌다. 또 본서의 서두 '제2판 간행 즈음하여'에서도 언급했듯이 '이 책은 현장에서 일하는 독자 여러분과 더불어 만들어지고 버전이 업되어 가는 종류'이다. 그런 의미에서도 모든 원조자에게 감사드려야 할 것이다. 감사합니다. 또한 구판의 '후기'에서 말한 치카라 우동, 7년이 지났어도 아직 먹지 않았음을 보고해 둔다.

2011년 10월

카스가 다케히코春日武彦